GERALDO CHACON

SÍNTESE DA LITERATURA PORTUGUESA E BRASILEIRA

EDITORA FLÂMULA

Direitos desta edição reservados à
Editora Flâmula Ltda
Rua Antônio Pestana, 375
06756-010 - Taboão da Serra - SP
Tele/fax:(011) 7967-1192

Capa: *Retrato de Emile Zola*, por **Manet**
Cláudia Inui

Preparação de Originais:
Geraldo Chacon

Diagramação:
Cláudia Inui

Fotolitos:
Editora Flâmula Ltda.

Revisão:
Suzana Souto Silva

DISTRIBUIDORES:
Catavento - Tel.: (011)289-0811 - Fax.: (011)251-3756 - SP/SP
Publigraph - Tel.: (011) 278-5197 - (001) 270-7028- SP/SP
Letras - Tel.: (0152) 21-4754 - Sorocaba/SP
Editora Flâmula - Tel/Fax.: (011) 7967-1192

EDITORA FLÂMULA LTDA
SÃO PAULO / 1996

APRESENTAÇÃO

Este livro apresenta de modo conciso e direto os conhecimentos mínimos necessários a um estudante do segundo grau e aos vestibulandos sobre a Literatura produzida em Portugal e no Brasil, do século XII ao XX. Nenhuma afirmação aqui apresentada pode ser dispensada.

Sucintamente apresentamos todos os estilos de época de modo orgânico e prático, iniciando pelo contexto histórico, apresentando depois a origem e a data inicial em Portugal e no Brasil, para então abordar as características e finalizar com os autores e suas obras mais importantes.

Encerra cada estilo de época uma antologia indispensável para que se conheça o estilo de cada autor. Como qualquer outra, esta antologia é imperfeita, pois nada melhor do que conhecer a obra completa de cada escritor. Ao escolher um texto, sempre sofremos por deixar de colocar vários outros que também mereciam transcrição. Optamos, na escolha, pelos textos já valorizados pela tradição e mais visitados pelos examinadores.

No final do livro, faremos um rápido resumo das principais obras de ficção, cuja leitura integral recomendamos e repetiremos em quadros sinópticos quase todas as informações teóricas.

Como todos os nossos demais trabalhos destinados aos vestibulandos, este também não substitui jamais a leitura das obras originais. É um material de estudo, para que as informações sejam fixadas de maneira organizada e prática para auxiliar no momento do exame. Com essa mesma intenção, finalizamos com exercícios diversos, para que o estudante possa verificar sua aprendizagem.

AGRADECIMENTOS

Agradeço a José Chacon e Antônia J. Chacon, professores sem diploma, que me ensinaram a viver e a me relacionar com as pessoas e com o mundo.

Agradeço a todos os meus ex-professores, não somente pelo que me ensinaram, mas principalmente pela colaboração no aperfeiçoamento da minha personalidade. Quero destacar aqui algumas pessoas especiais, como Amália, Sirzefredo, Setsuko, Kimiko, Neusa, Teresinha, Zélia, Jobson, Tanaka, Perillo, Medina, Francisco Achcar, Soares Amora, Bosi, Décio, Flávio, Wisnik, Nádia, Sabina, Regina, Mário, Morejón, Irlemar, Maria Lídia e muitos outros a quem peço desculpas pela ingratidão de minha memória ao olvidar-lhes o nome.

Agradeço especialmente aos professores, colegas de trabalho, a quem devo parte da minha formação: De Paula, Paulo Henrique, Ubaldo, Platão, Pasquale, Odilon, Dácio, Ivan, Benito, Moura, Juca, Paulão, Osmar, Lúcia, Dayli, Nícia, Sandra, e de novo Medina com quem vivemos aprendendo. Também aqui, pedimos desculpas aos injustamente esquecidos.

Agradeço, finalmente, a José Luiz Amzalak pela labuta lado a lado nos últimos quatro anos e pela colaboração crítica em vários trabalhos que breve serão também publicados sob o título genérico de *Panorama da Literatura*.

o Autor

SUMÁRIO

BIBLIOGRAFIA CONSULTADA

Anchieta, José de - *O Poema da Virgem*, SP, Edições Paulinas, 1958.
Azevedo, Álvares de - *Poetas Românticos Brasileiros*, vol. II, SP, Editorial Amadio Ltda, s/d..
Bocage, Manoel Maria Barbosa du - *Poemas Escolhidos* - SP, Ed. Cultrix, 1982.
Bocage - *Literatura Comentada* - SP, Ed. Nova Cultural Ltda, 1990.
Bocage, Manoel Maria Barbosa du - *Sonetos* - 2a ed. Publicações Europa-América, s/d.
Bosi, Alfredo - *História Concisa da Literatura Brasileira*, SP. Ed. Cultrix, 1977.
Bueno, Silveira - *Antologia Arcaica* - SP, Edição Saraiva, 1968.
Caminha, Pero Vaz de - *A Carta* - RJ, Liv. Agir Ed., 1965, p. 92.
Camões, Luís Vaz de - *Os Lusíadas*, RJ, Edições de Ouro, 1968.
Camões, Luís Vaz de - *Lírica* - Belo Horizonte, Ed. Itatiaia & Edusp, 1982.
Cândido, Antônio e J. Aderaldo Castello - *Presença da Lit. Brasileira*, SP, Dif. Européia do Livro, 1971.
Cândido, Antônio - *Formação da Literatura Brasileira*, SP, Livraria Martins Editora S.A., 4ª edição.
Coutinho, Afrânio - *Introdução à Literatura no Brasil*, RJ, Ed. Civilização Brasileira, 1976.
Dinis, Júlio - *As Pupilas do Senhor Reitor,* SP, Editora Ática, 1991.
Garrett, Almeida - *Frei Luís de Sousa* - RJ, Edições de Ouro, s/d.
Garrett, Almeida - *Viagens na Minha Terra* - RJ, s/d.
Herculano, Alexandre - *Eurico, o presbítero* - RJ, Editora Três, 1972.
Lispector, Clarice - *A Paixão Segundo GH*, RJ, Editora Nova Fronteira, 1979.
Lispector, Clarice - *Laços de Família*, RJ, Liv. Francisco Alves Editora S.A., 1990.
Martins, Cristiano - *Camões*, Belo Horizonte, Ed. Itatiaia & Edusp, 1981.
Melo Neto, João Cabral de - *Poesias Completas*, RJ, Livraria José Olympio Editora,1979.
Moisés, Massaud - *A Literatura Portuguesa Através dos Textos*, SP, Ed. Cultrix, 1985.
Pessoa, Fernando - Ficções do Interlúdio/2-3, RJ, Ed. Nova Fronteira, 1983.
Pessoa, Fernando - *O Eu Profundo e os Outros Eus*, RJ, Ed. Nova Fronteira, 1980.
Pessoa, Fernando - *O Guardador de Rebanhos e outros poemas*, SP, Ed. Cultrix, 1989.
Pompéia, Raul - *O Ateneu*, SP, Ed. Ática, 1979.
Ribeiro, João Ubaldo - *Sargento Getúlio*, Editora Nova Fronteira, 8ª edição, RJ, 1982.
Rodrigues, Antônio Medina e outros - *Antologia da Lit. Brasileira,* v. I, SP, Marco Editorial, 1979.
Rosa, João Guimarães - *Grande Sertão: Veredas*, RJ, Editora Nova Fronteira, 1985.
Vieira, Padre Antônio - *Sermões* - RJ, Liv. Agir Editora, 1975.

TROVADORISMO: Era medieval I

A obra acima, de **Duccio**, intitulada *Madona Rucellai*, é um exemplo da religiosidade medieval. Esse trabalho é de 1309 e apresenta figuras divinas que em nada se parecem com pessoas vulgares, humanas. O fundo dourado, assim como o ornamentado trono pretendem lembrar aos fiéis que se trata de uma figura distante, inalcançável, motivo de adoração e não de identificação.

O estilo de época denominado Trovadorismo estende-se num período que vai de 1189 (ou 1198), data do primeiro texto escrito em galego-português, conhecido como *A Ribeirinha* ou *Cantiga da Guarvaia*, de Paio Soares de Taveirós, a 1418, data da nomeação de Fernão Lopes para Guarda-mor da Torre do Tombo. O Trovadorismo vigora, portanto, durante os séculos XII, XIII, XIV e a primeira quinzena do XV.

I - CONTEXTO HISTÓRICO

Esse período é marcado pela Independência de Portugal, que procura libertar seu território dos árabes, numa luta de reconquista que fornecerá subsídios para cantigas e para a literatura em geral, até o Romantismo.

Nessa época, é notório o domínio absoluto da Igreja Católica, impondo o teocentrismo, isto é, uma visão de mundo centrada em Deus. Tudo que acontece é porque Deus assim quer ou determina, como por exemplo a organização social rígida, organizada em estamentos: nobreza, clero, plebe. Quem nasce nobre, morrerá nobre e quem nasce pobre, plebeu, assim morrerá. Ao nobre todos os direitos e ao plebeu todas as obrigações. Se um plebeu deseja casar-se, precisa pedir permissão ao seu senhor. O nobre tem direito, se quiser, até a desfrutar da primeira noite. Esse é o assunto de um filme antigo, intitulado em português *O* Senhor da Guerra, em que um nobre exige esse direito, mas se recusa a devolver a mulher, pois apaixona-se por ela.

O modo de produção é denominado Feudalismo, girando toda a vida social e econômica em torno do feudo, propriedade do nobre senhor, a ele concedida "mediante a condição de vassalagem e prestação de certos serviços e rendas"[1] . A economia é de subsistência.

[1] Ferreira, Aurélio Buarque de Holanda - Novo Dicionário da Língua Portuguesa.

II - ORIGEM

- Local: Os poemas classificados como cantiga de amigo originaram-se de festas agrícolas populares tradicionais em Portugal, em que moças dançavam e cantavam, manifestando-se com sensualidade, com erotismo. Os nobres, valendo-se dessas sugestões temáticas e formais, passaram a criar poemas em que se fingiam de mulheres e lamentavam a ausência ou atraso do amado, geralmente designado pelo termo "amigo".
- Provençal: Já as cantigas de amor, mais requintadas, tiveram sua origem temática e formal nas cantigas semelhantes que se faziam na Provença, sul da França, desde o século X.

III - DATA INICIAL

- Portugal: Paio Soares de Taveirós foi o primeiro poeta a registrar sua criação na língua que se tornaria mais tarde o nosso idioma. Em geral, naquele tempo, as pessoas escreviam em latim, mas se manifestavam coloquialmente em uma língua vulgar. Essas línguas vulgares, resultado de uma mistura do latim vulgar com o dialeto local, como o celta, o ibero etc, deram origem aos idiomas neo-latinos como português, francês, espanhol, italiano etc. Paio Soares cantou a amante do rei D. Sancho num poema que mistura o tom lírico e o satírico e que ficou conhecido como *A Ribeirinha* ou Cantiga de Guarvaia. Não temos uma data exata, por isso, geralmente são fornecidas duas: 1189 ou 1198.

IV - CARACTERÍSTICAS

A poesia trovadoresca estava intimamente associada à música, pois era feita para ser cantada em público e até mesmo dançada, por isso algumas se chamavam *bailia*. O trovador, que compunha, era normalmente um nobre e, como lhe era vedado trabalhar, não podia executar em público sua criação. Para isso, contava com a atividade de artistas de origem plebéia, os menestréis e os jograis.
Todas as cantigas faziam uso do galego-português ou português arcaico. Algumas características, no entanto, eram particulares de certos poemas, conforme o gênero e a voz de quem fala. Havia poemas líricos, que abordavam com sinceridade estados afetivos, classificados como "cantiga de amor" e "cantiga de amigo". Outros, porém, eram manifestações maldosas de ressentimentos, que procuravam ironizar ou ridicularizar alguém, como uma vingança. Esses dividiam-se em "cantiga de escárnio" e "cantiga de maldizer". Vejamos as características principais de cada uma dessas cantigas:

Cantiga de amor: Eu lírico masculino, linguagem e estrutura mais requintada, amor "cortês" (vassalagem amorosa[2]), homem dirige-se a mulher nobre, inatingível, lamentando sua "coita"[3].

Cantiga de amigo: Eu lírico feminino, mais popular, amor erótico, mulher dirige-se a uma confidente (mãe, irmã, amiga(s), ser da natureza) queixando-se do atraso ou ausência amorosa. Apresenta normalmente refrão e paralelismo[4].

Cantiga de escárnio: Texto satírico, ironizando alguém, mas evita nomear o criticado. É ambígua, indireta.

Cantiga de maldizer: Texto satírico, criticando diretamente alguém, muitas vezes fornecendo o nome e empregando termos de baixo calão.

V - AUTORES E OBRAS

A imprensa ainda não tinha sido inventada, por isso os livros eram feitos manualmente. Os primeiros livros a observarem o aspecto visual dos que hoje temos, ou seja, retangulares e com páginas, receberam o nome de códices. Alguns códices daquela época foram preservados e reúnem cantigas de diversos poetas. São denominados cancioneiros, pois constituem-se de uma reunião de canções, e recebem a designação do local em que estão: *Cancioneiro da Ajuda*, *Cancioneiro da Vaticana*, *Cancioneiro da Biblioteca Nacional de Lisboa*.
Entre os principais poetas que tiveram suas obras registradas nesses cancioneiros estão: D. Dinis, D. Sancho, Joan Zorro, Paio Soares de Taveirós, J. Garcia de Guilhade, Pero da Ponte, Martim Codax.

VI - ANTOLOGIA

TEXTO 1

Ay, senhor fremosa, por Deus,
e por quam boa vos el fez,
doede-vos algua vez
de mi, e d'estes olhos meus,
        que vos viron por mal de ssy,
        quando vos viron, e por mi.

---

[2] O homem, como se fosse um vassalo, coloca-se sempre em condição inferior, cultuando, admirando ou adorando a mulher amada, que é revelada em um nível superior, como um suserano a quem se deve prestar respeito, homenagem.
[3] A dor de amor não correspondido, correspondente ao nosso popular e atual "dor de cotovelo". De coita derivou o termo "coitado".
[4] O trovador recorre à mesma estrutura e às mesmas expressões, valendos apenas de sinônimos nas rimas. Ex.: "Se souberdes nova do meu **amado**"/ "Se souberdes nova do meu **amigo**".

E porque vos fez Deus melhor
de quantas fez, e mays valer,
querede vos de mi doer,
e d'estes meus olhos, senhor,
que vos viron por mal de ssy,
quando vos viron, e por mi.

E porque o al non é ren,
senon o ben que vos Deus deu,
querede vos doer do meu
mal e dos meus olhos, meu ben,
que vos viron por mal de ssy,
quando vos viron, e por mi.

C.V. 121 - D. Dinis, apud *Antologia Arcaica* de Silveira Bueno, p.85

Paráfrase

Ai, formosa, por Deus e porque ele vos fez tão formosa, tenha pena de mim alguma vez e destes meus olhos que por meu mal te viram. (Quer dizer que os olhos viram toda sua beleza e eu passei a desejá-la, passando a sofrer por ser um desejo impossível.) E porque Deus te fez melhor e de mais valor de quantas mulheres criou, procures ter pena de mim e destes meus olhos que te viram por mal deles e por mim. E porque tudo não vale nada senão o bem que Deus te deu, tenhas pena de mim e dos meus olhos que por mal deles e por mim te viram.

NOTA

A repetição denuncia a insistência e persistência do desejo amoroso, assim como exagera a valorização das qualidades da mulher amada. O elogio como que cresce à medida que a mesma coisa é dita e repetida, mudando as palavras, mas não a idéia básica, ou seja, a homenagem à mulher amada.

TEXTO 2

"Aquestas noytes tan longas
que Deos fez em grave dia
por mi, por que as non dormio,
e por que as non fazia
no tempo que meu amigo
soía falar comigo?

Por que as fez Deos tan grandes,[5]
non poss'eu dormir, coitada!
e, de como son sobejas,
quisera m'outra vegada
no tempo que meu amigo
soía falar comigo."

C. V. 782 - Juian Bolseiro, apud *Antologia Arcaica* de Silveira Bueno, p.130

[5] Este verso, como o terceiro da mesma estrofe, não apresenta rima com os demais, por isso era chamado de "palavra perduda".

HUMANISMO: Era medieval II

O estilo de época denominado Humanismo estende-se de 1418 a 1527, abrangendo, portanto, o século XV e parte inicial do século XVI.

I - CONTEXTO HISTÓRICO

O século XV é um período de transição, em que subsistem muitas idéias próprias da cultura medieval, mas já começa a fermentar o espírito do Renascimento, que desenvolve uma curiosidade pela cultura da Antigüidade e um estudo da ciência, arte e filosofia dos gregos e romanos. Evidencia-se também, nesse período, a evolução da burguesia, que está intimamente associada ao início das grandes navegações, que conduzirão aos primeiros descobrimentos: América, Brasil.

II - ORIGEM

As idéias gerais e fundamentais do movimento humanista tiveram sua origem na Itália, mas o que se denomina Humanismo, em Portugal, ainda não é o Renascimento com todas suas características e implicações, mas uma transição, onde coexistem elementos do antropocentrismo e do teocentrismo.

III - DATA INICIAL

Em Portugal, toma-se geralmente como data inicial o ano de 1418 (Data da nomeação de Fernão Lopes para Guarda-mor da Torre do Tombo), embora alguns prefiram 1434, ano que o mesmo Fernão Lopes foi promovido a Cronista-mor da Torre do Tombo.
No Brasil ainda não podemos falar de literatura, pois há pouco foi descoberto. O que foi produzido no Brasil durante o primeiro século após a descoberta será abordado no período seguinte.

IV - CARACTERÍSTICAS

Com o surgimento da imprensa, a poesia divorcia-se da música, deixando de ser transmitida oralmente e passando a ser registrada em livro. Como conseqüência, elitiza-se, tornando-se acessível apenas ao nobre, ao letrado. O homem comum não a ouvirá mais nas praças pela boca dos cantores. Merece bem, portanto, o nome de poesia palaciana.

Outro gênero que sofre modificação significativa é a crônica (História). Nos séculos anteriores, as crônicas além de serem redigidas numa linguagem travada, desinteressante, denunciavam uma parcialidade, uma fantasia e uma falsidade histórica, que desestimulam sua leitura. Já no Humanismo, graças ao primoroso trabalho de Fernão Lopes, a crônica apresenta procedimentos técnicos próprios da ficção, como o emprego de diálogos, o uso de descrições cinematográficas e a presença de um mundo interior, psicológico. Além disso, Fernão Lopes faz pesquisas para aproximar-se o mais que possa da verdade histórica, registrando até mesmo a participação do povo no processo histórico, numa linguagem ágil, renovadora, cinematográfica mesmo. Por isso, muitos o consideram o Pai da História em Portugal.

Nasce nesse período o teatro em Portugal. Claro, que dizemos isso no sentido de teatro escrito, organizado. Pois, em todo o período medieval houve manifestações pobres e primitivas, já que o próprio clero valia-se desse gênero para transmitir à massa os principais ensinamentos da fé católica. Esses espetáculos originaram-se na França, no século XII, e eram normalmente conhecidos como "milagres" e "mistérios".

Foi Gil Vicente quem iniciou o teatro em Portugal ao encenar, em 1502, o monólogo *Auto da Visitação*, também conhecido pela denominação *Monólogo do Vaqueiro*, revolucionando o teatro pois dá prioridade à palavra, valorizando o texto literário e não a cenografia, como nas representações anteriormente comuns na Corte lusitana.

Gil Vicente inicialmente imitou o teatro pastoril de Juan del Encina, de que se liberta gradativamente até sua completa independência. O teatro vicentino é sacro, popular, poético, satírico, denunciando e criticando as mazelas sociais em todos os níveis. São ridicularizados em suas obras, principalmente, os nobres orgulhosos, os padres prevaricadores, as alcoviteiras, os interesseiros, os agiotas. Ideologicamente, suas peças apresentam uma visão de mundo medieval, pois acredita no inferno e na condenação dos pecadores, assim como na salvação das boas almas. Entretanto, valoriza o riso, a alegria e focaliza com muita atenção as pessoas e o ambiente de seu tempo, chegando ao seu momento maior de humanismo quando cria Inês Pereira, que trai o marido e não é punida por isso. Essa não seria uma atitude possível na tradição medieval.

O teatro de Gil Vicente não respeita a regra clássica das 3 unidades: tempo, espaço e ação. A mesma peça pode apresentar mais de um espaço, como *A Farsa de Inês Pereira* e diversidade de tempo, como esta já citada e como *Auto da Índia*.

A prosa de ficção restringe-se às novelas de cavalaria, mas de pouco interesse já que muitas se perderam e as outras são traduções, valendo destacar *Amadis de Gaula* (1508) e, principalmente agora com a publicação da Edusp, orientada por Heitor Megale, *A Demanda do Santo Graal*.

V - AUTORES E OBRAS

1. Garcia de Resende é dos mais importantes poetas humanistas, não apenas pelas suas composições como "Trovas à Morte de D. Inês de Castro", em redondilhos maiores[6], mas principalmente pelo seu trabalho como compilador do *Cancioneiro Geral,* livro impresso em 1516, em que reúne o grosso da produção desse período. Aí encontramos poemas dele próprio, de Sá de Miranda, João Roiz de Castelo Branco e de Gil Vicente, entre outros.

2. Fernão Lopes (1378?/1460?) pode ser considerado o Pai da História em Portugal. Suas crônicas fascinam pelas técnicas narrativas, pelos cortes cinematográficos, pelas descrições minuciosas e pelo registro da vida interior de personagens históricas, revelando seus temores e desejos. Para completar, chama também nossa atenção a agilidade e modernidade com que trata a nossa língua e por incluir o povo no processo histórico. Basta-nos ler alguns trechos das crônicas registradas pelo seu sucessor, Gomes Eanes de Azurara, para verificarmos um retrocesso e a confirmação de que Fernão Lopes foi único e bem merecia ser mais lembrado pelos professores de Literatura e de História. Fernão Lopes escreveu: *Crônica d'El-Rei D. Pedro*, *Crônica dEl-Rei D. Fernando* e *Crônica d'El-Rei D. João I* (1ª e 2ª parte).

3. Gil Vicente (1465/1537)foi o iniciador do teatro português com *Auto da Visitação*, em1502. Suas peças satíricas procuram moralizar através do riso, do ridículo e da alegoria. Emprega geralmente, como a poesia humanista, versos curtos, principalmente o redondilho maior (verso de 7 sílabas). Sua linguagem embora pré-clássica, preserva ainda estruturas e termos arcaicos do galego-portuguê de que deriva. Escreveu *Trilogia das Barcas* (1517-1518), *A Farsa de Inês Pereira* (1523), *Floresta de Enganos* (1536) e muitas outras peças, em que critica a todos com versos dotados de humor, lirismo, crítica e moralismo.

VI - ANTOLOGIA

TEXTO 1 - Fragmento da *Crônica de D. João I*, de Fernão Lopes.

"Então se despediu da Rainha, e tomou o Conde pela mão e saíram ambos da câmara a uma grande casa que era diante, e os do Mestre todos com ele, e Rui Pereira e Lourenço Martins mais acerca. E chegando-se o Mestre com o Conde acerca de uma fresta, sentiram os seus que o Mestre lhe começava de falar passo, e estiveram todos quedos. E as palavras foram entre eles tão poucas e tão baixo ditas, que nenhum por então entendeu quejendas eras (sic): porém afirmam que foram desta guisa.

[6] Versos com sete sílabas, de origem popular e medieval.

- *Conde, eu me maravilho muito de vós serdes homem a que eu bem queria, e trabalhardes vós de minha desonra e morte.*
- *Eu, senhor*! Disse ele, *quem vos tal cousa disse, mentiu-vos mui grande mentira.*

O Mestre que mais vontade tinha de o matar que de estar com ele em razões, tirou logo um cutelo comprido, e enviou-lhe um golpe à cabeça; porém não foi a ferida tamanha que dela morrera, se mais não houvera. Os outros que estavam de arredor, quando viram isto, lançaram logo as espadas fora pera lhe dar, e ele movendo pera se colher à câmara da Rainha com aquela ferida, e Rui Pereira que era mais acerca, meteu um estoque de armas per ele de que logo caiu em terra morto.

Os outros quiseram-lhe dar mais feridas, e o Mestre disse que estivessem quedos, e nenhum foi ousado de lhe mais dar; e mandou logo Fernando Álvares e Lourenço Martis que fossem cerrar as portas que não entrasse nenhum, e dissessem ao seu Pajem que fosse à pressa pela vila bradando que matavam o Mestre, e eles fizeram-no assim.

E era o Mestre quando matou o Conde, em idade de vinte e cinco anos e andava em vinte e seis; e foi morto seis dias de dezembro, era já escrita de quatrocentos e vinte e um.

Crônica de D. João I, 2 vols., Porto, Civilização, 1945, vol. I, cap. IX, pp.19-22, apud **Moisés**, Massaud, *Literatura Portuguesa Através dos Textos*, SP, Ed. Cultrix, 1985, pp.41/42.

COMENTÁRIO

O Mestre de quem fala o cronista Fernão Lopes é o filho bastardo de D. Pedro I, que subiu ao trono logo depois desse evento com o título de D. João I, o mestre de Avis.

TEXTO 2 - Fragmento de *Auto da Lusitânia*, de Gil Vicente.

A peça trata da origem lendária, mitológica, de Portugal. Num dos momentos da peça, os demônios Dinato e Berzebu observam o diálogo entre dois indivíduos (personagens alegóricos) e anotam tudo para fazer um relatório a Lúcifer, o superior dos demônios.

TODO O MUNDO E NINGUÉM

Entra Todo o Mundo, homem como rico mercador, e faz que anda buscando alguma cousa que se lhe perdeu; e logo após ele um homem, vestido como pobre. Este se chama Ninguém, e diz:

Nin. Que andas tu aí buscando?
Tod. Mil cousas ando a buscar:
delas não posso achar,
porém ando porfiando,
por quão bom é porfiar.
Nin. Como hás nome, cavaleiro?
Tod. Eu hei nome *Todo o Mundo*,
e meu tempo todo inteiro
sempre é buscar dinheiro,
e sempre nisto me fundo.

Nin. E eu hei nome *Ninguém*,
e busco a consciência.
Belz. Esta é boa experiência!
Dinato, escreve isto bem.
Din. Que escreverei, companheiro?
Belz. Que *Ninguém* busca consciência
E *Todo o Mundo* dinheiro.

Nin. E agora que buscas lá?
Tod. Busco honra muito grande.
Nin. E eu virtude, que Deus mande
que tope com ela já.
Belz. Outra adição nos acude:
escreve logo aí, a fundo,
que *busca honra Todo o Mundo,*
e Ninguém busca a virtude.

Nin. Buscas outro mor bem qu'esse?
Tod. Busco mais quem me louvasse
tudo quanto eu fizesse.

Nin. E eu quem me repreendesse
em cada cousa que errasse.
Belz. Escreve mais.
Din. Que tens sabido?
Belz. Que *quer em extremo grado*
Todo o Mundo ser louvado,
e Ninguém ser repreendido.

Nin. Buscas mais, amigo meu?
Tod. Busco a vida e quem ma dê.
Nin. A vida não sei que é,
a morte conheço eu.
Belz. Escreve lá outra sorte.
Din. Que sorte?
Belz. Muito garrida:
Todo o Mundo busca a vida,
e Ninguém conhece a morte.

Tod. E mais queria o paraíso,
sem mo ninguém estorvar.
Nin. E eu ponho-me a pagar
quanto devo pera isso.
Belz. Escreve com muito aviso.
Din. Que escreverei?
Belz. Escreve
que Todo o Mundo quer paraíso
e Ninguém paga o que deve.

Tod. Folgo muito d'enganar,
e mentir nasceu comigo.
Nin. Eu sempre verdade digo,
sem nunca me desviar.
Belz. Ora escreve lá, compadre,
não sejas tu preguiçoso!
Din. Quê?
Belz. Que Todo o Mundo é mentiroso
e Ninguém diz a verdade.

Nin. Que mais buscas?
Tod. Lisonjear.
Nin. Eu sou todo desengano.
Belz. Escreve, anda lá mano!
Din. Que me mandas assentar?
Belz. Põe aí mui declarado,
não te fique no tinteiro,
Todo o Mundo é lisonjeiro,
e Ninguém desenganado.

Vicente, Gil - *Obras-primas do Teatro Vicentino*, SP, Difel, 1983, pp.316-318.

TEXTO 3 - Poesia palaciana do *Cancioneiro Geral*.

CANTIGA SUA PARTINDO-SE

Senhora, partem tão tristes
meus olhos por vós, meu bem,
que nunca tão tristes vistes
outros nenhuns por ninguém.

Tão tristes, tão saüdosos,
tão doentes da partida,
tão cansados, tão chorosos,
da morte mais desejosos
cem mil vezes que da vida.
Partem tão tristes os tristes,
tão fora d'esperar bem,
que nunca tão tristes vistes
outros nenhuns por ninguém.

Castelo Branco, João Roiz de, extraído do *Cancioneiro Geral*, de Garcia de Resende, vol. III, p. 134, apud Massaud Moisés, op. cit.

CLASSICISMO: Era Clássica I

Este quadro, *Virgem do Pintassilgo*, de **Rafael**, pintado em 1506, revela figuras humanizadas. Nele também, podemos perceber serenidade, equilíbrio e harmonia.

O Classicismo ou Quinhentismo é o estilo de época que vigora em Portugal de 1527 a 1580, século XVI.

I - CONTEXTO HISTÓRICO

O século XVI caracteriza-se pela evidente ascensão da burguesia e pela centralização do poder monárquico.

Em plena coerência e concomitância com o crescimento da burguesia ocorre uma significativa evolução técnica e científica. Data de então a descoberta do astrolábio, da imprensa, da bússola e a utilização militar da pólvora. Todas essas pesquisas e descobertas conduzem a um interesse maior da burguesia e da realeza: a expansão marítima. As grandes navegações conduzem à descoberta de um caminho para o Oriente e, conseqüentemente, ao descobrimento da América e do Brasil.

Podemos dizer que além da expansão geográfica e da laicização[7] do conhecimento, encontramos também no século XVI a reforma religiosa, (Lutero, Calvino etc) que elimina a supremacia da Igreja Católica. O Protestantismo vem atender a necessidades próprias do dinamismo da burguesia, já que a Igreja Católica era contra o lucro, procurando limitar a ação dos comerciantes em sua busca de lucros cada vez maiores.

---

[7] O ensino deixa de ser patrimônio exclusivo dos Igreja, tornando-se leigo, profano.

II - ORIGEM

O Renascimento é o estudo sistemático da cultura grega e romana da Antigüidade. O Classicismo é esse renascimento nas artes. Temos então em Renascimento um termo generalizante e em Classicismo um termo particularizante. Classicismo é subconjunto de Renascimento. A Itália, por sua condição política e geográfica foi o berço do Renascimento.

III - DATA INICIAL

Em Portugal, tomou-se como marco inicial do Classicismo o ano de 1527, quando Sá de Miranda retornou da Itália, introduzindo a medida nova (doce estilo novo).

No Brasil não houve Classicismo ou qualquer manifestação artística parecida. O que aqui foi produzido pode ser denominado genericamente de Quinhentismo ou mais adequadamente de Literatura catequética e informativa.
A literatura catequética ou formativa era produzida pelos padres jesuíticas com preocupações claramente educativas, catequéticas, visando à moralização do comportamento dos colonos e à transformação da cultura pagã dos indígenas. Notabilizou-se entre os jesuítas o padre José de Anchieta, que produziu obra lírica, dramática e épica.
A literatura dos viajantes ou informativa tinha como objetivo fundamental informar aos portugueses como era o novo mundo, que geralmente é visto com lentes de embelezamento, revelando um verdadeiro paraíso. Tudo é bonito, grandioso, exuberante. Essa visão ufanista vai influenciar bastante a nossa literatura, principalmente a romântica. Observem a maneira como Gonçalves Dias vê a nossa natureza.

IV - CARACTERÍSTICAS

A arte clássica, ao contrário da medieval, é antropocêntrica, ou seja, apresenta uma visão do mundo centrada no homem. Por isso é normal encontrarmos na arte quinhentista o hedonismo, a valorização do corpo. Nas pinturas, por exemplo, desaparecem as figuras magras e inteiramente vestidas, para dar lugar a homens musculosos e mulheres cheias, em geral despidos para que possamos perceber a beleza da carne. É importante a vida aqui na terra e mesmo Maria e Jesus, que continuam sendo temas de pintores, são agora representados não como figuras celestiais inatingíveis, mas como qualquer mulher e menino daquele tempo.
Outra marca da arte desse período é a adoção dos padrões da cultura clássica da antigüidade, levando os artistas a um processo de imitação (mimese). Todo artista, escritor ou pintor, deve adotar um modelo da Antigüidade. Daí a presença constante da mitologia greco-latina. Podemos então dizer que no Classicismo ocorre um paganismo estético, já que não adotam a religiosidade dos antigos, mas valem-se delas apenas para fins estéticos. A arte clássica

revela clareza e concisão, numa busca constante da perfeição formal. Para tanto, deve procurar sempre equilíbrio e harmonia.
O artista clássico revela um estado de otimismo, de euforia vital, o que é pertinente a uma época em que o homem tinha rasgado os mares e realizado muitos de seus anseios. Também se faz presente o racionalismo e o universalismo de inspiração platônica.

- CARACTERÍSTICAS DA LITERATURA PRODUZIDA NO BRASIL

O que se produz no Brasil, no século XVI, não deve ser denominada Literatura Brasileira, porque se trata de textos sobre o Brasil, escritos por portugueses e para portugueses. Trata-se de uma literatura pobre esteticamente, tendo valor mais como documento histórico, que revelam a visão de mundo do colonizador. Praticamente todos são ufanistas e mostram um lugar paradisíaco.
Para nós, apresentou grande importância como material de pesquisa e sugestão para escritores e estilos de época que vieram depois, como o Romantismo e o Modernismo ou, especificamente, para autores como Gonçalves Dias, José de Alencar e Oswald de Andrade.

V - AUTORES E OBRAS

A) PORTUGAL

1. Luís Vaz de Camões nasceu aproximadamente em 1524. Levou vida boêmia na Corte lusitana. Ingressou na Carreira Militar, enfrentou a prisão e viajou para as Índias a serviço do Rei. Sofreu naufrágio, mas conseguiu escapar e pôde imprimir seu poema épico, patrocinado pelo seu mecenas, o rei D. Sebastião, em 1572.
Apesar da pensão real que lhe foi atribuída por D. Sebastião, Camões morreu na pobreza e abandono em 1580. Não é difícil entender sua situação se recordarmos que o rei desaparecera em batalha, na África, no ano de 1578, deixando o reino sem herdeiro e sem rumo. Tanto que no mesmo ano da morte de Camões, Portugal passou para o domínio espanhol.

OBRAS

Camões praticou, além do gênero épico, *Os Lusíadas*; o lírico e o dramático. Sua obra lírica, *Rimas*, só foi publicada postumamente, quinze anos após seu falecimento. Sua obra dramática é considerada de nível inferior às duas mencionadas. Procurando ter como modelo Gil Vicente, escreveu as peças *El-Rei Seleuco*, *Filodemo*, *Anfitriães*.
Camões, como cumpria a um autor de seu tempo, tomou como modelo para sua obra lírica o poeta italiano Petrarca e adotou Virgílio para sua obra épica.

2. Sá de Miranda (1481-1558) é o responsável pela introdução do estética clássica em Portugal. Participou do *Cancioneiro Geral*. Escreveu a peça clássica *Estrangeiros* (escrita em 1526, mas publicada em 1569).

3. Antônio Ferreira (1528/1569), *A Castro* (1587), *Poemas Lusitanos* (1598).

4. Bernardim Ribeiro escreveu *Menina e Moça* (1554).

BRASIL

1. PADRE JOSÉ DE ANCHIETA (1534-1597) produziu um teatro mais com finalidade didática, catequética, do que estética. É atribuída a ele a peça *Auto da Pregação Universal* e *Na Festa de São Lourenço*. Escreveu em latim um poema épico *De Gestis de Mendi de Saa*, e um longo poema, dedicado à Virgem Maria, *De Beata Virgine Dei Matre Maria*.

2. PADRE MANUEL DA NÓBREGA (1517-1570), além de numerosas cartas, escreveu *Diálogo sobre a Conversão do Gentio*.

OUTROS - Pero de Magalhães Gândavo, Gabriel Soares de Sousa, Pero Lopes de Sousa, assim como Pero Vaz de Caminha deixaram textos que ficam classificados como Literatura de Informação.

VI - ANTOLOGIA

LÍRICA de Camões

TEXTO 1

I
Eu cantarei de amor tão docemente,
por uns termos em si tão concertados,
que dous mil acidentes namorados
faça sentir ao peito que não sente.

II
Farei que amor a todos avivente,
pintando mil segredos delicados,
brandas iras, suspiros magoados,
temerosa ousadia e pena ausente.

III
Também, Senhora, do desprezo honesto
de vossa vista branda e rigorosa,
contentar-me-ei dizendo a menor
parte.

IV
Porém, pera cantar de vosso gesto
a composição alta e milagrosa,
aqui falta saber, engenho e arte.

Camões, Luís Vaz de - *Lírica* - Belo Horizonte, Ed. Itatiaia & Edusp, 1982, pp.153-154.

TEXTO 2

Transforma-se o amador na cousa amada,
por virtude do muito imaginar;
não tenho, logo, mais que desejar,
pois em mim tenho a parte desejada.

Se nela está minha alma transformada,
que mais deseja o corpo de alcançar?
Em si somente pode descansar,
pois consigo tal alma está liada.

Mas esta linda e pura semideia
que, como um acidente em seu sujeito,
assi co a alma minha se conforma,

está no pensamento como idéia;
e o vivo e puro amor de que sou feito,
como a matéria simples busca a forma.

Camões, Luís Vaz de - *Lírica* - BH, Ed. Itatiaia Ltda, 1982, pp. 162-163.

ÉPICA : Fragmentos de *Os Lusíadas*.

A obra é composta de 1.102 estrofes denominadas oitava-rima, por serem compostas de 8 versos decassílabos rimados, utilizando o esquema de rima **ABABABCC**.

O poema se divide em dez cantos e apresenta cinco partes importantes:

1. Proposição (canto I): é a proposta ou objetivo do poema. Nele o poeta propõe-se a exaltar as glórias e conquistas portuguesas.

"As armas e os **Barões assinalados**[8]
Que, da Ocidental praia Lusitana,
Por mares nunca de antes navegados
Passaram ainda além da **Taprobana**,[9]
Em perigos e guerras esforçados,
Mais do que prometia a força humana,
E entre gente remota edificaram
Novo Reino, que tanto sublimaram;

E também as memórias gloriosas
Daqueles Reis que foram dilatando
A Fé, o Império, e as terras viciosas
de África e de Ásia andaram devastando,
E aqueles que por obras valerosas
Se vão da lei da Morte libertando:
Cantando espalharei por toda parte,
Se a tanto me ajudar o engenho e arte.

[8] Varões ilustres, homens distintos, fidalgos que se evidenciaram.
[9] Ceilão.

Cessem do **sábio Grego**[10] **e do Troiano**[11]
As navegações grandes que fizeram;
Cale-se de Alexandre e de Trajano
A fama das vitórias que tiveram;
Que eu canto o peito ilustre Lusitano,
A quem Netuno e Marte obedeceram.
Cesse tudo o que a **Musa antiga**[12] canta,
Que outro valor mais alto se alevanta."

2. Invocação (canto I) - Invoca a proteção das Tágides, ninfas (deusas das águas) protetoras do rio Tejo, para realizar o seu intento.

"E vós, Tágides minhas, pois criado
Tendes em mim um novo engenho ardente,
Se sempre em **verso humilde**[13] celebrado
Foi de mim vosso rio alegremente,
Dai-me agora um som alto e sublimado,
Um estilo grandíloquo e corrente,
Por que de vossas águas Febo ordene
Que não tenham inveja às de **Hipocrene**[14]

Dai-me uma fúria grande e sonorosa,
E não de agreste avena ou frauta ruda,
Mas de tuba canora e belicosa,
Que o peito acende e a cor ao gesto muda;
Dai-me igual canto aos feitos da famosa
Gente vossa, que a Marte tanto ajuda;
Que se espalhe e se cante no Universo,
Se tão sublime preço cabe em verso."

3. Dedicatória (canto I) - O poeta dedica a obra a D. Sebastião, rei de Portugal.

"Vós, poderoso Rei, cujo alto Império
O Sol, logo em nascendo, vê primeiro;
Vê-o também no meio do Hemisfério,
E quando desce o deixa derradeiro;
Vós, que esperamos **jugo e vitupério**[15]
Do torpe Ismaelita cavaleiro,
Do Turco Oriental e do Gentio
Que inda bebe o licor do santo Rio:"

---

[10] Refere-se a Ulisses, herói do poema épico de Homero, famoso pela sua esperteza. Sábio está aqui no sentido de sabido.
[11] O troiano é o príncipe Eneas, personagem de *Eneida*, a epopéia de Virgílio.
[12] Em linguagem figurada, alusão aos clássicos da Antigüidade. Podemos entender como "Literatura antiga".
[13] Referência aos versos líricos com que já tinha louvado anteriormente o rio Tejo.
[14] Alusão às ninfas da *Eneida* de Virgílio
[15] Jugo significa autoridade, domínio, e vitupério quer dizer ofensa, injúria.

4. Narração (do canto I ao X) - É o corpo da epopéia, a parte mais extensa, na qual narra-se toda a História de Portugal e de seu povo, mas apenas do ponto de vista da nobreza ("Barões assinalados", "peito ilustre", "memórias gloriosas daqueles Reis").

I

"Já no largo Oceano navegavam,
As inquietas ondas apartando;
Os ventos brandamente respiravam,
Das naus as velas côncavas inchando;
Da branca escuna os mares se mostravam
Cobertos, onde as proas vão cortando
As marítimas águas consagradas,
Que do gado de Próteu são cortadas,

II

Tão brandamente os ventos os levavam
Como quem o Céu tinha por amigo;
Sereno o ar e os tempos se mostravam
Sem nuvens, sem receio de perigo.
O promontório Prasso já passavam
Na costa da Etiópia, nome antigo,
Quando o mar, descobrindo, lhe mostrava
Novas ilhas, que em torno cerca e lava.

III

Vasco da Gama, o forte Capitão,
Que a tamanhas empresas se oferece,
De soberbo e de altivo coração,
A quem Fortuna sempre favorece,
Para se aqui deter não vê razão,
Que inabitada a terra lhe parece.
Por diante passar determinava,
Mas não lhe sucedeu como cuidava."

5. Epílogo (canto X) - É a conclusão ou encerramento do poema. Segue a principal estrofe da conclusão, demonstrando o cansaço e a desilusão do poeta diante do desinteresse de sua gente e do estado de decadência que sua pátria já prenuncia:

"No mais[16], Musa, no mais que a lira tenho
Destemperada[17] e a voz enrouquecida,
E não do canto, mas de ver que venho
Cantar a gente surda e endurecida.
O favor com que mais se acende o engenho
Não no dá a pátria, não, que está metida
No gosto da cobiça e na rudeza
Duma austera, apagada e vil tristeza." [18]

Camões, Luís Vaz de - *Os Lusíadas*, RJ, Edições de Ouro, 1968.

[16] O mesmo que "não mais".
[17] O mesmo que desafinada.
[18] Há nesse final um tom profético e pessoal, como o que o poeta apresenta em uma carta, pouco antes de morrer, em que diz algo mais ou menos assim "...sou tão patriota que sinto não só que morro na minha pátria, mas morro com ela." Esse tom destoa do carácter objetivo, histórico e universal da poesia épica. Como em todo gênio, no entanto, nada disso embaça o brilho desse grande poema, que apresenta a imagem do homem europeu renascentista, sintetizada no português.

TEXTO 3 - fragmento de prosa da literatura informativa: *A Carta*, de Pero Vaz de Caminha.

"Daly se partirã os outros dous mancebos que nom os vimos mais. Amdauam aly mujtos deles ou casy a maior parte, que todos traziam aqueles bicos doso nos beiços e alguus que amdauam sem eles traziam os beiços furados e nos buracos traziam huus espelhos de paao que pareciam espelhos de boracha e alguns deles traziam três daqueles bicos a saber huu na metade eos dous nos cabos, e amdauam hy outrros quartejados de cores a saber deles ameetade dasua propria cor e ameetade de timtura negra maneira dazulada e outros quartejados descaques. Aly amdauam antreles três ou quatro moças bem moças e bem jentijs com cabelos mujto pretos conprjdos pelas espadoas e suas vergonhas tam altas e tão çaradinhas e tam limpas das cabeleiras que de as nos mujto bem olharmos nõ tijnhamos nhuua vergonha."

Caminha, Pero Vaz de - *A Carta* - RJ, Liv. Agir Ed., 1965, p. 92.

NOTA

Estas quatro últimas linhas foram retomadas parodisticamente por Oswald de Andrade em seu poema modernista, intitulado *As moças da gare*.

TEXTO 4 - Exórdio do poema *De Beata Virgine Matre Dei Maria*, de José de Anchieta, em tradução de Armando Cardoso S. J.

Cantar ou calar?
Mãe Santíssima de Jesus, os teus louvores
hei de os cantar ou hei de os calar?
A mente alvoroçada
sente-se impelida pelo aguilhão do amor
a oferecer a sua rainha uns versos...
Mas receia com a língua impura
decantar tuas glórias:
inúmeras culpas carregam-na de manchas.
Como ousará mundana língua enaltecer
a que encerrou no seio o Onipotente?
Apavorada a pobre mente foge
a não ser que o teu amor
expulse do coração o medo que o possui.
Porque temer incerto?
Por que há de gelar o peito?
Por que fria se encolherá a língua?
Mas... és tu que me obrigas a cantar:
acodes a esforçar-me balbuciante
a revigorar-me a mão tremente.
Oh! Se o amor da Mãe divina me não dobrar,
se à glória da Virgem meus lábios não se abrirem,
que meu coração vença em dureza
a pedra, o ferro, o bronze,
o diamante indomável!
Quem me dera encerrar na arca do peito
a tua virginal imagem,
para envolver-te piedosa Mãe, em chamas!
Sê tu, com o teu Menino,
o único prazer, anseio, amor do meu coração!

Anchieta, José de - *O Poema da Virgem*, SP, Edições Paulinas, 1958, pp.49-50.

BARROCO: Era Clássica II

Peter Paul Rubens foi um dos mais exuberantes pintores barrocos. Nessa sua pintura, *O Levantamento da Cruz*, podemos notar tensão, movimento, dramaticidade, sinuosidade, complexidade e exagero.

Predominante no século XVII, vigorando em Portugal de 1580 a 1756 e no Brasil de 1601 a 1768, o Barroco costuma também ser denominado Seiscentismo. Metonimicamente é chamado por alguns de Gongorismo ou Cultismo.

I - CONTEXTO HISTÓRICO

O período barroco foi um dos mais conturbados, com uma Europa em crise, agitada por lutas religiosas e conflitos políticos.
De 1580 a 1640, Portugal perde autonomia e fica sob domínio espanhol, que só tem fim a partir de 1640, quando se inicia a Restauração, com D. João IV.
O século XVII sofreu uma forte influência do movimento contra-reformista, que consistiu num esforço conjunto e constante da Igreja Católica para forçar o homem pós-renascentista a retomar valores medievais, ameaçando-o sempre com o conceito de brevidade da vida e com o fogo do inferno.
A economia brasileira estava baseada na cultura da cana-de-açúcar e a Bahia era o centro cultural da colônia.

II - ORIGEM

O espírito barroco nasce na Espanha, mas a forma artística aparece por primeira vez na Itália.

III - DATA INICIAL

O Barroco tem seu marco inicial, em Portugal, em 1580, com a morte de Camões e início do domínio espanhol.

No Brasil, aceita-se por convenção o ano de 1601 como data inicial, tendo como referencial a publicação do poemeto épico *Prosopopéia*, de Bento Teixeira.

IV - CARACTERÍSTICAS

A arte barroca revela um sentimento de brevidade ou efemeridade da vida, desenvolvendo uma preocupação com o aproveitamento da vida que, ora pode ser resolvido com o desejo hedonista de gozo terreno, ora com o ascetismo de origem medieval. Tal atitude leva o homem, e, por conseqüência, o artista do século XVII a uma visão pessimista e desencantada da vida, assim como a um constante conflito entre o teocentrismo medieval e o antropocentrismo renascentista, que pode justificar bastante o emprego abusivo da antítese.
Ao contrário do Classicismo que valorizava a concisão, o equilíbrio, o Barroco valoriza o luxo, o exagero e o detalhismo, assim como uma acentuada preferência pelas curvas, pelas formas retorcidas, que encontra correspondência na literatura no freqüente emprego de hipérbato, ou seja, a inversão dos termos da oração, a ordem indireta.
Encontramos ainda na arte seiscentista a religiosidade, rnarcada por um grande sentimento de pecado e busca do perdão; o desequilíbrio; o gosto pela metáfora e pelas repetições sistematizadas como anáfora[19], anadiplose[20] e epizeuxe[21]; atração pelo ornamentalismo.

V - AUTORES E OBRAS

A) PORTUGAL

1. PADRE ANTÔNIO VIEIRA (1608/1697) nasceu Portugal, mas veio para o Brasil ainda criança e aqui passou a maior parte da sua vida. Em seus sermões (gênero: oratória) tratou de assuntos não só religiosos, mas também sociais, econômicos e políticos. Teve uma missão de catequização de índios no Maranhão. Envolveu-se na defesa dos judeus e em luta contra a exploração de índios como escravos pelos colonos. Foi preso pela Inquisição por suas idéias sebastianistas, profecias sobre o futuro de Portugal, defesa dos judeus e por seu violento ataque verbal a Deus no famoso sermão *Pelo Bom Sucesso das Armas de Portugal Contra as de Holanda.* Escreveu 200 *Sermões* (Entre eles*: Sermão de Santo Antônio*, da *Sexagésima*, *Pelo Bom Sucesso Das Armas De Portugal Contra As De*

[19] Repetição de termo ou expressão no início dos versos, no caso de poesia, ou das orações, no caso da prosa.

[20] Consiste na repetição no começo de um verso do termo empregado no fim do verso anterior. No caso de prosa, é o emprego da última palavra de uma oração para iniciar a oração que lhe segue.

[21] É a repetição de uma mesma palavra ou expressão no final do verso ou da oração.

Holanda), 500 cartas, *História do Futuro*, *Esperanças de Portugal*, *Clavis Prophetarum* (inédita).

2. FRANCISCO RODRIGUES LOBO (1580/1622), *Romanceiro* - Primeira e segunda parte dos romances (1596), *Églogas* (1605, *O Condestabre* (1610).

3. PADRE MANUEL BERNARDES (1644/1710), *Nova Floresta* (5 vols., publicados de 1706 a 1728), *Pão Partido em Pequeninos* (1694).

4. FRANCISCO MANUEL DE MELO (1608/1666), *Obras métricas* (1665).

B) BRASIL

1. GREGÓRIO DE MATOS GUERRA (1633/1696) foi o maior poeta barroco nascido na colônia, mas jamais publicou qualquer poema em vida. Sua obra foi preservada em cópias manuscritas. Pela sua veia satírica que a todos atacava, foi apelidado "O Boca do Inferno". Produziu poesia lírica amorosa, lírica religiosa, lírica reflexiva, graciosa, encomiástica e satírica.

2. MANUEL BOTELHO DE OLIVEIRA (1636/171), *Música do Parnaso* (1705), primeira obra publicada em vida por autor nascido na colônia.

3. FREI MANUEL DE SANTA MARIA ITAPARICA (1704/1769 + ou -), *Eustáquidos* (1769).

VI - ANTOLOGIA

TEXTO 1 - Fragmento do *Sermão da Sexagésima*, de Padre Antônio Vieira.

"Fazer pouco fruto a palavra de Deus no Mundo, pode proceder de um de três princípios: ou da parte do pregador, ou da parte do ouvinte, ou da parte[22] de Deus. Para uma alma se converter por meio de um sermão, há de haver três concursos: há de concorrer o pregador com a doutrina, persuadindo; há de concorrer o ouvinte com o entendimento, percebendo; há[23] de concorrer Deus com a graça, alumiando. Para um homem se ver a si mesmo[24], são necessárias três coisas: olhos, espelho e luz. Se tem espelho e é cego, não se pode ver por falta de olhos; se tem espelho e olhos, e é de noite, não se pode ver por falta de luz. Logo, há mister luz, há mister espelho e há mister olhos. Que coisa é a conversão de uma alma, senão entrar um homem dentro em si e ver-se a si mesmo[25]? Para esta vista são necessários olhos, é necessária luz e é necessário espelho. O pregador concorre com o espelho, que é a doutrina; Deus concorre com a luz, que é a graça; o homem concorre com os olhos, que é o conhecimento. Ora suposto que a conversão das almas por meio da pregação depende destes três concursos: de Deus, do pregador e do ouvinte,

[22] É muito comum no Barroco o emprego das figuras de repetição. Esta aqui empregada, isto é, o emprego sistemático de um mesmo termo ou expressão no início de cada oração, chama-se anáfora.
[23] Anáfora, figura de linguagem que consiste em repetir mesmo termo ou expressão no início do verso ou da oração.
[24] Temos aqui o pleonasmo, figura enfática, também muito freqüente na literatura barroca.
[25] Pleonasmo.

por qual deles havemos de entender que falta? Por parte do ouvinte, ou por parte do pregador, ou por parte de Deus?
Primeiramente, por parte de Deus, não falta nem pode faltar. Esta proposição é de fé, definida no Concílio Tridentino, e no nosso Evangelho a temos. Do trigo que deitou à terra o semeador, uma parte se logrou e três se perderam. E por que se perderam estas três? - A primeira perdeu-se, porque a afogaram os espinhos; a segunda, porque a secaram as pedras; a terceira, porque a pisaram os homens e a comeram as aves. Isto é o que diz Cristo; mas notai o que não diz. Não diz que parte alguma daquele trigo se perdesse por causa do sol ou da chuva. A causa por que ordinariamente se perdem as sementeiras é pela desigualdade e pela intemperança dos tempos, ou porque falta ou sobeja a chuva, ou porque falta ou sobeja o sol. Pois por que não introduz Cristo na parábola do Evangelho algum trigo que se perdesse por causa do sol ou da chuva? - Porque o sol e a chuva são as influências da parte do Céu, e deixar de frutificar a semente da palavra de Deus, nunca é por falta do Céu, sempre é por culpa nossa. Deixará de frutificar a sementeira, ou pelo embaraço dos espinhos, ou pela dureza das pedras, ou pelos descaminhos dos caminhos; mas por falta das influências do Céu, isso nunca é nem pode ser. Sempre Deus está pronto da sua parte, com o sol para aquentar e com a chuva para regar; com o sol para alumiar e com a chuva para amolecer, se os nossos corações quiserem: *Qui solem suum oriri facit super bonos et malos, et pluit super justos, et injustos*. Se Deus dá o seu sol e a sua chuva aos bons e aos maus; aos maus que quiserem fazer bons, como a negará? Este ponto é tão claro que não há para que nos determos em mais prova."

Vieira, Padre Antônio - *Sermões* - RJ, Liv. Agir Editora, 1975.

TEXTO 2 - Soneto lírico-religioso de Gregório de Matos Guerra.

Pequei, Senhor: mas não porque hei pecado,
da vossa Alta Piedade me despido:
Antes, quanto mais tenho delinqüido,
vos tenho a perdoar mais empenhado.

Se basta a vos irar tanto pecado,
a abrandar-vos sobeja um só gemido:
que a mesma culpa, que vos há ofendido,
vos tem para o perdão lisonjeado.

Se uma Ovelha perdida, já cobrada,
glória tal e prazer tão repentino
vos deu, como afirmais na Sacra História:

Eu sou, Senhor, Ovelha desgarrada;
cobrai-a; e não queirais, Pastor Divino,
perder na vossa Ovelha a vossa glória.

TEXTO 3 - Soneto satírico contra o governador da Bahia.

Senhor Antão de Sousa de Meneses,[26]
Quem sobe a alto lugar, que não merece,
Homem sobe, asno vai, burro parece,
Que o subir é desgraça muitas vezes.

A fortunilha autora de **entremezes**[27]
Transpõe em burro o Herói, que indigno cresce.
Desanda a roda, e logo o homem desce,
Que é discreta a fortuna em seus reveses.

Homem (sei eu) que foi Vossenhoria,
Quando o pisava da fortuna a roda,
Burro foi ao subir tão alto clima.

Pois vá descendo do alto, onde jazia,
Verá, quanto melhor se lhe acomoda
Ser homem em baixo, do que burro em cima.

Cândido, Antônio e J. Aderaldo Castello - *Presença da Lit. Brasileira,* SP, Dif. Européia do Livro, 1971, I, p. 82.

TEXTO 4 - Soneto lírico-reflexivo.

DESENGANOS DA VIDA METAFORICAMENTE

É a vaidade, Fábio, nesta vida,
Rosa, que da manhã lisonjeada,
Púrpuras mil, com ambição dourada,
Airosa rompe, arrasta presumida.

É planta, que de abril favorecida,
Por mares de soberba desatada,
Florida galeota empavesada,
Sulca ufana, navega destemida.

É nau enfim, que em breve ligeireza,
Com a presunção de Fênix generosa,
Galhardias apresta, alentos preza:

Mas ser planta, ser rosa, nau vistosa
De que importa, se aguarda sem defesa
Penha a nau, ferro a planta, tarde a rosa?

Cândido, Antônio e J. Aderaldo Castello - op. cit., I, p. 73.

---

[26] Em alguns livros esse verso aparece assim: Sôr Antônio de Sousa de Meneses".
[27] Pequena peça de teatro, burlesca e jocosa, de um só ato.

ARCADISMO: Era Clássica III

A arte neoclássica retoma a mitologia greco-romana, valoriza a sensualidade, equilíbrio, harmonia e o cenário bucólico. Algumas dessas características, estão presentes nessa escultura de **Clodion,** intitulada *Sátiro e bacante.* 1775.

O Arcadismo, que pode ser também denominado Neoclassicismo ou Setecentismo, predominou no século XVIII. Vigorou em Portugal entre 1756 e 1825, e no Brasil entre 1768 e 1836.

I - CONTEXTO HISTÓRICO

O período de preparação para a renovação revolucionária do Romantismo teve como fatores fundamentais a Revolução Industrial, na Inglaterra, mas com reflexos no restante da Europa e a Revolução Francesa, que marca a luta da burguesia pelo poder político.
Esse foi um período de urbanização e de êxodo rural. O pensamento europeu é influenciado pelo Iluminismo, que em oposição ao contra-reformismo, valoriza a razão, a ciência e o progresso. Essa postura vai provocar uma laicização da cultura. Grande também é a influência do Enciclopedismo e do racionalismo francês.
O século XVIII ficou marcado ainda pela Independência das colônias inglesas, e pela Inconfidência Mineira.
Em Portugal está no trono D. José I, mas quem efetivamente governa é o seu ministro plenipotenciário, o déspota esclarecido Marquês de Pombal, que realiza uma importante reforma do ensino, e expulsa os padres jesuítas.
No Brasil, a economia está baseada na mineração. O núcleo cultural deixa de ser a Bahia, para ser Vila Rica, e o centro político desloca-se para o Rio de Janeiro.

II - ORIGEM: Itália

III - DATA INICIAL

O Arcadismo tem início em Portugal em 1756 com a fundação da Arcádia Lusitana.
No Brasil, aceita-se 1768 como a data inicial do Setecentismo, pois é deste ano a publicação de *Obras Poéticas*, de Cláudio Manuel da Costa.

IV - CARACTERÍSTICAS

A arte do século XVII, cansada dos exageros e rebuscamentos barrocos, busca refúgio na simplicidade e retoma racionalismo clássico. Dentro da mesma postura, recupera a preocupação com o equilíbrio (*aurea mediocritas*) e a harmonia.
Numa evidente imitação clássica, retoma também o paganismo, e a mitologia volta a transparecer nos versos árcades, sendo mais freqüente a presença de Zéfiro, Apolo, Minerva e Cupido.
A característica mais fácil, porém, de ser detectada é o pastoralismo, que junto com presença de uma natureza convencional, arquetípica, que funciona mais como cenário para o encontro entre o pastor e sua amada. É o bucolismo, valorizando o campo como um local ameno para onde se deve fugir, já que a cidade apresenta-se como lugar de intrigas e falsidades de que se deve fugir (*fugere urbem*, *locus amoenus*).
Para combinar com essa natureza diurna, clara, equilibrada, os poetas recorreram insistentemente a adjetivos como: manso, suave, doce, terno, tenro, calmo etc.
A temática do *Carpe diem,* gozar o momento presente, que tinha presença marcante no Barroco, foi mantida, mas agora sem sentimento de pecado.
Vale a pena destacar ainda a sensualidade, o erotismo, embora poucos textos dessa vertente visitem os livros didáticos.

V - AUTORES E OBRAS

A) PORTUGAL

1. BOCAGE (Elmano Sadino) (1765/1805). Seu nome completo é **Manoel Maria Barbosa du Bocage.** Nasceu em 1765, na cidade de Setúbal. Bocage iniciou os estudos das primeiras letras aos cinco anos de idade e já aos oito consta que lia com bastante desenvoltura. Aos dez anos teve um choque emocional com a morte de sua mãe. Aprendeu francês com o pai, e latim, com Dom João de Medina, mestre régio, de origem espanhola. Seus estudos de latim com Dom João duraram até 1780 e muito lhe serviram depois para as elogiadas traduções que realizou. Em 1780, ingressou na

carreira militar, como soldado, no regimento de sua cidade natal, permanecendo aí até o ano seguinte. Em 1784, desertou da marinha, mas retornou ao serviço militar em 1786, como guarda-marinha, tendo sido enviado em abril do mesmo ano para a índia. (Já nessa época o poeta fazia versos e amava. Uma de suas primeiras paixões foi Gertrudes, a quem chama nos poemas de Gertrúria, usando pseudônimo, como exigia a tendência estética de seu tempo.) A nau em que Bocage embarcou, fez escala no Brasil, possibilitando-lhe conhecer o Rio de Janeiro, onde foi bem recebido pelo governador Luís de Vasconcelos. Finalmente, chegou o poeta à Índia a 29 de outubro de 1786, permanecendo em Goa durante dois anos e quatro meses. Como seria de se esperar, Bocage, finalmente deixa Goa, partindo para Damão e Macau, de onde retorna a Portugal. Ao chegar à pátria e encontrar sua amada Gertrudes, ou Gertrúria, casada com seu irmão, Bocage muito sofre e mais ainda se dedica à bebida, ao fumo, à boêmia. Foi nesse período que mais se dedicou aos improvisos, às sátiras e aos temas obscenos. Nas suas sátiras, Bocage a todos ironizava, não perdoando nem a si próprio:

EPIGRAMA

Nariz, nariz, e nariz,
Nariz, que nunca se acaba;
Nariz, que se ele desaba,
Fará o mundo infeliz;
Nariz, que Newton não quis
Descrever-lhe a diagonal;
Nariz de massa infernal,
Que, se o cálculo não erra,
Posto entre o Sol e a Terra,
Faria eclipse total!

Nessa época, ingressou na Academia "Nova Arcádia". É claro que o temperamento rebelde, irônico e independente de Bocage logo o levaria a romper com o grupo. Da discórdia nasceram versos satíricos contudentes. Como seria fácil prever, Bocage logo sofreria perseguições, tanto pelas idéias, quanto pelas gozações feitas contra pessoas do mundo literário e social. Denunciado ao Tribunal do Santo Ofício como "herético perigoso e dissoluto" foi preso em 1797. Devidamente doutrinado, Bocage sai convertido e, pelo menos aparentemente, é levado a abandonar a irreverência. Pelo contrário, seus poemas de então revelam um homem arrependido. São desse período os poemas religiosos. Bocage morreu a 21

de dezembro de 1805. Embora ainda trabalhasse como tradutor, não conseguia o suficiente para sua manutenção, tendo sido auxiliado nos seus últimos dias por um amigo que vendia, nas ruas de Lisboa, suas derradeiras composições.
Bocage colocou em suas obras o título genérico de *Rimas* (3 vols., 1791, 1799, 1804).

2. ANTÔNIO DINIS DA CRUZ E SILVA (Elpino Nonacriense) (1731/1799), *O Hissope* (poema herói-cômico, 1802), *Poesias* (6 vols. 1807-1817).

3. DOMINGOS CALDAS BARBOSA (1740/1800), *Viola de Lereno* (2 vols., 1798-1826).

4. PADRE JOSÉ AGOSTINHO DE MACEDO (1761/1831). Ficou famoso pela polêmica poética travada com Bocage. Uma curiosidade sobre esse briguento poeta é que procurou corrigir os "erros" de Camões na sua epopéia. Para isso, produziu um épico em 12 cantos, intitulado *O Oriente* (2 vols., 1814), que nem de longe se aproxima do gênio de Camões.

5. OUTROS: Pedro Antônio Correia Garção (1724/1772), Domingos dos Reis Quita (1728/1770).

B) BRASIL

1. TOMÁS ANTÔNIO GONZAGA (1744/1810) nasceu em Portugal, mas passou parte significativa de sua vida no Brasil, em Vila Rica, onde exerceu o cargo de Ouvidor-mor, ou seja, Juiz. Foi em Vila Rica que se apaixonou por Maria Dorotéia, a pastora Marília de seus poemas. Preso e acusado de ter participado da conspiração comumente conhecida como Inconfidência Mineira ou Conjuração Mineira, foi julgado e condenado ao degredo na África. Foi para Moçambique, onde reconstruiu sua vida. Escreveu poesia lírica, *Marília de Dirceu* (1792, 1ª parte), e tem sido indicado como o mais provável autor de *Cartas Chilenas* (sátira política, 1845, incompletas).

2. CLÁUDIO MANOEL DA COSTA (1729/1789) foi o introdutor do Arcadismo no Brasil. Escreveu *Obras Poéticas* (1768) e *Vila Rica* (épica, 1839).

3. BASÍLIO DA GAMA (1740/1795), *Uraguai* (épica).

4. SANTA RITA DURÃO (1722/1784), *Caramuru* (épica, 1781).

5. OUTROS: Alvarenga Peixoto e Silva Alvarenga, autor de *Glaura*.

VI - ANTOLOGIA

TEXTO 1 - Soneto lírico, árcade convencional, de Bocage.

Olha, Marília, as flautas dos pastores
Que bem que soam, como estão cadentes!
Olha o Tejo a sorrir-se! Olha, não sentes
Os **Zéfiros**[28] brincar por entre as flores?

Vê como ali, beijando-se, os **Amores**[29]
Incitam[30] nossos ósculos[31] ardentes,
ei-las, de planta em planta, as inocentes,
as vagas borboletas de mil cores.

Naquele arbusto o rouxinol suspira,
ora nas folhas a abelhinha pára,
ora nos ares, sussurrando, gira.

Que alegre campo! Que manhã tão clara![32]
Mas ah! Tudo o que vês, se eu te não vira,
mais tristeza que a noite me causara.

Bocage, M. M. Barbosa du - *Poemas Escolhidos*, SP, Cultrix,1982, p. 25.

TEXTO 2 - Soneto lírico de tendência pré-romântica, de Bocage.

Oh retrato da morte, oh noite amiga,
por cuja escuridão suspiro há tanto!
Calada testemunha do meu pranto,
de meus desgostos secretária antiga!

Pois manda Amor que a ti somente os diga,
Dá-lhes pio agasalho no teu manto;
Ouve-os, como costumas, ouve, enquanto
dorme a cruel, que a delirar me obriga.

E vós, oh **cortesãos da escuridade**[33],
fantasmas vagos, mochos piadores,
inimigos, como eu, da claridade!

Em bandos acudi aos meus clamores;
quero a vossa medonha sociedade,
quero fartar meu coração de horrores.

Op. cit., p. 51

[28] Zéfiros: divindade mitológica, aqui representando os ventos.
[29] Amores: refere-se aos passarinhos, mas metaforizados na divindade mitológica EROS, que é representado na forma de dois meninos com asas. Já Camões usava o termo Amor, com maiúscula, para significar o deus do amor.
[30] Provocam, estimulam.
[31] Ósculos: beijos.
[32] Presença do "locus amoenus" ou local ameno.
[33] Figura: metáfora que indica as aves noturnas: corujas, mochos.

TEXTO 3

já Bocage não sou!... À cova escura
meu **estro**[34] vai parar desfeito em vento...
Eu aos Céus ultrajei! O meu tormento
leve me torne sempre a terra dura.

Conheço agora já quão vã figura
em prosa e verso fez meu louco intento.
Musa!... Tivera algum merecimento,
se um raio da razão seguisse, pura!

Eu me arrependo; a língua quase fria
brade em alto pregão à mocidade,
que atrás do som fantástico corria;

"Outro Aretino[35] fui... A santidade

manchei... Oh!, se me creste, gente ímpia,
rasga meus versos, crê na Eternidade!"
(Op. cit., p.105)

Comentário: Como pudemos notar, este soneto revela uma comovente crença em Deus, com uma conseqüente negação da vida boêmia e uma recusa de sua poesia que contrariava os preceitos da Igreja Católica. Como resultado dessa conversão, o poeta termina considerando sua vaidade e sua vida desregrada como uma verdadeira loucura ("louco intento").

[34] O termo pode significar tanto "inspiração" quanto "desejo sexual".
[35] Referência a um devasso poeta italiano, podendo ser entendido aqui como "pecador".

TEXTO 4 - Primeiro poema (lira) de *Marília de Dirceu*, de Tomás Antônio Gonzaga.

LIRA1

Eu, Marília, não sou algum vaqueiro,
que viva de guardar alheio gado;
de tosco trato, de expressões grosseiro,
dos frios gelos e dos sóis queimado.[36]
Tenho próprio casal[37] e nele assisto[38];
dá-me vinho, legume, fruta, azeite;
das brancas ovelhinhas tiro o leite,
e mais as finas lãs, de que me visto.
Graças, Marília bela,
Graças à minha estrela!

Eu vi o meu semblante numa fonte;
dos anos ida não está cortado;
os pastores, que habitam este monte,
respeitam o poder do meu cajado,
Com tal destreza toco a sanfoninha,
que inveja até me tem o próprio Alceste;
ao som dela concerto[39] a voz celeste
nem canto letra, que não seja minha,
Graças, Marília bela,
Graças à minha estrela!

Mas tendo tantos dotes da ventura,
só apreço lhes dou, gentil pastora,
depois que o teu afeto me segura
que queres do que tenho ser senhora.
É bom, minha Marília, é bom ser dono
de um rebanho, que cubra monte e prado;
porém, gentil pastora, o teu agrado
vale mais que um rebanho e mais que um trono,
Graças, Marília bela,
Graças à minha estrela!

Os teus olhos espalham luz divina,
a quem a luz do sol em vão se atreve;
papoila ou rosa delicada e fina
te cobre as faces, que são cor de neve.
Os teus cabelos são uns fios d'ouro;
teu lindo corpo bálsamos vapora.
Ah! não, não fez o Céu, gentil pastora,
para glória de amor igual tesouro!
Graças, Marília bela,
Graças à minha estrela!

Leve-me a sementeira muito embora
o rio, sobre os campos levantado;
acabe, acabe a peste matadora,
sem deixar uma rês, o nédio[40] gado.
Já destes bens, Marília, não preciso
nem me cega a paixão, que o mundo arrasta;
para viver feliz, Marília, basta
que os olhos movas, e me dês um riso.
Graças, Marília bela,
Graças à minha estrela!

Irás a divertir-te na floresta,
sustentada, Marília, no meu braço;
aqui descansarei a quente sesta,
dormindo um leve sono em teu regaço;
enquanto a luta jogam os pastores,
e emparelhados correm nas campinas,
toucarei teus cabelos de boninas,
nos troncos gravarei os teus louvores.
Graças, Marília bela,
Graças à minha estrela!

Depois que nos ferir a mão da morte,
ou seja neste monte, ou noutra serra,
nossos corpos terão, terão a sorte
de consumir os dous a mesma terra.
Na campa, rodeada de ciprestes,
lerão estas palavras os pastores:
"Quem quiser ser feliz nos seus amores,
siga os exemplos, que nos deram estes.
Graças, Marília bela,
Graças à minha estrela!

Gonzaga, Tomás Antônio - *Marília de Dirceu*, Livr. Garnier, 1862, pp.5-8

[36] Isso quer dizer que tem a pele branca e fina, porque é dono e não precisa trabalhar, ficando exposto ao sol, ao vento e à chuva.

[37] Aqui não significa apenas casa, mas também a terra em que está, ou seja, toda a propriedade. Podemos pensar em uma fazenda, já que proporciona vinho, azeite e frutas.

[38] O verbo assistir, significando morar, rege preposição **em**. Assisto **em** São Paulo. Assisto **n**essa fazenda.

[39] Concertar é o mesmo que harmonizar, combinar.

[40] Brilhante, lustroso, porque está gordo e saudável.

TEXTO 5 - Fragmento de *Uraguai*, poema épico de Basílio da Gama.

A MORTE DE LINDÓIA

....

Cansados de esperar, ao seu retiro
vão muitos impacientes a buscá-la,
estes da crespa Tanajura **aprendem**[41]
que entrara no jardim triste e chorosa,
sem consentir que alguém a acompanhasse.
Um frio susto corre pelas veias
de Caitutu, que deixa os seus no campo;
e a irmã por entre as sombras do arvoredo
busca co'a vista, e teme de encontrá-la.
Entram enfim na mais remota e interna
parte do antigo bosque, escuro e negro,
onde ao pé de uma lapa cavernosa
cobre uma rouca fonte, que murmura,
este lugar, delicioso e triste,
curva latada de jasmim e rosas,
cansada de viver, tinha escolhido
para morrer a mísera Lindóia.
Lá reclinada, como que dormia,
na branda relva e nas mimosas flores,
tinha a face na mão, e a mão no tronco
de um fúnebre cipreste, que espalhava
melancólica sombra. Mais de perto
descobrem que se enrola no seu corpo
verde serpente, e lhe passeia e cinge
pescoço e braços, e lhe lambe o seio.
Fogem de a ver assim sobressaltados,
e param cheios de temor ao longe;
e nem se atrevem a chamá-la e temem
que desperte assustada e irrite o monstro,
e fuja e apresse no fugir a morte.
Porém o destro Caitutu, que treme
do perigo da irmã, sem mais demora
dobrou as pontas do arco, e quis três vezes
soltar o tiro, e vacilou três vezes
entre a ira e o temor. Enfim sacode
o arco, e faz voar a aguda seta,
que toca o peito de Lindóia, e fere
a serpente na testa, e a boca e os dentes
deixou cravados no vizinho tronco.
Açoita o campo co'a ligeira cauda
o irado monstro, e em tortuosos giros

[41] Ficam sabendo,tomam conhecimento.

se enrosca no cipreste, e verte envolto
em negro sangue e **lívido**[42] veneno.
Leva nos braços a infeliz Lindóia
o desgraçado irmão, que ao despertá-la
conhece, com que dor! no frio rosto
os sinais do veneno, e vê ferido
pelo dente sutil o brando peito.
Os olhos, em que amor reinava, um dia,
cheios de morte; e muda aquela língua,
que ao surdo vento e aos ecos tantas vezes
contou a larga história de seus males.
Nos olhos de Caitutu não sofre o pranto,
e rompe em profundíssimos suspiros,
lendo na testa da fronteira gruta
de sua mão já trêmula gravado
o alheio crime, e a voluntária morte.
E por todas as partes repetido
o suspirado nome de Cacambo.
Inda conserva o pálido semblante
um não sei quê de magoado e triste,
que os corações mais duros **enternece**[43],
tanto era bela no seu rosto a morte!
....

Gama, Basílio da - *Uraguai*, in *coleção Nossos Clássicos, Basílio da Gama*, RJ, Agir, 1964, pp.81-84.

[42] Azulado, cinza ou violáceo.
[43] Sensibiliza, torna brando.

ROMANTISMO - Era Romântica I

A arte romântica deu destaque ao sentimento, procurando ressaltar a dor, o drama e valorizar a natureza, como podemos ver nesse quadro de **Géricault,** intitulado *A Jangada do "Medusa"* (1818-19).

O Romantismo, embora tenha surgido no século XVIII, só na primeira metade do século XIX foi incorporado à cultura luso-brasileira, tendo vigorado em Portugal de 1825 a 1865 e no Brasil de 1836 a 1881.

I - CONTEXTO HISTÓRICO

Ninguém pode negar que a Revolução industrial (1750 a 1800) e a Revolução Francesa (1789) foram significativas para a renovação romântica. A Revolução Francesa marca o espírito de rebeldia e o anseio de liberdade, enquanto a Revolução Industrial torna-se responsável pelo surgimento de um público consumidor, que busca uma obra de arte mais acessível, menos requintada. Assim, no intuito de atender à demanda dessa camada mais popular (a burguesia) é que surgem os folhetins. A arte torna-se mercadoria. Em compensação, o artista liberta-se do mecenato e pode, como o poeta inglês William Blake fez, produzir sua obra e levá-la diretamente ao público alvo.
Outros fatos históricos que devemos lembrar são: a vinda da família real para (1808) o Brasil, a fundação da Biblioteca Nacional, a implantação da imprensa e, finalmente, a nossa Independência em 1822. No final do período romântico tivemos ainda a Guerra do Paraguai.

II - ORIGEM

O Romantismo teve seu início simultaneamente na Alemanha e na Inglaterra, na segunda metade do século XVIII, concomitantemente com a Revolução Industrial. A novidade estética chegou à França somente em 1820, propagando-se rapidamente para o mundo inteiro.

III - DATAS INICIAIS

As propostas românticas chegam a Portugal, em 1825, através da publicação de _Camões_, livro de poesia de Almeida Garrett, que aprendera o novo estilo em seu exílio, ao passar pela Inglaterra e pela França.

No Brasil, aceitamos como data inicial o ano de 1836, através da publicação em Paris de um livro de poesia, *Suspiros Poéticos e Saudades*, de Gonçalves de Magalhães, que entrara em contato com a estética ao ir estudar em Paris. No mesmo ano, lançou, com outro brasileiro, Manuel Araújo de Porto Alegre, a revista *Niterói*.

IV - CARACTERÍSTICAS

Em oposição ao racionalismo clássico, os românticos optaram pelo sentimentalismo; em contrapartida ao universalismo, valorizaram o nacionalismo, o individualismo e o subjetivismo, muito mais coerentes com os ideais burgueses, que já defendiam essa atitude na política e na economia.

Como contraponto à imitação da Antigüidade, própria do Classicismo renascentista e do Neoclassicismo do século XVIII, os românticos buscaram inspiração temática e formal na Idade Média. Retornam os cavaleiros medievais, os versos redondilhos[44], o cristianismo, as narrativas fantásticas. É interessante notar que foi na Idade Média que surgiram as principais nações européias, justificando plenamente, portanto, a presença do nacionalismo e medievalismo neste estilo de época. O Brasil, por não ter tido uma Idade Média, precisou encontrar um substitutivo. Foi assim que surgiu na nossa literatura romântica o indianismo, que além de substituir esteticamente o medievalismo, foi muito proveitoso por reforçar o nacionalismo num país tão jovem e mais útil ainda por camuflar o problema da utilização de mão-de-obra escrava.

São ainda características importantes do Romantismo: a recuperação e valorização do passado pátrio; a idealização da natureza e da mulher, a atração pelos lugares ermos, solitários; a fuga ou escapismo: a valorização do enredo, da ação externa, da aventura, do herói; a presença de sentimentos de tristeza, melancolia, e depressão; o satanismo, assim como o gosto pelo macabro e pelo noturno; a presença de elementos folclóricos, numa busca de popularização da arte.

As características são tantas e tão variadas que podem muitas vezes ser antagônicas como cristianismo e satanismo. Isso deve-se à postura básica dos românticos que consiste na rebeldia e busca de liberdade. Podemos encontrar

[44] Há dois tipos de redondilhos: os maiores, de sete "pés" ou sílabas poéticas e os menores, de cinco sílabas.

quase tudo no Romantismo, desde uma página inteiramente negra, porque morreu uma personagem e o autor decreta luto (Lawrence Sterne), até um poema no formato espiralado, de William Blake, que antecede as experiências do Concretismo no século XX.

V - AUTORES

A) PORTUGAL

1. ALMEIDA GARRETT (1799-1854) foi o introdutor do Romantismo em Portugal, mas suas primeiras obras, *Camões* e *D. Branca*, ainda não se haviam libertado totalmente de influências clássicas. Sua poesia torna-se plenamente romântica quando escreve *Folhas Caídas.* Seus textos demonstram um romântico consciente da importância das novas técnicas e posturas, mas que não se deixa levar descontroladamente por um sentimentalismo exagerado, derramado. Muitas vezes, ironiza os artistas românticos exagerados nas páginas de *Viagens na Minha Terra* (misto de novela e crônica de viagem). Escreveu também a peça *Frei Luís de Sousa* (teatro), em que combina ficção e História, ao tratar da possível volta do desaparecido D. João de Portugal na batalha de Alcácer-Quibir. Esse retorno leva sua esposa, D. Madalena de Vilhena, e segundo marido, D. Manuel de Sousa Coutinho, a abandonarem a vida mundana, entrando para a vida religiosa. D. Manuel, ao se tornar religioso, adotou o nome de Frei Luís de Sousa.

2. ALEXANDRE HERCULANO (1810-1877) é, como Garrett, um autor comedido. Dedicou-se à historiografia e até suas ficções deixam claro que a História era para ele muito importante. Em seu mais famoso romance, *Eurico, o presbítero*, por exemplo, deixa de lado muitas vezes o relato dos problemas amorosos do casal Eurico e Hermengarda, para tratar da invasão da península ibérica pelos mouros. Herculano escreveu: *Lendas e narrativas* (contos), *Eurico, o presbítero* (romance), além de vasta obra historiográfica.

3. CAMILO CASTELO BRANCO (1825-1890) levou uma vida agitada e tempestuosa que muito se parece com as narrativas de suas novelas passionais. Casou-se muito cedo, e, em seguida, abandonou a esposa para dedicar-se a uma vida boêmia e desregrada. Envolveu-se em vários escândalos, um desses foi seu relacionamento amoroso com uma freira e depois com uma mulher casada, Ana Plácido, com quem, afinal, uniu-se definitivamente até sua morte. Matou-se com um tiro no ouvido ao saber, através de um médico, que estava cego e não havia possibilidades de cura. Produziu obras de conteúdo histórico, histórias de terror e aventuras, narrativas realistas e naturalistas, mas foram suas novelas passionais que mais lhe deram notoriedade. Nelas encontramos uma estrutura bastante singela, que pode ser assim esquematizada: um homem ama uma mulher, mas esse amor não pode ser realizado porque há um obstáculo, por exemplo, a oposição dos pais ou a diferença de classe social. Na luta para

conseguir sua união, o casal obedece apenas aos impulsos do coração, cometendo ações que mais complicam sua situação, enrolando-se como moscas que se debatem em uma teia de aranha. É isso que acontece com Simão e Teresa em *Amor de Perdição*. Camilo escreveu mais de 250 títulos, dos quais vamos destacar apenas as novelas passionais *Amor de Perdição*, *Amor de Salvação*,[45] e os romances satíricos *A Queda de um* Anjo, Coração, *cabeça e estômago*, e a experiência de assimilação das propostas realistas e naturalistas *Eusébio Macário*.

4. JÚLIO DINIS (1839-1871), escreveu romances campesinos como *As Pupilas do Senhor Reitor* e *A Morgadinha dos canaviais*.

B) BRASIL

POESIA

1. Primeira Geração, denominada nacionalista ou indianista: GONÇALVES DIAS (1823-1864) é o principal poeta dessa geração. Nascido no Maranhão, mestiço, filho natural de uma cafuza e um português. Orgulhava-se dessa mistura, mas por causa da mestiçagem e de não ser filho legítimo, viu-se impedido de conseguir a união com Ana Amélia do Vale, por quem se apaixonou e para quem fez os chorosos e sofridos versos do poema *Ainda uma vez adeus*!. Morreu o poeta em um naufrágio, quando voltava de uma viagem à Europa, numa tentativa inútil de encontrar a cura para uma doença misteriosa que contraíra na Amazônia. Praticou grande variedade de metros e ritmos e abordou principalmente a temática indianista e amorosa. Fazem parte também de seus temas, a pátria e a natureza. Escreveu *Primeiros Cantos* (poesia), *Os Timbiras* (épico inacabado), *Leonor de Mendonça* (teatro) e um *Dicionário da Língua Tupi*.

2. Segunda Geração, denominada Byroniana ou Ultra-romântica: ÁLVARES DE AZEVEDO (1831-1852) é o maior representante dessa poesia que procura valorizar excessivamente a tristeza, o tédio (spleen), a solidão, a morte, e atitudes próprias do desejo de fuga (escapismo). Sua sensualidade parece mais fruto de fantasia adolescente, pois jamais em seus versos se consuma uma união sexual. Em geral, a amada aparece dormindo ou nos sonhos do "eu" lírico. Refere-se a ela geralmente com expressões "anjo lindo", "virgem pura" e confessa que nunca sentiu os olhos fecharem-se descontroladamente num orgasmo, e que jamais beijou as faces da amada. Já na prosa, apresenta um erotismo mais explícito e aborda casos de sexualidade escabrosa. Nos contos de *Noite na Taverna*, o leitor vai encontrar a relação incestuosa, o estupro, o adultério, o crime, o canibalismo e toda sorte de amores e ações que fogem ao comportamento normal. Álvares de Azevedo produziu pouco porque morreu muito cedo. Tinha apenas vinte e um anos quando sucumbiu vítima de uma

[45] É curioso e vale a pena observar que os títulos das obras de Camilo antecipam, muitas vezes o desfecho da história.

complicação de moléstias, em que interagem a tuberculose, a enterite e as conseqüências de uma queda de cavalo. Suas obras principais são: *Lira dos Vinte Anos* (poesia), *Macário* (teatro) e *Noite na Taverna* (contos).

3. Terceira Geração, conhecida também como Condoreirismo ou Geração Hugoana: CASTRO ALVES (1847-1871) nasceu na Bahia e destacou-se pelo ímpeto declamatório de seus versos, pela postura engajada e por declamar com vigor, publicamente, suas composições. Combateu a escravidão, defendeu o progresso e a República e falou de amor com uma sensualidade que jamais passaria pela pena de Álvares de Azevedo. Também, Castro Alves, tornou-se ainda muito jovem amante da famosa atriz Eugênia Câmara. Escreveu *Espumas Flutuantes*, *A Cachoeira de Paulo Afonso* e *Os Escravos*, todos livros de poesia. Produziu ainda um drama intitulado Gonzaga ou *A Revolução de Minas*.

PROSA

1. JOAQUIM M. DE MACEDO (1820-1882) é um escritor superficial, mas agradável e teve, principalmente, o mérito de criar no leitor brasileiro o gosto pela leitura de obras nacionais e não romances franceses ou traduções dessas obras. Pode ser considerado o primeiro romancista brasileiro de qualidade, com a obra *A Moreninha*, publicada em 1844. Escreveu também para o teatro. Entre suas obras podemos citar principalmente: *A Moreninha, O Moço Loiro* e *A Luneta Mágica* .

2. MANUEL ANTÔNIO DE ALMEIDA (1831-1861) é um autor que foge às características com as quais os leitores brasileiros estavam acostumados. Sua única obra faz-nos lembrar mais de autores ingleses irônicos, como Fielding, Swift ou Sterne, ou também a novela picaresca espanhola. Almeida não idealiza as personagens, nem apresenta uma linguagem requintada. Pelo contrário, escolhe para seus personagens os tipos sociais, como barbeiros e parteiras, e registra seus comportamentos vulgares em uma linguagem bem humorada e descontraída. O público não soube dar à sua obra o devido valor. Por isso, talvez, ele nada mais tenha tentado escrever, deixando-nos somente essa pérola de humor e de registro do que era o Rio de Janeiro na época de Dom João VI. Escreveu apenas a novela picaresca *Memórias de um Sargento de Milícias*, mas que lhe valeu lugar de destaque na História da Literatura.

3. JOSÉ DE ALENCAR (1829-1877) é o maior prosador de nosso Romantismo, tanto pela quantidade, quanto pela diversidade e qualidade de suas criações. Procurou mapear o Brasil no tempo e no espaço. Mostra em sua ficção o Brasil antes da descoberta (*Ubirajara*) até o seu tempo (*Diva*, *Sonhos d'Ouro*), passando pelo século XVII (*As Minas de Prata*) e XVIII (*A Guerra dos Mascates*). Espacialmente, retrata o Sul (*O Gaúcho*), o Nordeste, que para ele ainda era Norte (*O Sertanejo*) e passa por São Paulo, no vale do rio Piracicaba (*Til*) e pela região fluminense (*O Tronco do Ipê*). Sua linguagem é gorda como uma feijoada, rica de termos bonitos e

suntuosos, repleta de uma adjetivação que, variada e abundante, pode desagradar a certos leitores mais propensos à objetividade realista. Além de peças de teatro, em que chegou a tratar do tema abolicionista (*Mãe*, *Demônio Familiar*), notabilizou-se por ter produzido diversos romances indianistas, urbanos, regionalistas e históricos: *O Guarani*, *Iracema, Lucíola*, *Senhora*, *Til*, *O Gaúcho*, *O Sertanejo* e *As Minas de Prata*.

4. BERNARDO GUIMARÃES (1825-1884) escritor regionalista mineiro, também dedicou-se à poesia, que é pouco conhecida e divulgada. Menos conhecida ainda é sua poesia de linha satírica e pornográfica como *O Elixir do Pajé*. Escreveu os romances *A Escrava Isaura*, *O Garimpeiro*, *O Seminarista* e *O Ermitão de Muquém*, entre outros.

5. VISCONDE DE TAUNAY (1843-1899). Além de *A Retirada da Laguna* (escrito em francês), ficou em evidência por um romance regionalista, *Inocência*, cuja ação acontece no sudeste do antigo estado de Mato Grosso. Esta obra foi adaptada para cinema, com bela fotografia de Eduardo Escorel (se não me engano) e boa música de Wagner Tiso.

6. FRANKLIN TÁVORA (1842-1888). Além de *Cartas de Semprônio* (crítica contra o regionalismo superficial de Alencar), produziu o romance *O Cabeleira*.

VI - ANTOLOGIA

A) PORTUGAL

TEXTO 1 - Fragmento de *Viagens na Minha Terra*, de Almeida Garrett.

" - E meu tio, o pai de Joaninha? Também esse era preciso que morresse?

- Ambos se juntaram para me assassinar, e me acometeram atraiçoadamente na charneca. Não os conheci; foi de noite, escura e cerrada. Defendi-me sem saber de quem, e tive a desgraça de salvar a minha vida à custa deles. Filho, filho, não queiras nunca sentir o que senti, quando pegando, um a um, nesses cadáveres para os lançar ao rio, conheci as minhas vítimas... Era inverno, a cheia ia de vale a monte: quando abateu e se acharam os corpos já meio desfeitos, ninguém conheceu a morte de que morreram; passaram por se terem afogado. Ninguém mais soube a verdade senão eu - e tua infeliz mãe a quem o disse para meu castigo, a quem vi morrer de pesar e de remorsos, que expirou nos meus braços chorando por ele, e maldizendo-me a mim. Não seria bastante castigo, meu filho? Não foi, não. Este **burel**[46] que há tantos anos me roça no corpo, estes **cilícios**[47] que mo desfazem, os jejuns, as vigílias, as orações nada obtiveram ainda de Deus. A sua ira não me deixa, a sua cólera vai até à sepultura sobre mim... Se me perseguirá além dela!...

[46] Burel é um hábito de tecido grosseiro, normalmente usados por religiosos que pregam o ascetismo, a vida sem conforto.

[47] Cilício é qualquer instrumento de suplício colocado sob as vestes.

Fez-se aqui um silêncio horroroso: ninguém respirava: o frade prosseguiu:[48]

- Não me dei por bastante castigado com a agonia de tua mãe, a mais horrorosa e desesperada agonia que ainda presenciei, ó meu Deus! Tive o cruel ânimo de explicar a tua avó as negras circunstâncias daquela morte, e de lhe patentear toda a fealdade e hediondez do meu crime. Rasguei-lhe o coração, e vi-lhe sair sangue e água pelos olhos, até que lhe cegaram. Que mais queres? Cuidei que podia morrer sem passar por esta derradeira expiação. Deus não o quis. Aqui estou penitente a teus pés, filho. Aqui está o assassino de tua mãe, de seu marido, de seu tio... o algoz e a desonra de tua família toda. Faze de mim como for da tua vontade. Sou teu pai...

- Meu pai!... Misericórdia, meu Deus!

- Misericórdia, filho e perdão para teu pai!

Carlos levantou-se deliberadamente, veio ao velho, tomou-o a peso nos braços, foi sentá-lo na cadeira que acabava de deixar, e pondo-se de joelhos, beijou-lhe a mão em silêncio. Depois foi abraçar-se com a avó, que o apalpava sofregamente com as mãos trêmulas, e murmurava baixo:

- Agora, sim, já posso morrer porque o abracei, porque o senti junto a mim, o meu filho, o filho da minha filha querida...

Carlos é que não proferiu mais palavra; tinha-se-lhe rompido corda no coração, que ou lhe quebrara o sentimento ou lho não deixava expressar. Saiu da cela fazendo sinal que vinha logo: mas esperaram-no em vão... não tornou.

Daí a três dias, veio uma carta dele, de junto de Évora, onde estava com o exército constitucional."

Garrett, Almeida - *Viagens na Minha Terra*, RJ, Ediouro, pp. 118-19

TEXTO 2 - Poema lírico-amoroso de *Folhas Caídas*.

ESTE INFERNO DE AMAR

Este inferno de amar - como eu amo!
Quem mo pôs aqui n'alma... quem foi?
Esta chama que alenta e consome,
Que é vida - e que a vida destrói -
Como é que se veio a atear.
Quando - ai quando se há de ela apagar?

Eu não sei, não me lembra: o passado,
A outra vida que dantes vivi
Era um sonho talvez... - foi um sonho -
Em que paz tão serena a dormi!
Oh! que doce era aquele sonhar...
Quem me veio, ai de mim! despertar/

[48] O uso dos dois pontos em três momentos seguidos no texto, em lugar do ponto, cria um efeito de suspense.

Só me lembra que um dia formoso
Eu passei... dava o Sol tanta luz!
E os meus olhos, que vagos giravam,
Em seus olhos ardentes os pus.
Que fez ela? eu que fiz? - Não no sei;
Mas nessa hora a viver comecei...

Garrett, Almeida -op. cit., apud **Moisés**, Massaud - *A Literatura Portuguesa Através dos Textos*. SP. Ed. Cultrix. 1985. p. 219.

TEXTO 3 - Fragmento de *Eurico, o presbítero*, de Alexandre Herculano.

"Mas os cânticos cessaram de todo: as monjas saem sucessivamente de ambos os lados e vêm ajoelhar aos pés da abadessa: vêm despir as galas da formosura e comprar à custa delas a pureza da virgindade e a palma do martírio. Cada vez mais rápido range o punhal nos colos puríssimos das virgens do mosteiro. O gemido que expira comprimido pela constância, já se prende com o que a dor e a fraqueza mulheril arrancam dos seios das vítimas ao descer do primeiro golpe, e a fileira das que se vão debruçar sobre os degraus do altar cresce de instante, ao passo que rareiam as outras duas.
A terrível sacerdotisa parou. Está o seu braço cansado de tão largo sacrifício? Não! Braço e ânimo são robustos, porque os fortalece o espírito do Senhor. É que o momento supremo da morte se aproxima. A **mourisma**[49] jorra subitamente pelo portal estreito, como o rio caudal na caverna que se lhe estendia debaixo do leito e cuja abóbada fendeu tremor de terra. Os guerreiros negros das tribos de Tacrur, à voz de Abdulaziz que os precede, precipitam-se contra os sólidos **cancelos**[50] do lugar vedado: vinte machados ferem a um tempo nas grades, que gemem sob a fúria dos golpes e mal resistem às pancadas violentas dos negros possantes, aos quais redobra os brios a presença do amir, cuja cólera resfolega em maldições e blasfêmias.
Entre as monjas e os árabes bem curta distância medeia: e todavia, lá no mais pequeno recinto onde soam os gemidos de dores atrozes, onde só ri uma esperança, a da morte, há paz íntima, há o céu; aqui, na vasta cripta, onde a ebriedade de fácil triunfo, a riqueza dos despojos, o futuro de uma larga existência de glória e deleites sorriem na mente dos infiéis, está o furor insensato, está o inferno. O Evangelho e o Alcorão estão frente a frente no resultado das suas doutrinas. É sublime a vitória do livro do Nazareno!
Os golpes de machado redobram; os troncos afeiçoados do **roble**[51] começam a estourar nas junturas. A última freira fora já curvar-se junto aos degraus do altar; a donzela vestida de branco vai ajoelhar-se aos pés de Cremilde, exclamando:

[49] Os mouros. Dito assim, dá a idéia de massa, de avalanche.
[50] Porta gradeada, grade nobre de capelas.
[51] Carvalho, aqui está no lugar de porta. É um caso de metonímia, empregou-se a matéria-prima (roble) no lugar do objeto construído com ela (porta).

- Para mim também o martírio! Salvai-me do opróbrio.

- A tua constância, filha, na dura prova de agonia porque tens passado, te purificou. Sê umas das monjas da Virgem Dolorosa e vai com tuas irmãs receber a coroa de mártir.

O ferro, porém que descia sobre o colo da donzela foi cair com a mão de Cremilde aos pés da cruz gigante do altar. Um revés do alfanje de Abdulaziz lha cerceara: as sólidas grades estavam despedaçadas.

A abadessa vacilou e, ao cair só pôde murmurar: - Jesus, recebe a minha alma!

Foram as suas palavras extremas: um segundo golpe lhe talhou na garganta o derradeiro suspiro.

As freiras ergueram-se e encaminharam-se para o lugar em que jazia o cadáver destroncado da abadessa. Ajoelharam junto dela com a face voltada para a turba de infiéis. Os seus rostos, inchados e manando sangue, eram disformes e horríveis.

- Ao menos, tu serás minha! - exclamou o **amir**[52], lançando a mão ao braço da donzela vestida de branco, a quem o terror desta cena rapidíssima tornara imóvel, como uma dessas estátuas que parecem orar sobre os sepulcros nas catedrais da Idade Média. - Filhos valentes do Açudane, conduzi-a à minha tenda. As outras, que as asas do anjo Asrael se estendam sobre os seus cadáveres.

Daí a poucas horas a cripta estava em silêncio. As monjas da Virgem Dolorosa jaziam degoladas em volta da venerável Cremilde, e as suas almas puras abrigavam-se no seio imenso de Deus."

Herculano, Alexandre - *Eurico, o presbítero* - RJ, Editora Três, 1972, pp.106-108

TEXTO 4 - "Folhada"

"Ali todos riem, todos cantam, todos se abraçam, e se beijam até; e fala-se ao ouvido, e graceja-se e dança-se, e com franqueza se apontam defeitos, e sem ofensa se recebem censuras, e até são mal colhidas as **lisonjas**[53]; e tudo isto então, toda esta **apetecível**[54] desordem, todo este abandono de etiqueta, à vista da porção sisuda da companhia, à qual a tolerância fecha desta vez excepcionalmente os olhos; e, a alumiar uma tal azáfama[55], meio festiva, meio laboriosa, apenas a luz mortiça de um modesto lampião, pendurado de uma trave do teto, ou, ainda melhor, a suave claridade do luar em campo descoberto!"

Dinis, Júlio - *As Pupilas do Senhor Reitor*, SP, Editora Ática, 1991, p.121

---

52 Mesmo que emir, príncipe ou chefe de certas tribos muçulmanas.

53 Elogios.

54 Está no sentido de desejável, apetitosa.

55 Agitação.

B) BRASIL

POESIA

TEXTO 1 - PRIMEIRA GERAÇÃO: Gonçalves Dias.

CANÇÃO DO EXÍLIO

Minha terra tem palmeiras,
Onde canta o Sabiá;
As aves, que aqui gorjeiam,
Não gorjeiam como lá.

Nosso céu tem mais estrelas,
Nossas várzeas têm mais flores,
Nossos bosques têm mais vida,
Nossa vida mais amores.

Em cismar sozinho à noite,
Mais prazer encontro eu lá;
Minha terra tem palmeiras,
Onde canta o Sabiá.

Minha terra tem primores,
Que tais não encontro eu cá;
Em cismar - sozinho, à noite -
Mais prazer encontro eu lá;
Minha terra tem palmeiras,
Onde canta o Sabiá.

Não permita Deus que eu morra,
Sem que eu volte para lá;
Sem que desfrute os primores
Que não encontro por cá;
Sem qu'inda aviste as palmeiras,
Onde canta o Sabiá.

Gonçalves Dias, *Primeiros Cantos,* in *Poetas Românticos Brasileiros*, Vol. 2, SP, Editorial Amadio Ltda, s/d., p.79

TEXTO 2 - I - JUCA-PIRAMA[56] (Fragmentos)

"............................
Meu canto de morte,
Guerreiros, ouvi:
Sou filho das selvas,
Nas selvas cresci;
Guerreiros, descendo
Da tribo tupi.

Da tribo **pujante**[57],
Que agora anda errante
Por fado inconstante,
Guerreiros, nasci:
Sou bravo, sou forte,
Sou filho do Norte;
Meu canto de morte,
Guerreiros, ouvi.
....

[56] Em tupi: "Aquele que deve morrer".
[57] Poderosa, grandiosa.

Mas o chefe dos Timbiras,
Os **sobrolhos**[58] encrespando,
Ao velho Tupi guerreiro
Responde com **torvo**[59] acento:

- Nada farei do que dizes:
É teu filho **imbele**[60] e fraco!
Aviltaria o triunfo
Da mais guerreira das tribos
Derramar seu **ignóbil**[61] sangue:
Ele chorou de cobarde;
Nós outros, fortes Timbiras,
Só de heróis fazemos pasto.
....

"Tu choraste em presença da morte?
Na presença de estranhos choraste?
Não descende o cobarde do forte;
Pois choraste, meu filho não és!
Possas tu, descendente maldito
De uma tribo de nobres guerreiros,
Implorando cruéis forasteiros,
Seres presa de vis Aimorés.
....

"Um amigo não tenhas piedoso
Que o teu corpo na terra embalsame,
Pondo em vaso d'argila cuidoso
Arco e frecha e tacape a teus pés!
Sê maldito, e sozinho na terra;
Pois que a tanta vileza chegaste,
Que em presença da morte choraste,
Tu, cobarde, meu filho não és."

---

58 Sobrancelhas.
59 Sinistro, pavoroso.
60 Covarde.
61 Desprezível, vil.

Isto dizendo, o miserando velho
A quem Tupã tamanha dor, tal **fado**[62]
Já nos confins da vida reservara,
Vai com trêmulo pé, com as mãos já frias
Da sua noite escura as densas trevas
Palpando. - Alarma! alarma! - O velho pára
O grito que escutou é voz do filho,

Voz de guerra que ouviu já tantas vezes
Noutra quadra melhor. - Alarma! alarma!
- Esse momento só vale apagar-lhe
Os tão compridos transes, as angústias,
Que o frio coração lhe atormentaram
De guerreiro e de pai: - vale, e de sobra.
....

Um velho Timbira, coberto de glória,
Guardou a memória
Do moço guerreiro, do velho Tupi!
E à noite, nas tabas, se alguém duvidava
Do que ele contava,
Dizia prudente: "Meninos, eu vi!

"Eu vi o **brioso**[63] no largo terreiro
Cantar prisioneiro
Seu canto de morte, que nunca esqueci:
Valente, como era, chorou sem ter **pejo**[64];
Parece que o vejo,
Que o tenho nest'hora diante de mi.
"Eu disse comigo: Que infâmia d'escravo!
Pois não, era um bravo;
Valente e brioso, como ele, não vi!
E à fé que vos digo: parece-me encanto
Que quem chorou tanto,
Tivesse a coragem que tinha o Tupi!"

Assim o Timbira, coberto de glória,
Guardava a memória
Do moço guerreiro, do velho Tupi.
E à noite nas tabas, se alguém duvidava
Do que ele contava,
Tornava prudente: "Meninos, eu vi!"

Gonçalves Dias, *Poetas Românticos Brasileiros*, vol. II, SP, Editorial Amadio Ltda, s/d., p.103

62 É o mesmo que destino.
63 Valente, corajoso, cheio de brio.
64 Vergonha.

TEXTO 3 - SEGUNDA GERAÇÃO: Álvares de Azevedo.

LEMBRANÇA DE MORRER

No more! o never more!
Shelley

Quando em meu peito rebentar-se a fibra,
Que o espírito enlaça à dor vivente,
Não derramem por mim nem uma lágrima
Em pálpebra demente.

Nem desfolhem na matéria impura
A flor do vale que adormece ao vento:
Não quero que uma nota de alegria
Se cale por meu triste **passamento**[65].

Eu deixo a vida como deixa o tédio
Do deserto, o **poento caminheiro**[66]
- Como as horas de um longo pesadelo
Que se desfaz ao dobre de um sineiro;

Como o desterro de minh'alma errante,
Onde fogo insensato a consumia:
Só levo uma saudade - é desses tempos
Que amorosa ilusão embelecia.

Só levo uma saudade - é dessas sombras
Que eu sentia velar nas noites minhas...
De ti, ó minha mãe! pobre coitada
Que por minha tristeza te **definhas**[67] !

De meu pai... de meus únicos amigos
Poucos - bem poucos - e que não zombavam
Quando, em noites de febre endoidecido,
Minhas pálidas crenças duvidavam.

Se uma lágrima as pálpebras me inunda,
Se um suspiro nos seios treme ainda,
É pela virgem que sonhei... que nunca
Aos lábios me encostou a face linda!

Só tu à mocidade sonhadora
Do pálido poeta deste flores...
Se viveu, foi por ti! e de esperança
De na vida gozar de teus amores.

---

65 Eufemismo de morte.
66 Viajante cheio de pó, que acabou de atravessar o deserto.
67 Definhar-se é consumir-se lentamente.

Beijarei a verdade santa e nua,
Verei cristalizar-se o sonho amigo...
Ó minha virgem dos errantes sonhos,
Filha do céu, eu vou amar contigo!

Descansem o meu leito solitário
Na floresta dos homens esquecida,
À sombra de uma cruz, e escrevam nela:
- Foi poeta - sonhou - e amou na vida. -

Sombras do vale, noites da montanha,
Que minh'alma cantou e amava tanto,
Protegei o meu corpo abandonado,
E no silêncio derramai-lhe canto!

Mas quando preludia ave d'aurora
E quando à meia-noite o céu repousa,
Arvoredos do bosque, abri os ramos...
Deixai a lua prantear-me a **lousa**[68] !

Álvares de Azevedo, *Poetas Românticos Brasileiros*, vol. II, SP, Editorial Amadio Ltda, s/d., p.208

TEXTO 4

Soneto

Pálida, à luz da lâmpada[69] sombria,
Sobre o leito de flores reclinada,
Como a lua por noite embalsamada,
Entre as nuvens do amor ela dormia!

Era a virgem do mar! na **escuma**[70] fria
Pela maré das águas embalada!
Era um anjo entre nuvens d'alvorada
Que em sonhos se banhava e se esquecia!

Era a mais bela! o seio palpitando...
Negros olhos as pálpebras abrindo...
Formas nuas no leito **resvalando**[71] ...

Não te rias de mim meu anjo lindo!
Por ti - as noite eu velei chorando,
Por ti - nos sonhos morrerei sorrindo!

Álvares de Azevedo, *Poetas Românticos Brasileiros*, vol. II, SP, Editorial Amadio

68 Lousa é o mesmo que pedra, referindo-se aqui em linguagem figurada ao túmulo, normalmente coberto por uma pedra, geralmente de mármore.

69 Temos aqui um caso de aliteração: "Pálida, à luz da lâmpada".

70 É o mesmo que espuma.

71 Deslizando, escorregando. O termo apresenta uma conotação sensual, erótica, mostrando a mulher nua, num sono inquieto, revolvendo-se no leito.

TEXTO 5 - TERCEIRA GERAÇÃO: Castro Alves.

Fragmentos de **NAVIO NEGREIRO**

I

"Stamos em pleno mar... Doudo no espaço
Brinca o luar - dourada borboleta;
E as vagas após ele correm... cansam
Como turba de infantes inquieta.

'Stamos em pleno mar... Do firmamento
Os astros saltam como espumas de ouro...
O mar em troca acende as **ardentias**[72],
- Constelações do líquido tesouro...

'Stamos em pleno mar... Dois infinitos
Ali se estreitam num abraço insano,
Azuis, dourados, **plácidos**[73], sublimes...
Qual dos dous é o céu? qual o oceano?...

....

Albatroz! Albatroz! águia do oceano,
Tu que dormes das nuvens entre as **gazas**[74],
Sacode as penas, **Leviatã**[75] do espaço,
Albatroz! Albatroz! dá-me estas asas.

III

Desce do espaço imenso, ó águia do oceano!
Desce mais... inda mais... não pode olhar humano
Como o teu mergulhar no **brigue**[76] voador!
Mas que vejo eu aí... Que quadro d'amarguras!
É canto funeral!... Que tétricas figuras!...
Que cena infame e vil... Meu Deus! meu Deus! Que horror!

IV

Era um sonho **dantesco**[77]... o tombadilho
Que das luzernas avermelha o brilho,
Em sangue a se banhar.
Tinir de ferros... estalar de açoite...
Legiões de homens negros como a noite,
Horrendos a dançar...

---

[72] Fosforecências marinhas.

[73] Quer dizer, serenos, tranqüilos.

[74] Tecido de gaze, como um véu, transparente. Temos aqui também uma figura muito empregada por Castro Alves, a anástrofe: "das nuvens entre as gazas", inversão de "entre as gazas das nuvens".

[75] Monstro aquático da mitologia fenícia.

[76] Antiga embarcação a vela.

[77] Horrendo, infernal. Relativo a Dante, isto é, a cena representava um pesadelo como nas cenas do inferno da *Divina Comédia*, obra escrita pelo poeta italiano Dante Alighieri (1265-1321).

Negras mulheres, suspendendo às tetas
Magras crianças, cujas bocas pretas
Rega o sangue das mães:
Outras, moças, mas nuas e espantadas
No turbilhão de espectros arrastadas,
Em ânsia e mágoa **vãs**[78] !
....

V

Senhor Deus dos desgraçados!
Dizei-me vós, Senhor Deus!
Se é loucura... se é verdade
Tanto horror perante os céus?
Ó mar, porque não apagas
Co'a esponja de tuas vagas
De teu manto este borrão?...
Astros! noites! tempestades!
Rolai das imensidades!
Varrei os mares, tufão!
....

Ontem plena liberdade,
A vontade por poder...
Hoje... cúm'lo de maldade,
Nem são livres p'ra morrer...
Prende-os a mesma corrente
- Férrea, lúgubre serpente -
Nas roscas da escravidão.
....

VI

Existe um povo que a bandeira empresta
P'ra cobrir tanta **infâmia**[79] e **cobardia**[80] !...
E deixa-a transformar-se nessa festa
Em manto impuro de **bacante**[81] fria!...
Meu Deus! meu Deus! mas que bandeira é esta,
Que **impudente**[82] na gávea **tripudia**[83] ?
Silêncio, Musa... chora, e chora tanto
Que o pavilhão se lave no teu pranto!...

---

[78] Inúteis, sem sentido.
[79] Desonra.
[80] O mesmo que covardia.
[81] É o mesmo que dizer devassa ou libertina. Bacante era a sacerdotisa do ritual de Baco, deus do vinho e do prazer.
[82] O mesmo que sem pudor, sem vergonha, sem pejo.
[83] Tripudiar é dançar zombeteiramente sobre o corpo ou cadáver do adversário vencido. Quer dizer que o tremular da bandeira brasileira está zombando desavergonhadamente do sofrimento dos negros.

Auriverde pendão da minha terra,
Que a brisa do Brasil beija e balança,
Estandarte que a luz do sol encerra
E as promessas divinas da esperança...
Tu que, da liberdade após a guerra,
Foste hasteados dos heróis na lança,
Antes te houvessem **roto**[84] na batalha,
Que servires a um povo de **mortalha**[85] !...

Fatalidade **atroz**[86] que a mente esmaga!
Extingue nesta hora o brigue imundo
O trilho que Colombo abriu na vaga
Como um **íris**[87] no **pélago**[88] profundo!
Mas é infâmia demais! Da etérea plaga
Levantai-vos heróis do Novo Mundo!
Andrada! arranca esse pendão dos ares!
Colombo! fecha a porta dos seus mares!"

De *Os escravos*, in *Poetas Românticos Brasileiros*, Vol. 1, SP, Editorial Amadio Ltda, s/d., pp. 194-203

PROSA

JOSÉ DE ALENCAR, fragmentos de *Iracema*.

TEXTO 1

"Onde vai a afoita jangada, que deixa rápida a costa cearense, aberta ao fresco terral a grande vela?
Onde vai como branca alcíone buscando o rochedo pátrio nas solidões do oceano?
Três entes respiram sobre o frágil lenho que vai singrando veloce, mar em fora.
Um jovem guerreiro cuja tez não cora o sangue americana; uma criança e um rafeiro que viram a luz no berço das florestas e brincam irmãos, filhos ambos da mesma terra selvagem." (p.11)

---

[84] Esfarrapado, rasgado.
[85] Vestimenta própria para mortos.
[86] Terrível, cruel.
[87] O espectro solar, isto é, as cores que costumamos distinguir no arco-íris.
[88] Mar profundo, abismo marítimo.

TEXTO 2

"Além muito além daquela serra, que ainda azula no horizonte, nasceu Iracema.

Iracema, a virgem dos lábios de mel, que tinha os cabelos mais negros que a asa da **graúna**[89] , e mais longos que seu talhe de palmeira.

O favo da **jati**[90] não era doce como seu sorriso; nem a baunilha recendia no bosque como seu hálito perfumado.

Mais rápida que a ema selvagem, a morena virgem corria o sertão e as matas do Ipu, onde campeava sua guerreira tribo da grande nação tabajara.

O pé grácil e nu, mal roçando, alisava apenas a verde pelúcia que vestia a terra com as primeiras águas. (p. 14)

TEXTO 3

"Quando Iracema foi de volta, já o Pajé não estava na cabana; tirou a virgem do seio o vaso que ali trazia oculto sob a **carioba**[91] de algodão entretecida de penas. Martim lho arrebatou das mãos, e **libou**[92] as gotas do verde e amargo licor.

Agora podia viver com Iracema, e colher em seus lábios o beijo que ali **viçava**[93] entre sorrisos, como o fruto na corola da flor. Podia amá-la, e sugar desse amor o mel e o perfume, sem deixar veneno no seio da virgem.

O gozo era vida, pois o sentia mais forte e intenso; o mal era sonho e ilusão, que da virgem não possuía senão a imagem.

Iracema afastara-se opressa e suspirosa.

Abriram-se os braços do guerreiro adormecido e seus lábios, o nome da virgem ressoou docemente.

A juriti, que divaga pela flores, ouve o terno arrulho do companheiro; bate as asas, e voa a aconchegar-se ao tépido ninho. Assim a virgem do sertão, aninhou-se nos braços do guerreiro.

(...)

As águas do rio banharam o corpo casto da recente esposa.

Tupã já não tinha sua virgem na terra dos tabajaras." (pp.59-60)

Alencar, José de - *Iracema*, SP, Edições Melhoramentos, s/d, 8ª edição.

---

89 Ave de coloração preta.
90 Forma sincopada de jataí, abelha mosquito inofensiva, que faz um mel saboroso e fino.
91 Termo não encontrado em dicionário, mas que pelo contexto sugere roupa indígena.
92 Mesmo que "bebeu", "sorveu".
93 Viçar é o mesmo que crescer, desenvolver-se.

TEXTO 4 - Fragmento do romance *Senhora*, de Alencar.

"Há anos raiou no céu fluminense uma nova estrela.
Desde o momento de sua ascensão ninguém lhe disputou o **cetro**[94]; foi proclamada a rainha dos salões.
Tornou-se a deusa dos bailes; a musa dos poetas e o ídolo dos noivos em disponibilidade.
Era rica e formosa.
Duas opulências, que se realçam como a flor em vaso de **alabastro**[95]; dois esplendores que se refletem, como o raio de sol no prisma do diamante.
Quem não se recorda da Aurélia Camargo, que atravessou o firmamento da corte como brilhante meteoro, e apagou-se de repente no meio do deslumbramento que produzira o seu fulgor?
Tinha ela dezoito anos quando apareceu a primeira vez na sociedade. Não a conheciam; e logo buscaram todos com avidez informações acerca da grande novidade do dia. (p. 11)
(...)
Assaltada por uma turba de pretendentes que a disputavam como o prêmio da vitória, Aurélia, com sagacidade admirável em sua idade, avaliou a situação difícil em que se achava, e dos perigos que a ameaçavam.
Daí provinha talvez a expressão cheia de desdém e um certo ar provocador, que eriçavam a sua beleza aliás tão correta e cinzelada para a meiga e serena expansão d'alma.
Se o lindo semblante não se impregnasse constantemente, ainda nos momentos de cisma e distração, dessa tinta de sarcasmo, ninguém veria nela a verdadeira fisionomia de Aurélia, e sim a máscara de alguma profunda decepção." (p. 12)

Alencar, José de - *Senhora*, SP, Edições Melhoramentos, 1967, 12ª edição.

NOTA:

Encontramos no texto acima a caracterização de Aurélia Camargo, protagonista do romance *Senhora*. Sua beleza era sem dúvida um dote, mas a sociedade, principalmente a masculina, valorizava mais sua riqueza, bem ao costume da época. Ao contrário de *Iracema* (visto anteriormente), Alencar compara a beleza da personagem não mais à natureza, mas a elementos que destacam o valor social e econômico (cetro, rainha, alabastro, diamante), o que nos induz a perceber o grande valor que tais dotes tinham para a sociedade brasileira do segundo reinado.

[94] Bastão, cajado, utilizado antigamente pelos reis. Símbolo de distinção, de supremacia.
[95] Rocha branca, translúcida, pouco dura.

REALISMO - NATURALISMO - Era Romântica II

Segunda metade do século XIX.

O pintor francês **Gustave Courbet** procurava retratar a realidade circundante com objetividade, sem idealização, como no quadro acima, *Os britadores de pedra*.

I. CONTEXTO HISTÓRICO

O período formador do Realismo é resultado do ambiente típico da segunda fase da Revolução Industrial, marcada pela produção mecânica acelerada. Torna-se evidente a cristalização da burguesia no poder e ressalta a exploração do proletariado.

Ocorreu, também, nessa época, um grande desenvolvimento técnico e científico, com grandes descobertas e avanços na área da química, da química orgânica, da geologia, da mineralogia, da fisiologia etc.

Data de então o Positivismo, de Augusto Comte, que pode ser visto como uma filosofia ou corrente de pensamento que nega a metafísica, defendendo o conhecimento e a crença somente do que pode ser observado ou experimentado.

Outra corrente não menos importante é a do Socialismo, de Karl Marx, que prega a união do proletariado para lutar contra a opressão burguesa e buscar um mundo sem classes.

Grande repercussão teve também as teorias de Charles Darwin, conhecidas no conjunto pelo termo "Evolucionismo", que coloca em xeque a lenda bíblica da origem do homem e revela uma natureza cruel que vive de se devorar. Isso destrói o mito romântico da natureza doce e encantadora, do homem como herói, filho de Deus, ser privilegiado. O homem torna-se apenas um animal a mais, lutando também pela sua sobrevivência.

Completando todas essas idéias científicas de fundo materialista surge o Determinismo de H. Taine, que coloca o homem e suas ações como o resultado combinado de três fatores: a raça ou hereditariedade, o meio e o momento histórico.

II - ORIGEM

O Realismo teve sua origem na França, inicialmente na pintura, com a obra precisa e objetiva de Gustave Courbet. Tomou-se como marco inicial o seu polêmico e famoso quadro *As Banhistas*. Posteriormente, a atitude objetiva, crítica, engajada foi adotada na literatura por dois irmãos, que, pela fraca qualidade de sua obra, não conseguiram grande repercussão. Por isso, ficou como marco inicial o romance *Madame Bovary,* de Gustave Flaubert.
Posteriormente, o escritor Emile Zola, também francês, leva avante as técnicas realistas, criando uma tendência mais científica e mais agressiva, que ficou conhecida como Naturalismo.

III - DATAS INICIAIS

Em Portugal, chegaram as idéias realistas em 1865, divulgando-se por causa de uma forte e emocionada polêmica, conhecida como Questão Coimbrã ou "Polêmica do bom senso e do bom gosto". Esse debate ocorreu porque o jovem poeta Antero de Quental tinha publicado seu livro de tendência realista, *Odes Modernas*, desagradando ao velho Castilho, que se manifestou criticamente em uma carta a um editor, apresentando a poesia sentimental de outro jovem poeta, Pinheiro Chagas. O editor, espertamente, achou que seria boa promoção inserir no livro a carta do medalhão, como pósfacio. Antero leu, não gostou e contestou-a num manifesto agressivo e violento que provocou reações de todos os tipos. O debate continua até as famosas conferências realizadas no Cassino Lisbonense em 1871.

No Brasil, sem muita agitação, chegaram juntas as duas tendências. O Naturalismo viu ser publicado aqui o seu primeiro romance em 1881, *O Mulato*, de Aluísio Azevedo. No mesmo ano, o já consagrado escritor romântico, Machado de Assis, autor de *Helena* e *Iaiá Garcia*, inovava e introduzia a estética realista no gosto do leitor brasileiro com o inquietante e interessante romance *Memórias Póstumas. de Brás Cubas*.

IV - CARACTERÍSTICAS DO REALISMO

A arte realista evita a volta ao passado e adota uma temática contemporânea, valorizando o "aqui e agora", numa clara oposição aos românticos. Assim também trocam o sentimentalismo desgastado e o subjetivismo pelo racionalismo e pelo objetivismo.
Os realistas valorizam a ciência, a técnica e preocupam-se com a qualidade de seus textos, revelando perfeito acabamento formal. Numa postura de coerência com o anseio de observar e retratar o mundo real cirdundante, os escritores adotam personagens capazes de vulgaridades e mesquinharias, apresentando aos leitores os seus defeitos, e as suas covardias. Assim também, substituem o "amor eterno" dos românticos pela infidelidade conjugal. O adultério pode ser encontrado quase em todas as obras realistas. Podemos dizer que, no Romantismo, as personagens morriam para não trair seu

sentimento amoroso, enquanto no Realismo elas traem, para não morrer de tédio. É o que se pode observar em *Madame Bovary* ou em *O Primo Basílio*. Acrescente-se ainda uma constante preocupação com a análise psicológica, levando o escritor a desenvolver mais a ação interior, deixando de lado as peripécias e correrias típicas de certas narrativas românticas como as de Alexandre Dumas. Essa postura realista, associada a um enfoque da banalidade do cotidiano, conduz muitas vezes a um enredo moroso.

CARACTERÍSTICAS DO NATURALISMO

O Naturalismo, assim como o Realismo, busca a objetividade e o racionalismo, mas acrescenta-lhe o cientificismo e o determinismo. Na escolha de personagens, não só emprega personagens vulgares, mas tem preferência por aquelas oriundas das mais baixas camadas sociais e que são animalizadas. É comum, no Naturalismo, a comparação do homem com animal. Assim também, na relação amorosa, não apenas vale-se do adultério, mas principalmente aborda taras sexuais, traições aviltantes e degradantes. Em lugar da psicologia realista, o Naturalismo preocupa-se mais com a fisiologia, fazendo, então, que a ação seja mais exterior do que interior, aproximando-se, pelo menos nisso, do Romantismo. Suas descrições, no entanto, revelam uma preferência não pelo que é belo, mas pelo que é feio, desagradável, repugnante, nauseabundo, como comida azeda, vômito, odores da transpiração, hálito de aguardente e de fumo etc.

V - AUTORES

PORTUGAL

1. ANTERO DE QUENTAL (1842 - 1891) foi um poeta dilacerado entre sua tentativa consciente de negação de Deus, influenciado pelas idéias materialistas de seu tempo, e sua angústia metafísica. Sua poesia é a expressão paradoxal dessa luta. Escreveu *Odes Modernas*, que foi o marco do início da estética realista em Portugal, já que provocou a famosa polêmica com seu mestre Antônio Feliciano de Castilho, em 1965 (Questão Coimbrã). Outras obras suas: *Primaveras Românticas*, *Sonetos Completos*, *Raios de Extinta Luz*.

2. GUERRA JUNQUEIRO (1850 -1923) foi um poeta mais preocupado com a mensagem de denúncia social do que com o tratamento formal, sendo por isso criticado por alguns estudiosos. Redime-se segundo tais críticos em seu último livro, *Os Simples*. Suas obras mais polêmicas foram *A Morte de D. João* e *A velhice do Padre Eterno*.

3. CESÁRIO VERDE (1855 - 1886) compôs uma poesia de elevada beleza formal e forte denúncia social, mostrando os becos pobres com gatos e peixes podres, assim como mulheres operárias embrutecidas pelo trabalho.

Morreu sem nada publicar. Um seu amigo, Silva Pinto, reuniu seus poemas dispersos e publicou com o título *O Livro de Cesário Verde*.

4. EÇA DE QUEIRÓS (1845 - 1900) é o maior prosador realista português. Não esteve envolvido na Questão Coimbrã, mas participou ativamente das Conferências do Cassino Lisbonense. Foi um crítico da sociedade burguesa e do clero relapso e lúbrico. Seu estilo é bastante irônico. Escreveu os romances *O Crime do Padre Amaro*, *Primo Basílio*, *Os Maias*, *A Relíquia*, *A Cidade e as Serras*, *A Ilustre Casa de Ramires*. Produziu ainda *Contos* e uma novela, *O Mandarim*.

BRASIL

1. MACHADO DE ASSIS (1839 - 1908) foi um dos mais geniais escritores. Prolífico, produziu crônica, poesia, contos, romances, crítica e peças de teatro. Seu estilo é marcado pela ironia, pela digressão, metalinguagem e profunda análise psicológica, mergulhando na alma humana e revelando seus cantos mais escuros e ocultos. Destacou-se principalmente como contista e romancista. Entre seus mais famosos romances destacamos *Memórias Póstumas de Brás Cubas*, *Quincas Borba*, *D. Casmurro*, *Esaú e Jacó*. Entre os livros de contos, vale citar *Papéis Avulsos*, *Histórias sem Data*, *Várias Histórias* e *Relíquias da Casa Velha*.

2. ALUÍSIO AZEVEDO (1857 - 1913) dedicou-se à pintura, desenho e caricatura. Para sobreviver como escritor em um país que lê pouco, procurou escrever tanto livros naturalistas e de melhor qualidade, quanto livros de tendência romântica e sem preocupação com o estilo, enveredando pelo lugar comum. Com seu irmão, Artur Azevedo, escreveu a peça de teatro *A Casa de Orates*. Por fim, vendo que não era fácil viver das letras, dedicou-se à diplomacia. Foi o introdutor do Naturalismo entre nós, em 1881, com o romance *O Mulato*, que ataca o preconceito racial. Escreveu ainda *Casa de Pensão* e *O Cortiço*, sua obra-prima.

3. RAUL POMPÉIA (1863 - 1895) foi o mais eclético dos escritores de seu tempo. Nele podemos encontrar a crítica e a psicologia próprias do Realismo, a deformação agressiva do Expressionismo, a leveza e vaguidade do Impressionismo, assim como o gosto pelo repugnante, pela sexualidade bestial, próprios do Naturalismo. Tudo isso pode ser visto em seu único livro de prosa, o romance *O Ateneu*. Escreveu ainda poesia: *Canções sem Metro*.

VI - ANTOLOGIA

TEXTO 1 - Antero de Quental

O PALÁCIO DA VENTURA

Sonho que sou um cavaleiro andante.
Por desertos, por sóis, por noite escura,
Paladino[96] do amor, busco **anelante**[97]
O palácio encantado da Ventura!

Mas já desmaio, exausto e vacilante,
Quebrada a espada já, rota a armadura.
E eis que súbito o avisto, fulgurante
Na sua pompa e aérea formosura!

Com grandes golpes bato à porta e brado:
Eu sou o Vagabundo, o Deserdado...
Abri-vos, portas d'ouro, ante meus ais!

Abrem-se as portas d'ouro, com fragor...
Mas dentro encontro só, cheio de dor,
Silêncio e escuridão - e nada mais!

Extraído d'*A Literatura Portuguesa através dos textos,* M. M., ed. Cultrix, op. cit.

TEXTO 2 - Guerra Junqueiro

"Introdução" (fragmento)

"Erguei-vos, menestréis, das púrpuras do leito!
Deixai por um instante as aves nos seus ninhos,
E vinde defender o culto do direito
Que morre assassinado à beira dos caminhos.
(..)
Há muito que fazer, muito que destruir.
Trabalhai, trabalhai nas forjas do porvir
Mineiros do futuro, artistas da verdade!
Há seis mil anos já que o Sol da liberdade
Vai descrevendo a curva, a **eclíptica**[98] gigante,
Cujas constelações são Prometeu e Dante
E Cristo, Galileu, Washington, Pascal
E Newton e Voltaire - zodíaco imortal
Da consciência humana. Hoje são necessários
Ainda outros heróis e ainda outros calvários,
Para que o grande Sol do amor e do direito
Como um raio descreva um círculo perfeito
À volta do universo. Apóstolos, marchai!

96 Cavaleiro andante, está aqui no sentido de defensor do amor.
97 Ofegante.
98 Plano da órbita terrestre.

Rugi como os trovões nas fragas do Sinai.
Sede fortes, viris, enérgicos, serenos,
Soberbos para os reis, mansos para os pequenos.
Sede lagos d'amor. Fazei dos corações
Fortalezas de paz com antros de leões.
Tende a férrea altivez dos solitários montes.
Não dobreis a cerviz. As vossas régias frontes
São feitas para ver o palpitar dos sóis.
É de bronze inteiriço a espinha dos heróis.
Combatei, destruí. Lançai n'asa dos ventos
Gritos, revoluções, idéias, pensamentos,
Como um bando imortal de grandes águias brancas.
Vós sois no fim de tudo as rijas alavancas
.Que hão-de erguer este globo ao nível do Ideal."

Junqueiro, Guerra - *A Morte de D. João*, 14a edição, Lello & Irmão, Porto, p.50/1.

TEXTO 3 - Cesário Verde

Fragmento de "O Sentimento dum Ocidental", poema oferecido ao poeta Guerra Junqueiro:

I
Ave-Marias

Nas nossas ruas, ao anoitecer,
Há tal soturnidade, há tal melancolia,
Que as sombras, o bulício, o Tejo, a maresia
Despertam-me um desejo de sofrer.

O céu parece baixo e de neblina,
O gás extravasado enjoa-me , perturba;
E os edifícios, com as chaminés, e a turba
Toldam-se duma cor monótona e londrina.

Batem os carros de aluguer, ao fundo
Levando à via férrea os que se vão. Felizes!
Ocorrem-me em revista exposições, países:
Madri, Paris, Berlim, S. Petersburgo, o mundo!

Semelham-se a gaiolas, com viveiros,
As edificações somente emadeiradas:
Como morcegos, ao cair das badaladas.
Saltam de viga em viga os mestres carpinteiros.

Voltam os **calafates**[99] , aos magotes,
De jaquetão ao ombro, enfarruscados, secos;
Embrenho-me, a cismar, por boqueirões, por becos,
Ou erro pelos cais a que se atracam botes.

[99] Operário especializado em calafetar fendas das embarcações.

E evoco, então, as crônicas navais:
Mouros, baixéis, heróis, tudo ressuscitado!
Luta Camões no Sul, salvando um livro a nada!
Singram soberbas naus que eu não verei jamais!

E o fim da tarde inspira-me; e incomoda!
De um couraçado inglês vogam os escaleres[100];
E em terra num tinir de louças e talheres
Flamejam, ao jantar, alguns hotéis da moda.

Num trem de praça arengam dois dentistas;
Um trôpego arlequim braceja numas andas;
Os querubins do lar flutuam nas varandas;
Às portas, em cabelo, enfadam-se os lojistas!

Vazam-se os arsenais e as oficinas;
Reluz, viscoso, o rio, apressam-se as obreiras;
E num cardume negro, hercúleas, galhofeiras,
Correndo com firmeza, assomam as varinas.

Vêm sacudindo as ancas opulentas!
Seus troncos varonis recordam-me pilastras;
E algumas, à cabeça, embalam nas canastras
Os filhos que depois naufragam nas tormentas

Descalças! Nas descargas de carvão,
Desde manhã à noite, a bordo das fragatas;
E apinham-se num bairro aonde miam gatas,
E o peixe podre gera os focos de infecção!
....

Extraído d'*A Literatura Portuguesa através dos textos*, op.cit. p.298-299.

TEXTO 4 - Eça de Queirós - Fragmento de *O Primo Basílio.*

"Ao meter a mão no bolso, então, os seus dedos encontraram uma carta; era a que o carteiro lhe dera, de manhã, para Luísa. Tornou a examiná-la com curiosidade; o sobrescrito era banal, como os que há nos cafés ou nos restaurantes; não conhecia a letra; era de homem; vinha da França... Atravessou um desejo rápido de a abrir. Mas conteve-se; atirou-a para cima da mesa; embrulhou devagar um cigarro.

Voltou à alcova. Luísa permanecia na sua modorra; a manga do chambre arregaçada descobria o braço mimoso, com a sua penugem loura; a face escarlate reluzia; as pestanas longas pousavam pesadamente, no adormecimento das pálpebras finas; um anel do cabelo caíra-lhe sobre a testa, e pareceu a Jorge adorável e tocante com aquela cor, a expressão da febre. Pensou, sem saber por quê, que outros a deveriam achar linda, desejá-la, dizer-lho, se pudessem... Para que lhe escreviam da França? Quem?

[100] Escaleres, como baixéis, botes, são embarcações.

Voltou ao escritório, mas aquela carta sobre a mesa irritava-o; quis ler um livro; atirou-o logo impaciente; e pôs-se a passear, torcendo muito nervoso o forro das algibeiras.

Agarrou então a carta, quis ver, através do papel delgado do envelope; os seus dedos, mesmo irresistivelmente, começaram a rasgar um ângulo do sobrescrito. Ah! Não era delicado aquilo!... Mas a curiosidade, que governava o seu cérebro, sugeriu-lhe toda a sorte de raciocínios, com uma tentação persuasiva: - Ela estava doente, e podia ser alguma cousa urgente; se fosse uma herança? Depois ela não tinha segredos, e então em França! Os seus escrúpulos eram pueris! Dir-lhe-ia que a abrira por engano."

Acaba lendo a carta: "Seria longo explicar-te, como só anteontem em Nice - de onde cheguei esta madrugada a Paris - recebi a tua carta, que pelos carimbos vejo que percorreu toda a Europa atrás de mim. Como já lá vão dous meses e meio que a escreveste, imagino que te arranjaste com a mulher, e que não precisas de dinheiro. De resto se por acaso o queres, manda um telegrama e tens-lo aí em dous dias. Vejo pela tua carta que não acreditaste nunca que a minha partida fosse motivada por negócios. És bem injusta. A minha partida não te devia ter tirado, como tu dizes, **todas as ilusões sobre o amor**, porque foi realmente quando saí de Lisboa que percebi quanto te amava, e não há dia, acredita, em que não lembre do Paraíso. Que boas manhãs! Passaste por lá por acaso alguma outra vez? Lembras-te do nosso lanche? Não tenho tempo para mais. Talvez em breve volte a Lisboa. Espero ver-te, porque sem ti Lisboa é para mim um desterro.

Um longo beijo do
Teu do C.
Basílio."

Queirós, Eça de - *O Primo Basílio*, 2ª edição, SP, Ed. Brasiliense, 1973, p.300.

TEXTO 5 - Machado de Assis - Um capítulo de *Dom Casmurro*.

CAPÍTULO CXLI - A SOLUÇÃO

"*Aqui está o que fizemos. Pegamos em nós e fomos para a Europa, não passear, nem ver nada, novo nem velho; paramos na Suíça. Uma professora do Rio Grande, que foi conosco ficou de companhia a Capitu, ensinando a língua materna a Ezequiel, que aprenderia o resto nas escolas do país. Assim regulada a vida, tornei ao Brasil.*

Ao cabo de alguns meses, Capitu começara a escrever-me cartas, a que respondi com brevidade e sequidão. As delas eram submissas, sem ódio, acaso afetuosas, e para o fim saudosas; pedia-me que a fosse ver. Embarquei um ano depois, mas não a procurei, e repeti a viagem com o mesmo resultado. Na volta, os que se lembravam dela, queriam notícias, e eu dava-lhas, como se acabasse de viver com ela; naturalmente as viagens eram feitas com o intuito de simular isto mesmo, e enganar a opinião. Um dia, finalmente..." (p.275)

Assis, Machado de - *Dom Casmurro*, Gráfica e Editora Edigraf Ltda., SP, s/data.

TEXTO 6 - Capítulo IX - Transição

"E vejam agora com que destreza, com que arte faço eu a maior transição deste livro. Vejam: o meu delírio começou em presença de Virgília; Virgília foi o meu grão pecado da juventude; não há juventude sem meninice; meninice supõe nascimento; e eis aqui como chegamos nós, sem esforço, ao dia 20 de outubro de 1805, em que nasci. Viram? Nenhuma juntura aparente, nada que divirta a atenção pausada do leitor: nada. De modo que o livro fica assim com todas as vantagens do método, sem a rigidez do método. Na verdade, era tempo. Que isto de método, sendo, como é, uma cousa indispensável, todavia é melhor tê-lo sem gravata nem suspensórios, mas um pouco à fresca e à solta, como quem não se lhe dá da vizinha fronteira, nem do inspetor de quarteirão. É como a eloqüência, que há uma genuína e vibrante, de uma arte natural e feiticeira, e outra tesa, engomada e chocha. Vamos ao dia 20 de outubro."

Assis, Machado de - *Memórias Póstumas de Brás Cubas*, RJ, Livr. Garnier, 1988, p. 41.

TEXTO 7 - Aluísio Azevedo - Fragmento d'*O Cortiço*.

"Depois da refeição, Dona Isabel, que não estava habituada a tomar vinho, sentiu vontade de descansar o corpo; Léonie franqueou-lhe um bom quarto, com boa cama, e, mal percebeu que a velha dormia, fechou a porta pelo lado de fora, para melhor ficar em liberdade com a pequena.

Bem! Agora estavam perfeitamente a sós!

- Vem cá, minha flor!... disse-lhe, puxando-a contra si e deixando-se cair sobre um divã. Sabes? Eu te quero cada vez mais!... Estou louca por ti!

E devorava-a de beijos violentos, repetidos, quentes, que sufocavam a menina, enchendo-a de espanto e de um instintivo temor, cuja origem a pobrezinha, na sua simplicidade, não podia saber qual era.

A cocote percebeu o seu enleio e ergueu-se, sem largar-lhe a mão.

- Descansemos nós também um pouco... propôs, arrastando-a para a alcova.

Pombinha assentou-se, constrangida, no rebordo da cama e, toda perplexa, com vontade de afastar-se, mas sem ânimo de protestar, por acanhamento, tentou reatar o fio da conversa, que elas sustentavam um pouco antes, à mesa, em presença de Dona Isabel. Léonie fingia prestar-lhe atenção e nada mais fazia do que afagar-lhe a cintura, as coxas e o colo. Depois, como distraídamente, começou a desabotoar-lhe o corpinho do vestido.

- Não! Para quê?... Não quero despir-me...

- Mas faz tanto calor... Põe-te a gosto..

- Estou bem assim. Não quero!

- Que tolice a tua...! Não vês que sou mulher, tolinha?.. De que tens medo?... Olha! Vou dar exemplo!

E, num relance, desfez-se da roupa, e prosseguiu na campanha.

A menina, vendo-se descomposta, cruzou os braços sobre o seio, vermelha de pudor.

- Deixa! Segredou-lhe a outra, com os olhos envesgados, a pupila trêmula.

E, apesar dos protestos, das súplicas e até das lágrimas da infeliz, arrancou-lhe a última vestimenta, e precipitou-se contra ela, a beijar-lhe todo o corpo, a empolgar-lhe com os lábios o róseo bico do peito.
- Oh! Oh! Deixa disso! Deixa disso! reclamava Pombinha, estorcendo-se em cócegas, e deixando ver preciosidades de nudez fresca e virginal, que enlouqueciam a prostituta.
- Que mal faz?.. Estamos brincando...
- Não! não! balbuciou a vítima repelindo-a.
- Sim! Sim! insistiu Léonie, fechando-a entre os braços, como entre duas colunas; e ponto em contato com o dela todo seu corpo nu.
Pombinha arfava, relutando; mas o atrito daquela duas grossas pomas irrequietas sobre seu mesquinho peito de donzela impúbere e o roçar vertiginoso daqueles cabelos ásperos e crespos nas estações mais sensitivas da sua feminilidade, acabaram por foguear-lhe a pólvora do sangue, despertando-lhe a razão ao rebate dos sentidos.
Agora, espolinhava-se toda, cerrando os dentes, fremindo-lhe a carne em crispações de espasmo; ao passo que a outra, por cima, doida de luxúria, irracional, feroz, revoluteava, em corcovos de égua, bufando e relinchando.
E metia-lhe a língua tesa pela boca e pelas orelhas, e esmagava-lhe os olhos debaixo dos seus beijos lubrificados de espuma, e mordia-lhe o lóbulo dos ombros, e agarrava-lhe convulsivamente o cabelo, como se quisesse arrancá-lo aos punhados. Até que, com um assomo mais forte, devorou-a num abraço de todo o corpo, ganindo ligeiros gritos, secos, curtos, muito agudos, e afinal desabou para o lado, exânime, inerte, os membros atirados num abandono de bêbedo, soltando de instante a instante um soluço estrangulado."

Azevedo, Aluísio - *O Cortiço*, SP, Editora Abril, 1981, pp.130-132.

TEXTO 8 - Raul Pompéia - Fragmentos de *O Ateneu.*

"Alguns minutos depois de minha entrada, chegaram dois sujeitos com uma rede. Os copeiros ajudaram a apanhar o corpo; os homens da rede o levaram. Impressionou-me para sempre o desfalecimento flácido dos membro, quando levantaram o cadáver, a moleza da cabeça, rodando nos ombros, com um movimento próprio dos que padecem intolerável angústia, e um choque súbito para trás que me gelou o sangue, empinando-se o queixo e o nó da garganta, rasgando-se a boca, brusco, como se o ferido vomitasse um resto de vida.
Após a rede, pela escada da cozinha, saíram todos; eu fiquei. Examinava ainda o chão alagado de sangue quando alguém, passando, afagou-me os cabelos: era Ângela!
- *Morió*, disse, indicando o sangue, arregalando as sobrancelhas, e desapareceu com o andar de bamboleio.
Primeira vez que reparei que era bonita a canarina. Sim, senhor! E para o demônio culpado de tão horrível incidente fui de uma benevolência tal de opinião que me nasceram remorsos.

Ângela tinha cerca de vinte anos; parecia mais velha pelo desenvolvimento das proporções. Grande, carnuda, sanguínea[101] e fogosa, era um desses exemplares excessivos do sexo que parecem conformados expressamente para esposas da multidão - protestos revolucionários contra o monopólio do tálamo.

(...)

Não escolhia amores. Era de todos como os elementos; como os elementos, sem remorso das desordens e depredações. Franqueava-se à concorrência. Havia lugar para todos à sombra dos cabelos castanhos, que lhe podiam vestir as copiosas formas, fartos, perpetuamente secos, que ela sacudia a correr como uma poeira de feno."(pp. 66-67)

"Às quatro horas a banda de música assinalou com o hino nacional o grande momento da festa campestre.

De todos os pontos do jardim começaram a chegar magotes pressurosos de uniformes brancos. Os vigilantes, enérgicos, regularizavam a ocupação dos lugares.

Ao correr da mesa, fechou-se o bloqueio ameaçador de dentaduras.

No centro alinhavam-se as peças, sem conta, frias, sem molho, apetitosas, entretanto, da cor tostada e do aroma suculento.

Os garfos agitavam-se inimigos, amolavam-se os trinchantes nas mãos dos copeiros...

Obrigados a uma sobranceria estóica de filósofos, depois da provação definitiva do forno, nem os perus, nem os leitões, nem os tímidos frangos mostravam aperceber-se da situação arriscada.

Os frangos, de pernas para trás, sobre o dorso, cabeça escondida os redondos bácoros, encouraçados na bela cor de torresmo, serviam-se dos olhos de azeitona para não mais ver as seduções mentidas da existência, empenhados em ensinar aos homens como se leva a cabo o suplício culinário dos palitos, com a agravante azeda dos limões em rodela; os perus, soberbos até à última e menos filosóficos, prescindiam francamente da cabeça, orgulhosos apenas da vastidão do peito, enfunando a vaidade cheia do papo, hipertrofia de farofa.

Guarnecendo os assados, perfilavam-se as garrafas pretas desarrolhadas, conglobavam-se montes de maçãs, peras, laranjas, apoiadas às nacionalíssimas bananas, como um traço de nativismo. Os pudins, as marmeladas, as compotas enchiam os vãos da toalha, com um zelo apertado de mediador plástico. Mesmo sem meter em conta as postas de rosbife com que contribuíra Aristarco, percebe-se que era de truz o jantar.

Quando os rapazes sentaram-se, em bancos vindos do Ateneu de propósito, e um gesto do diretor ordenou o assalto, as tábuas das mesas gemeram. Nada pôde a severidade dos vigilantes contra a selvageria da boa vontade. A licença da alegria exorbitou em canibalismo." (pp.101-102)

(**Pompéia**, Raul - *O Ateneu*, SP, Editora Ática, 1979.

[101] Sanguínea ou sangüínea, as duas formas são corretas.

PARNASIANISMO - Era Romântica II

Parthenon - 448-432 a.C.

A UM POETA

Longe do estéril turbilhão da rua,
Beneditino, escreve! No aconchego
Do claustro, na paciência e no sossego,
Trabalha, e teima, e lima, e sofre, e sua!

Mas que na forma se disfarce o emprego
Do esforço; e a trama viva se construa
De tal modo, que a imagem fique nua,
Rica mas sóbria, como um templo grego.
(Olavo Bilac)

I - CONTEXTO HISTÓRICO

É o mesmo do Realismo, pois Naturalismo e Parnasianismo são tendências diversas de um mesmo período, que pode ser denominado genericamente por Realismo. Em Portugal não há uma distinção nítida, nem um movimento tipicamente parnasiano. Lá encontramos um Gonçalves Crespo, na verdade é um poeta brasileiro, nascido no Rio de Janeiro que se mudou para Portugal. Alguns apontam Cesário Verde como autor parnasiano por sua preocupação formal, no entanto, seu engajamento, sua denúncia social, afasta-o da estética parnasiana típica, já que a "arte pela arte", implica em não se valer da poesia como arma de combate aos problemas sociais, econômicos e políticos.

II - ORIGEM

França - O movimento surge numa revista intitulada *Parnasse Contemporain*, isto é, *Parnaso Contemporâneo*. Segundo os gregos, o monte Parnaso era a morada de Apolo e das nove musas protetoras das artes. A denominação da revista já implica numa valorização dos padrões clássicos.

III - DATA INICIAL

Não é hábito dos examinadores pedirem tal data, e os livros não insistem nela. Alguns apontam o ano de 1880, com a publicação do livro *Sonetos e Rimas*, de Luís Guimarães Júnior.

IV - CARACTERÍSTICAS

Assim como a prosa do Realismo e do Naturalismo, a poesia parnasiana valoriza o racionalismo, a contenção emocional e procura a objetividade.
O descritivismo é uma das mais notáveis características desta estética, provocando uma aproximação com a pintura e escultura.
Os parnasianos privilegiam as técnicas de composição e lutam para alcançar a perfeição formal, numa linguagem castiça, vernacular, erudita e rica. Para eles a poesia deve ser resultado de muito trabalho, de rigor técnico e não de inspiração.
Ao contrário do derramamento sentimental dos românticos, os parnasianos pregam a impassibilidade. Percebemos também entre eles uma atração pelo soneto, pelos versos decassílabos e pelos alexandrinos (versos de 12 sílabas) e empregam com muita freqüência a técnica do "enjambement" ou encadeamento sintático. Para eles o poema deve interessar pela sua beleza própria e não por mensagem ideológica: "arte pela arte".

V - AUTORES

1. OLAVO BRÁS MARTINS DOS GUIMARÃES BILAC (1865-1918) contrariando os desejos de seu pai, não conseguiu terminar nem o curso superior, dedicando-se à poesia, ao jornalismo e à vida boêmia. Ficou famosa sua luta pelo serviço militar obrigatório. Seu interesse patriótico levou-o a compor vários poemas cívicos, assim como o "Hino da Bandeira". Em sua poesia, muitas vezes afastou-se da regra que exige impassibilidade. Por isso, alguns críticos apontam nele uma certa emoção como herança do Romantismo de que o poeta não se libertou ou não quis libertar-se. Foi Bilac que melhor explanou o ideário da estética parnasiana em versos. Seus poemas *Profissão de Fé* e *A Um Poeta* apresentam os pressupostos básicos para a elaboração de uma arte tipicamente parnasiana. Publicou *Poesias*, em 1888, livro de título genérico que apresenta conjuntos de poemas que devem ser considerados isoladamente como livros, pela temática, como *Via Láctea*, conjunto de poemas líricos, e *Sarças de Fogo*, conjunto de poemas eróticos. Após sua morte, em 1918, foi publicada no ano seguinte sua última obra: *Tarde*. Bilac foi eleito o

primeiro Príncipe dos Poetas Brasileiros. Recebeu o apelido de "Poeta das Estrelas".

2. ALBERTO DE OLIVEIRA (1859-1937), foi um dos mais ortodoxos e impassíveis poetas do Parnasianismo. Publicou *Canções Românticas* (não parnasiano), Meridionais, *Sonetos e Rimas*, *Versos e Rimas*.
3. RAIMUNDO CORREIA (1859-1911) ficou conhecido como "O poeta das pombas", por causa de famoso soneto que transcreveremos na antologia, e que é na verdade uma tradução de original francês. Sua poesia envereda pela reflexão filosófica, algumas vezes pessimista. Escreveu *Primeiros Sonhos* (ainda romântico), *Sinfonias*, *Versos e Versões* e *Aleluias*.
4. VICENTE DE CARVALHO (1866-1924), nasceu em Santos, cantou o mar, e ficou com o epíteto "O poeta do mar". Sua poesia revela maior simplicidade e clareza que os demais, tornando-se provavelmente por isso bastante popular. Escreveu *Ardentias*, *Relicário*, *Rosa, Rosa de Amor* e *Poemas e Canções*.
5. FRANCISCA JÚLIA (1874-1920) é considerada por alguns como mais impassível que os demais poetas de então. Produziu *Mármores* e *Esfinges*.

VI - ANTOLOGIA

TEXTO 1

LÍNGUA PORTUGUESA

Última flor do Lácio, inculta e bela,
És, a um tempo, esplendor e sepultura:
Ouro nativo, que na ganga impura
A bruta mina entre os cascalhos vela...

Amo-te assim, desconhecida e obscura,
Tuba de alto **clangor**[102], lira singela,
Que tens o trom e o silvo da **procela**[103]
E o **arrolo**[104] da saudade e da ternura!

Amo o teu viço agreste e o teu aroma
De virgens selvas e de oceano largo!
Amo-te, ó rude e doloroso idioma,

Em que da voz materna ouvi: "meu filho!"
E em que Camões chorou, no exílio amargo,
O gênio sem ventura e o amor sem brilho!

Bilac, Olavo - *Poesias*, Ed. Tecnoprint, s.d., p. 176.

---

[102] Som rijo e estridente.
[103] Tempestade, podendo também significar aqui, metaforicamente, agitação, tumulto.
[104] Canto acalentador, cantiga de ninar.

TEXTO 2

VASO GREGO

Esta de áureos relevos, trabalhada
De divas mãos, brilhante copa, um dia,
Já de aos deuses servir como cansada,
Vinda do Olimpo, a um novo deus servia.

Era o poeta de Teos que a suspendia
Então, e, ora repleta ora esvazada,
A taça amiga aos dedos seus tinia,
Toda de roxas pétalas comada.

Depois ... Mas o lavor da taça admira,
Toca-a, e do ouvido aproximando-a, às bordas
Finas hás de lhe ouvir, **canora**[105] e doce,

Ignota voz, qual se da antiga lira
Fosse a encantada música das cordas,
Qual se essa voz de Anacreonte[106] fosse.

Extraído de *Poesias*, de Alberto de Oliveira.

TEXTO 3

AS POMBAS

Vai-se a primeira pomba despertada...
Vai-se outra mais ... mais outra ... enfim dezenas
De pombas vão-se dos pombais, apenas
Raia sangüínea e fresca a madrugada...

E à tarde, quando a rígida nortada
Sopra, aos pombais se novo elas, serenas,
Ruflando as asas, sacudindo as penas,
Voltam todas em bando e em revoada.

Também dos corações onde abotoam,
Os sonhos, um por um, céleres voam,
Como voam as pombas dos pombais;

No azul da adolescência as asas soltam,
Fogem ... Mas aos pombais as pombas voltam,
E eles aos corações não voltam mais...

Extraído de *Sinfonias*, de Raimundo Correia.

[105] De canto harmonioso, suave.
[106] Poeta da Antigüidade.

TEXTO 4

VELHO TEMA

Só a leve esperança, em toda a vida,
Disfarça a pena de viver, mais nada;
Nem é mais a existência, resumida,
Que uma grande esperança malograda.

O eterno sonho da alma desterrada,
Sonho que a traz ansiosa e embevecida,
É uma hora feliz, sempre adiada
E que não chega nunca em toda a vida.

Essa felicidade que supomos,
Árvore milagrosa, que sonhamos,
Toda arreada de dourados pomos,

Existe, sim: mas nós não a alcançamos
Porque está sempre apenas onde a pomos
E nunca a pomos onde nós estamos.

Extraído de *Poemas e Canções*, de Vicente de Carvalho.

TEXTO 5

CÍRCULO VICIOSO

Bailando no ar, gemia inquieto vaga-lume:
- "Quem me dera que fosse aquela loura estrela,
Que arde no eterno azul, como uma eterna vela!"
Mas a estrela, fitando a Lua, com ciúme:

- "Pudesse eu copiar o transparente lume,
Que, da grega coluna à gótica janela,
Contemplou, suspirosa, a fronte amada e bela..."
Mas a Lua, fitando o Sol, com azedume:

- "Mísera! Tivesse eu aquela enorme, aquela
Claridade imortal, que toda a luz resume!"
Mas o Sol, inclinando a rútila capela:

- "Pesa-me esta brilhante auréola de nume ...
Enfara-me esta azul e desmedida umbela ...
Por que não nasci eu um simples vaga-lume?"

Assis, Machado de - apud **Campestrini**, Hildebrando - *Literatura Brasileira*, SP, Editora FTD, 1978, p.98.

SIMBOLISMO - Era Romântica III

Os lírios de água, de **Claude Monet**, 1907.

No final do século XIX, a pintura impressionista, contemporânea do Simbolismo, valorizou o branco, o subjetivismo, o vago e nebuloso, a sugestão.

I - CONTEXTO HISTÓRICO

O Simbolismo aconteceu no final do século XIX, num período de crise econômica e conseqüente crise do racionalismo e do positivismo. Em compensação à perda das ideologias materialistas e racionalistas, ocorreu uma significativa retomada de valores espirituais: música, religião.

II - ORIGEM

Também esse estilo de época, como os precedentes, teve seu começo na França e foram autores importantes dessa tendência Verlaine, que prega a supremacia da música; Mallarmé, que liberta o verso e a palavra, numa proposta de modernidade até hoje respeitada. Não se pode esquecer também da participação dos poetas Rimbaud e Baudelaire.

III - DATA INICIAL

O Simbolismo foi introduzido em Portugal, em 1890, por Eugênio de Castro, com a publicação de *Oaristos*[107].

No Brasil, o marco inicial foi o ano 1893, com a publicação de *Missal* e *Broquéis*, ambos de Cruz e Sousa. É bom frisar que *Missal* é um livro de poemas em prosa, enquanto *Broquéis* apresenta poema em versos muito bem trabalhados, revelando uma herança ou influência do Parnasianismo.

---

[107] Já temos aqui uma característica do Simbolismo, o gosto por palavras raras, arcaicas, ou recentemente criadas, pelo seu mistério, pela sua musicalidade ou pela força de sugestão.

IV - CARACTERÍSTICAS

Através da leitura dos textos simbolistas podemos vislumbrar uma fuga do mundo exterior (jamais tratam de problemas sociais) e mergulho no íntimo, no subconsciente. Podemos dizer que os românticos mergulhavam no coração, ao passo que os simbolistas procuraram o mais fundo do ser.

Em vez de procurar o definido e objetivo, valorizam o indefinido e subjetivo (sugestão), por isso o abuso no emprego de reticências e de termos como **névoa**, **neblina**, **bruma** etc.

Para esses poetas de fim de século o que importa mais é a musicalidade. Daí o emprego constante de aliteração[108], assonância[109] e coliteração[110].

Revalorizam a palavra pelo emprego de maiúsculas em substantivos comuns, ou revitalizam a linguagem desgastada pela criação de neologismos como *lactescência*, *brumosa*, *musselinosa*. Por trabalharem mais com o inconsciente é normal na poesia simbolista a presença de ilogismo, e a atração pelo mistério, pelo sonho.

Nos autores brasileiros encontramos misticismo e manutenção da preocupação formal, herdada do Parnasianismo.

Por influência principalmente de Rimbaud e Baudelaire os simbolistas procuram correspondência entre tudo, entre sujeito e objeto, entre som e imagem, daí a coerente atração pela sinestesia, figura de linguagem que consiste em combinar dois termos que implicam em sentidos diferentes, numa interpenetração do campo sensorial. Exemplo: "Cheiro doce", em que "cheiro" implica numa sensação olfativa e "doce", numa sensação gustativa. Expressão absurda do ponto de vista racional, lógico, mas que pode fazer sentido do ponto de vista subjetivo, pessoal.

É comum, também, na estética simbolista o emprego repetições programadas ou a utilização de palavras sinonímicas.

V - AUTORES

PORTUGAL

1. EUGÊNIO DE CASTRO (1869-1944) participou do grupo intitulado *Os Insubmissos* (1889), introduziu a estética simbolista em Portugal com seu livro *Oaristos*. Publicou ainda: *Horas*, *Interlúnio*, *Tirésias*, *Sagramor*, *O Rei Galaor*, *Constança*.

2. ANTÔNIO NOBRE (1867-1900) foi um homem de grande sensibilidade e dotado de um forte sentimento de inadaptação ao mundo e à vida social. Na sua tentativa de encontrar um lugar tentou viver em Paris, Madeira, Suíça e Nova Iorque. Deixou-nos três livros de poesia: *Só*, *Despedidas* e *Primeiros Versos*.

---

[108] Repetição sistematizada de um mesmo fonema consonantal: "**P**edro **p**edreiro **p**enseiro"(Chico)

[109] Repetição de um mesmo fonema vocálico: "À danada, dada, agrada, andar..."(Chico)

[110] Parecido com a aliteração, só que em vez de repetir uma mesma consoante, procura trabalhar com fonemas articulados no mesmo ponto, mas diferenciados porque um é surdo e outro sonoro. Ex.: P/B, T/D, K/G, F/V, S/Z, X/J. Caetano combina aliteração e coliteração no verso seguinte: "A*ch*o que a **ch**uva a**j**uda a *g*ente a se ver".

3. CAMILO PESSANHA (1867-1926) era filho natural de um estudante e de uma jovem do povo. Só foi reconhecido pelo pai, como filho legítimo, aos dezessete anos, quando ingressou nos estudos superiores. Premido por forte desilusão, abandonou a pátria e foi viver na China, em Macau, onde se viciou em ópio. Tinha o hábito de compor e memorizar seus poemas, não se preocupando em escrevê-los, nem em imprimi-los. Em geral, seus trabalhos eram publicados em jornais do interior. Graças a João de Castro Osório, que anotou poemas ditados por Camilo, pôde vir à luz, em 1920, o volume *Clepsidra*.

BRASIL

1. CRUZ E SOUSA (1861-1898) nasceu em Santa Catarina, filho de ex-escravos e muito sofreu pela sua condição econômica e racial. Apesar de ter vencido um concurso para promotor público em Laguna, não pôde exercer o cargo por ser negro. O máximo que conseguiu foi um emprego de ponto de teatro e, posteriormente, arquivista da Central do Brasil, no Rio de janeiro. Além do problema social, parece o destino ter conspirado contra o poeta, pois além de enfrentar o problema da loucura da esposa, sofreu a perda de dois filhos e dos pais. Morreu de tuberculose em Sítio, Minas Gerais. Escreveu além de *Missal* e *Broquéis*, *Evocações* (poemas em prosa), *Faróis* e *Últimos Sonetos*.

2. ALPHONSUS DE GUIMARAENS (1870-1921) nasceu em Minas Gerais e fazia o curso Politécnico, quando recebeu a notícia da doença (tuberculose) de sua prima e noiva Constança. Abandonou os estudos e foi para a companhia de sua amada, ficando com ela até a morte. O amor pela prima será um dos temas fundamentais da poesia musical e sentimental de Alphonsus. Os outros temas são a morte e a Virgem Maria. Suas obras principais são: *Setenário das Dores de Nossa Senhora*, *Câmara Ardente*, *Dona Mística*, *Kyriale* e *Pastoral aos Crentes do Amor e da Morte*.

VI - ANTOLOGIA

TEXTO 1 - Eugênio de Castro

UM SONHO

Na messe, que enlourece, estremece a quermesse...
O sol, o celestial girassol, esmorece...
E as cantilenas de serenos sons amenos
Fogem fluidas, fluindo à fina flor dos fenos...

As estrelas em seus halos
Brilham com brilhos sinistros...
Cornamusas e crotalos,
Cítolas, cítaras, sistros,
Soam suaves, sonolentos,
Sonolentos e suaves,
Em suaves,
Suaves, lentos lamentos
De acentos
Graves,
Suaves...

Flor! Enquanto na messe estremece a quermesse
E o sol, o celestial girassol esmorece,
Deixemos estes sons tão serenos e amenos,
Fujamos, Flor! À flor destes floridos fenos...

Soam vesperais as Vésperas...
Uns com brilhos de alabastros,
Outros louros como nêsperas,
No céu pardo ardem os astros...

Como aqui se está bem! Além freme a quermesse...
- Não sentes um gemer dolente que esmorece?
São os amantes delirantes que em amenos
Beijos se beijam, Flor! à flor dos frescos fenos...

As estrelas em seus halos
Brilham com brilhos sinistros...
Cornamusas e crotalos,
Cítolas, cítaras, sistros,
Soam suaves, sonolentos,
Sonolentos e suaves,
Em suaves,
Suaves, lentos lamentos
De acentos
Graves,
Suaves...

Esmaece na messe o rumor da quermesse...
- Não ouves este *ai* que esmaece e esmorece?
É um noivo a quem fugiu a Flor de olhos amenos,
E chora a sua morta, absorto, à flor dos fenos...

Soam vesperais as Vésperas...
Uns com brilhos de alabastros,
Outros louros como nêsperas,
No céu pardo ardem os astros...
Penumbra de veludo. Esmorece a quermesse...
Sob o meu braço lasso o meu Lírio esmorece...
Beijo-lhe os boreais belos lábios amenos,
Beijo que freme e foge à flor dos flóreos fenos...

As estrelas em seus halos
Brilham com brilhos sinistros...
Cornamusas e crotalos,
Cítolas, cítaras, sistros,
Soam suaves, sonolentos,
Sonolentos e suaves,
Em suaves,
Suaves, lentos lamentos
De acentos
Graves,
Suaves...

Teus lábios de cinábrio, entreabre-os! Da quermesse
O rumor amolece, esmaece, esmorece...
Dá-me que eu beije os teus morenos e amenos
Peitos! Rolemos, Flor! à flor dos flóreos fenos...

Soam vesperais as Vésperas...
Uns com brilhos de alabastros,
Outros louros como nêsperas,
No céu pardo ardem os astros...

Ah! não resistais mais a meus ais! Da quermesse
O atroador clangor, o rumor esmorece...
Rolemos, ó morena! em contatos amenos!
- Vibram três tiros à florida flor dos fenos...

As estrelas em seus halos
Brilham com brilhos sinistros...
Cornamusas e crotalos,
Cítolas, cítaras, sistros,
Soam suaves, sonolentos,
Sonolentos e suaves,
Em suaves,
Suaves, lentos lamentos
De acentos
Graves,
Suaves...

Três da manhã. Desperto incerto... E essa quermesse?
E a Flor que sonho? e o sonho? Ah! tudo isso esmorece!
No meu quarto uma luz luz com lumes amenos,
Chora o vento lá fora, à flor dos flóreos fenos...

Extraído de *A Lit. Port. Através dos Textos*, op. cit. pp. 351-353.

TEXTO 2 - Antônio Nobre

Soneto

Ó Virgens que passais, ao Sol-poente,
Pelas estradas ermas, a cantar!
Eu quero ouvir uma canção ardente,
Que me transporte ao meu perdido Lar.

Cantai-me, nessa voz onipotente,
O Sol que tomba, aureolando o Mar,
A fartura da seara reluzente,
O vinho, a Graça, a formosura, o luar!

Cantai! cantai as límpidas cantigas!
Das ruínas do meu Lar desaterrai
Todas aquelas ilusões antigas

Que eu vi morrer num sonho, como um ai...
Ó suaves e frescas raparigas,
Adormecei-me nessa voz... Cantai!

Extraído de *A Lit.Port. Através dos Textos*, op. Cit. pp.361-362

TEXTO 3 - Camilo Pessanha

VIOLONCELO

Chorai, arcadas
Do violoncelo!
Convulsionadas,
Pontes aladas
De pesadelo...

De que esvoaçam,
Brancos, os arcos...
Por baixo passam,
Se despedaçam,
No rio, os barcos.

Fundas, soluçam
Caudais de choro...
Que ruínas, (ouçam)!
Se se debruçam,
Que sorvedouro!...

Trêmulos astros...
Soidões lacustres...
- Lemes e mastros...
E os alabastros
Dos balaústres!

Urnas quebradas!
Blocos de gelo...
- Chorai, arcadas,
Despedaçadas,
Do violoncelo.

Pessanha, Camilo - *Clepsidra*, Publicações Europa-América Ltda, Portugal, s/d, p. 94.

TEXTO 4 - Cruz e Sousa

FLORES DA LUA

Brancuras imortais da Lua Nova,
Frios de nostalgia e sonolência...
Sonhos brancos da Lua e viva essência
Dos fantasmas **noctívagos**[111] da Cova.

[111] Aquele que vaga à noite.

Da noite a tarde e taciturna trova[112]
Soluça, numa trêmula dormência...
Na mais branda, mais leve florescência
Tudo em Visões e Imagens se renova.

Mistérios virginais dormem no Espaço,
Dormem o sono das profundas seivas,
Monótono, infinito, estranho e lasso...

E das Origens da luxúria forte
Abrem nos astros, nas sidéreas leivas[113]
flores amargas do palor da Morte.

Extraído de *Presença da Literatura Brasileira*, op. cit., vol.II, p.243.

TEXTO 5 - Alphonsus de Guimaraens

A CATEDRAL

Entre brumas ao longe surge a aurora,
O hialino orvalho aos poucos se evapora,
Agoniza o arrebol.
A catedral ebúrnea do meu sonho
Aparece na paz do céu risonho
Toda branca de sol.

E o sino canta em lúgubres responsos:
"Pobre Alphonsus! Pobre Alphonsus!"

O astro glorioso segue a eterna estrada.
Uma áurea seta lhe cintila em cada
Refulgente raio de luz.
A catedral ebúrnea do meu sonho,
Onde os meus olhos tão cansados ponho,
Recebe a bênção de Jesus.

E o sino clama em lúgubres responsos:
"Pobre Alphonsus! Pobre Alphonsus!"

Por entre lírios e lilases desce
A tarde esquiva: amargurada prece
Põe-se a lua a rezar.
A catedral ebúrnea do meu sonho
Aparece na paz do céu tristonho
Toda branca de luar.

E o sino chora em lúgubres responsos:
"Pobre Alphonsus! Pobre Alphonsus!"

O céu é todo trevas: o vento uiva.
Do relâmpago a cabeleira ruiva
Vem açoitar o rosto meu.
A catedral ebúrnea do meu sonho
Afunda-se no caos do céu medonho
Como um astro que já morreu.

E o sino chora em lúgubres responsos:
"Pobre Alphonsus! Pobre Alphonsus!"

Extraído de *Presença da Literatura Brasileira*, op. Cit., vol. II, p.258.

---

112 Emprego de aliteração.
113 Sulco do arado, porção de terra que fica entre dois sulcos. Metaforicamente sugere caminhos.

PRÉ-MODERNISMO - Era Romântica IV

(1902 - 1922)

I - CONTEXTO HISTÓRICO

É importante destacar a Revolta da Armada, no Rio de Janeiro, contra governo de Floriano Peixoto, 1893, porque aparece na obra de Lima Barreto, assim como a Revolta de Canudos, no sertão da Bahia, liderada por Antônio Conselheiro, 1896/7, que é o fundamento da obra *Os Sertões* de Euclides da Cunha.

Fatos contemporâneos ao Pré-Modernismo: Revolta da Chibata, em 1910 e o início da Primeira Grande Guerra, 1914.

II - ORIGEM DO TERMO

Foi Alceu de Amoroso Lima, o Tristão de Ataíde (pseudônimo), quem cunhou a denominação Pré-Modernismo, utilizando-a para designar alguns escritores ilhados, isto é, que não se filiavam a nenhuma das estéticas do século anterior que ainda dominavam o cenário literário do início do século XX.

III - DATAS LIMITES

Inicia-se em 1902, podendo mencionar como fato marcante tanto a publicação de *Canaã,* de Graça Aranha, quanto o lançamento da obra *Os Sertões,* de Euclides da Cunha. O marco final, didaticamente aceito por todos, é a Semana de Arte Moderna, em 1922. Não encontramos em Portugal divisão ou classificação semelhante.

IV - CARACTERÍSTICAS

Paralelamente aos autores acadêmicos e à literatura oficial, que evitava ver e discutir a problemática nacional, os autores "ilhados" revelam um grande amor, uma verdadeira paixão pelo Brasil, mas que não os impede de ter uma visão crítica, problematizadora. Portanto, é comum em suas obras a denúncia social. Outro traço estético de alguns desses escritores é a presença de uma linguagem mais descontraída, fugindo aos padrões gramaticais acadêmicos.

V - AUTORES E OBRAS

1. EUCLIDES DA CUNHA (1866 - 1909) recebeu uma formação positivista, determinista, cientificista. Isso influencia bastante seu estilo e sua obra. No entanto, o que poderia resultar árido e frio, é modificado pela vibrante emoção e pela grande habilidade na manipulação do nosso idioma. A emoção que resultaria exacerbada, por sua vez, é contida pela formação racionalista. Euclides foi enviado pelo jornal *O Estado de São Paulo* como repórter para acompanhar a campanha de Canudos. Chocado com o que viu, mais tarde, com base nas reportagens e pesquisas, Euclides produziu uma das mais veementes críticas ao crime do Governo, que não teve

sensibilidade para o problema da miséria e atraso do sertão nordestino, destruindo Canudos. Essa obra-prima, *Os Sertões,* foi publicada em 1902. Escreveu ainda: *Contrastes e Confrontos, Peru versus Bolívia, À Margem da História.*

2. LIMA BARRETO (1881 - 1922) era um carioca, de origem humilde, mestiço, que muito sofreu em função do preconceito racial, procuroando denunciá-lo em suas obras, que retratam os subúrbios cariocas. Por isso, a crítica de seu tempo não o viu com bons olhos, acusando-o de desleixo formal e de incapacidade de criar matéria ficcional, valendo-se de sua biografia. Hoje, podemos dizer que o propalado "descuido formal" era resultado de uma intenção consciente e que há aproveitamento de fatos de sua própria vida (fundo auto-biográfico) em algumas de suas obras, sendo mais forte na obra de estréia, *Recordações do Escrivão Isaías Caminha* (1909), mas já menos acentuada em seu romance mais conhecido, *Triste Fim de Policarpo Quaresma* (1915). Escreveu ainda os romances: *Numa e a Ninfa*, *Vida e Morte de M. J. Gonzaga de Sá*, *Clara dos Anjos* (Póstuma) e contos, crônicas e sátiras: *Histórias e Sonhos*, *Bagatelas* (Póstuma), *Os Bruzundangas* (Póstuma), *Feiras e Mafuás* (Póstuma). Também postumamente foram publicadas: *Marginália*, *Vida Urbana* e *O Cemitério dos Vivos.*

3. MONTEIRO LOBATO (1882 - 1948) nasceu em Taubaté, SP, Vale do Paraíba, que constitui o cenário básico de suas narrativas, principalmente no período de decadência das fazendas de café. Destacou-se no cenário nacional tanto pela literatura infantil, quanto por sua postura crítica, sempre presente em sua literatura, contra as queimadas e a dilapidação de nossas reservas naturais. A sua luta pela nacionalização do petróleo acabou levando-o à prisão. Distinguiu-se na literatura principalmente pelos seus contos, marcados pelo trágico e pelo humor, ora alternadamente, ora simultaneamente. Esses contos podem ser encontrados nos livros: *Urupês, Negrinha, Cidades mortas.* Escreveu ainda o *O presidente negro*(romance cuja ação acontece nos EE UU, *Idéias de Jeca Tatu*, *A barca de Gleyre*, *A onda verde.*

4. GRAÇA ARANHA (1868 - 1931) nasceu no Maranhão, foi Juiz de Direito, participou da fundação da Academia Brasileira de Letras. Tornou-se mais importante por suas idéias, por sua campanha em favor do movimento modernista, embora nunca tenha conseguido ser estilisticamente moderno, do que propriamente por sua ficção. Sua obra mais comentada é *Canaã*, romance que tem como cenário Porto do Cachoeiro, no Espírito Santo. A obra trata da imigração alemã, e coloca em debate duas posições ideológicas conflitantes. De um lado, uma postura socialista, defendida pela personagem Milkau, que acredita num Brasil melhor através da união e da amizade, e, de outro, uma postura racista, fascista, de Lentz, também alemão, como Milkau, mas que só vê progresso para o Brasil se a raça pura e superior dos alemães dominarem a mestiçagem inferior que aqui habita.

5. AUGUSTO DOS ANJOS (1884 - 1914) é o mais importante poeta desse período e foi o menos compreendido em seu tempo. Sua poesia incômoda e eclética, como que reúne todas as grandes tendências estéticas, filosóficas e científicas do final do século XIX. Nela tanto podemos encontrar uma herança parnasiana na procura de uma forma mais trabalhada, quanto expressiva musicalidade herdada do Simbolismo. Nela, está presente o pessimismo de Schopenhauer, o positivismo de Comte, o cientificismo do Naturalismo e influências que vão de Baudelaire a Antero de Quental e Cruz e Souza. Sua linguagem combina termos científicos, como carbono, amoníaco, criptógama, diatomáceas; com vocabulário prosaico como tesoura, urubu, escarro, bicharia e termos eruditos. Assim, podemos dizer que Augusto dos Anjos, na poesia, criou a dissonância e o estranhamento próprios da pintura e da música expressionista. Só produziu um livro, publicado em 1912: *Eu*.

VI - ANTOLOGIA

TEXTO 1 - EUCLIDES DA CUNHA

"O sol poente desatava, longa, a sua sombra pelo chão, e protegido por ela - braços largamente abertos, face volvida para os céus, - um soldado descansava.

Descansava... havia três meses.

Morrera no assalto de 18 de julho. A coronha da mannlicher estrondada, o cinturão e o boné jogados a uma banda, e a farda em tiras, diziam que sucumbira em luta corpo a corpo com adversário possante. Caíra, certo, derreando-se à violenta pancada que lhe sulcara a fronte, manchada de uma escara preta. E ao enterrar-se, dias depois, os mortos, não fora percebido. Não compartira, por isso, a vala comum de menos de um côvado de fundo em que eram jogados, formando pela última vez juntos, os companheiros abatidos na batalha. O destino que o removera do lar desprotegido fizera-lhe afinal uma concessão: livrara-o da promiscuidade lúgubre de um fosso repugnante; e deixara-o ali há três meses - braços largamente abertos, rosto voltado para os céus, para os sóis ardentes, para os luares claros, para as estrelas fulgurantes...

E estava intacto. Murchara apenas. Mumificara conservando os traços fisionômicos, de modo a incutir a ilusão exata de um lutador cansado, retemperando-se em tranqüilo sono, à sombra daquela árvore benfazeja. Nem um verme - o mais vulgar dos trágicos analistas da matéria - lhe maculara os tecidos. Volvia ao turbilhão da vida sem decomposição repugnante, numa exaustão imperceptível. Era um aparelho revelando de modo absoluto, mas sugestivo, a secura extrema dos ares.

Os cavalos mortos naquele mesmo dia, semelhavam espécimens empalhados, de museus. O pescoço apenas mais alongado e fino, as pernas ressequidas e o arcabouço engelhado e duro.

À entrada do acampamento, em Canudos, um deles, sobre todos, se destacava impressionadoramente. Fora a montada de um valente, o alferes Wanderley; e abatera-se, morto juntamente com o cavaleiro. Ao resvalar, porém, estrebuchando mal ferido, pela rampa íngreme, quedou, à meia encosta, entalado entre fraguedos. Ficou quase em pé, com as patas dianteiras firmes num ressalto da pedra... E ali estacou feito um animal fantástico, aprumado sobre a ladeira, num quase curvetear, no último arremesso da carga paralisada, com todas as aparências de vida, sobretudo quando, ao passarem as rajadas ríspidas do nordeste, se lhe agitavam as longas crinas ondulantes..."

Cunha, Euclides da - *Os Sertões*, Editora Três, RJ, 1973, p.55-56.

TEXTO 2 - LIMA BARRETO

"Os dois saíram. Fontes perfeitamente fardado; e o major apertando o talim, sem encontrar jeito, tropeçando na espada venerável que teimava em se lhe meter entre as pernas curtas. Os soldados já estavam nas trincheiras, armas à mão; o canhão tinha ao lado munição necessária. Uma lancha avançava lentamente, com a prova alta assestada para o posto. De repente, saiu de sua borda um golfão de fumaça espessa: Queimou! - gritou uma voz. Todos se abaixaram, a bala passou alto, zunindo, cantando, inofensiva. A lancha continuava a avançar impávida. Além dos soldados, havia curiosos, garotos, a assistir o tiroteio, e fora um destes que gritara: queimou!

E assim sempre. Às vezes eles chegavam bem perto à tropa, às trincheiras, atrapalhando o serviço; em outras, um cidadão qualquer, chegava ao oficial e muito delicadamente pedia: O senhor dá licença que dê um tiro? O oficial acedia, os serventes carregavam a peça e o homem fazia a pontaria e um tiro partia.

Com o tempo, a revolta passou a ser uma festa, um divertimento da cidade... Quando se anunciava um bombardeio, num segundo, o terraço do Passeio Público se enchia. Era como se fosse uma noite de luar, no tempo em que era do tom apreciá-las no velho jardim de Dom Luís de Vasconcelos, vendo o astro solitário pratear a água e encher o céu.

Alugavam-se binóculos e tanto os velhos como as moças, os rapazes como as velhas, seguiam o bombardeio como uma apresentação de teatro: "Queimou Santa Cruz! Agora é o 'Aquidabã'! Lá vai". E dessa maneira a revolta ia correndo familiarmente, entrando nos hábitos e nos costumes da cidade."

Barreto, Lima -*Triste Fim de Policarpo Quaresma*, SP, Editora Ática,1983, p.126

TEXTO 3 - MONTEIRO LOBATO (Fragmento de um conto)

RESTO DE ONÇA

"Tudo corria bem, senão quando, de repente, au! Au!, o meu Brinquinho - conheci a voz! - acuou primeiro de todos. E logo a cachorrada inteira, uns cincoenta - au! au! au! - música de arrepiar a gente. Ah, moço, que festa foi esse dia! A bicha de cada tapa esmigalhava um cão... Ia parando na carreira, de tocaia atrás dos troncos e mal o cachorro dianteiro fronteava, ela, baf! tripas de fora! Um castigo...

Já levara um tiro, mas nem conta fez; e, assim, fugindo, ia arrasando os cachorros onceiros. Eu corria na frente, seco por ganhar a glória da caçada, e por via disso me distanciei dos companheiros. De repente, sem ver nada, paf! um manotaço de unha na cara me pinchou de costas no chão; um corpo caiu sentado em cima de mim. Ah, mundo! Que luta aquela! Eu cos braços só defendia a cara, que se a onça me aboca era o fim; e como a espingarda me ficasse debaixo do corpo, minha porfia era passar a unha nela.

O que me salvou foi a coragem do Brinquinho. Como os caçadores e os outros cães ainda não tivessem chegado, só ele me ajudava, latindo com desespero e ferrando o dente nos traseiros da fera. A cada dentada a onça se voltava para estapear o cachorro, que fugia - que fugia para atacar de novo, logo que a onça virava pra mim.

Tudo isto que levo agora um tempão contando se passou num corisco de minuto. Lá em certo momento pude alcançar a faca - faquinha à-toa de matar porco. Saquei a faca e casquei no pescoço da bicha. Quem disse enterrar? Vergou, a porquera, como se fosse de lata, sem calar nem a pontinha! Me vi perdido. "Ferra, Brinquinho!" Aquela pessoa de quatro pés, com uma coragem louca, zás! Outra dentada. A onça me folgou, e eu vi romper do mato o primeiro caçador. Era justamente meu sogro.

- Atira, nho Vadô!

Que atirar nada! O raio do maleiteiro ficou tão estuporado de me ver na goela da onça, que estarreceu no lugar.

- Atira, nho Vadô! gritei.

Que, nada! Nisto houve jeito d'eu desentalar a espingarda e entrouxar o cano na boca da onça. Estrondei o tiro; a bicha moleou de banda.

Eu estava em pedaços, mas não sentia dor nenhuma. Só me lembro que, ainda chão, puxei a espingarda de dentro da boca da onça, virei o cano pro lado do meu sogro e sapequei nele o segundo tiro, junto com um nome ofensivo à defunta avó da minha mulher, Deus que me perdoi! De reiva... Depois veio a dor e perdi os sentidos.

"Resto de Onça" tomou fôlego.

- E fiquei assim. O braço direito, sem carne, sem osso inteiro, foi preciso o médico cortar ca serra, a cara e o peito foram sarando e fiquei assim resto de onça, caco de gente, mas homem ainda pra escorar o diabo!"

Lobato, Monteiro - *Cidades Mortas*, SP, Ed. Brasiliense, 1982, pp. 40-41.

TEXTO 4 - GRAÇA ARANHA (Fragmento do romance *Canaã*)

"Em caminho para a colônia, disse Lentz:
- Que consolo senti indo à casa desse velho! Parecia ter penetrado um instante no passado intato da Prússia.
- Mas é preciso não amares demais esse passado - observou Milkau.
- E por que não me retemperarei nas fontes da minha raça? - perguntou Lentz, com um tom enfático de superioridade.
- Por quê? Porque - respondeu Milkau - o que estimas nesse passado é exatamente o que ele tem de humilhante e vergonhoso. Amas o seu espírito de destruição, o demônio que o agitava, a alma senhoril, a servidão, a guerra, o sangue, tudo o que separa e destrói... Dia a dia será reduzido o campo da veneração pelas instituições da Antigüidade. Amemos o sacrifício feito pelo amor humano, a ciência, a arte... Mas aquele amor inconsiderado por tudo o que é passado, tudo o que foi, é um dos sopros mais poderosos para a desordem universal. E eu tenho que o estudo das coisas antigas, o prestígio das próprias letras mortas são outros tantos venenos que acovardam a alma do homem de hoje e dão um encanto crescente ao mistério da autoridade... Os que se colocam no passado, aqueles cujas almas se fazem artificialmente antigas, esses são os verdadeiros inimigos do gênero humano, são os pregadores da desordem, os profetas do tédio e da morte.
- Tu sabes bem - interrompeu Lentz -, não é tudo do passado que eu amo, mas regozijo-me quando testemunho nele a ostentação das fortes qualidades humanas da nossa Pátria.
- E que benefício resulta dessa força, dessa grandeza da Pátria?
- Oh! Exatamente o que nela venero é a tendência imperial, a fibra belicosa, a expansão universal, a tenacidade, o gênio militar, a disciplina...
- Mas que é a Pátria?
- A Pátria.. ora Milkau, tu não sabes? É a raça, uma civilização particular que nos fala no sangue, o nosso eu, a nossa própria projeção no mundo, a soma de nós mesmos multiplicados ao infinito. Não há ninguém que fuja da sua atmosfera... Imortal!
- Não, meu querido Lentz, a Pátria é uma abstração transitória e que vai morrer... Sobre ela nada se fundou. Nem arte, nem religião, nem ciência. Nada, absolutamente nada tem uma forma elevada, sendo patriótico. O gênio humano é universal... A Pátria é o aspecto secundário das coisas, uma expressão da política, a desordem, a guerra. A Pátria é pequenina, mesquinha, uma limitação para o amor dos homens, uma restrição que é preciso quebrar."

Apud *Literatura Brasileira*, de Hildebrando Campestrini, SP, FTD, 1978, p.132.

TEXTO 5 - AUGUSTO DOS ANJOS

BUDISMO MODERNO

Tome, Dr., esta tesoura, e... corte
Minha singularíssima pessoa.
Que importa a mim que a bicharia roa
Todo o meu coração, depois da morte?!

Ah! Um urubu pousou na minha sorte!
Também, das **diatomáceas**[114] da lagoa
A **criptógama**[115] cápsula se esbroa
Ao contato de bronca destra forte![116]

Dissolva-se, portanto, minha vida
Igualmente a uma célula caída
Na aberração de um óvulo infecundo;

Mas o agregado abstrato das saudades
Fique batendo nas perpétuas grades
Do último verso que eu fizer no mundo!

Anjos, Augusto dos - *Eu e outras poesias*, 35ª edição, Civilização Brasileira, RJ, 1983, p.100.

NOTA:

Ouvimos dizer que Arnaldo Antunes gravou uma versão musicada deste poema. Ainda não pudemos ouvir, mas acreditamos que vale a pena conferir.

[114] Microrganismos providos de carapaça silicosa. Vivem tanto na água doce, quanto salgada e formam colônias gelatinosas.

[115] Vegetal que tem órgãos reprodutores pequeninos, imperceptíveis pelos leigos.

[116] Quando enfiamos nossa rude (bronca) mão direita (destra) na água, tocamos essas frágeis formas de vida e elas se rompem e se quebram (esbroa). Assim morre, também, o poeta, mas permanecerá eterno pela sua arte.

MODERNISMO - Era Romântica V

Primeira fase

(Denominada, em Portugal, **Orfismo**, e no Brasil, **Geração de 22** ou Fase Heróica)

1

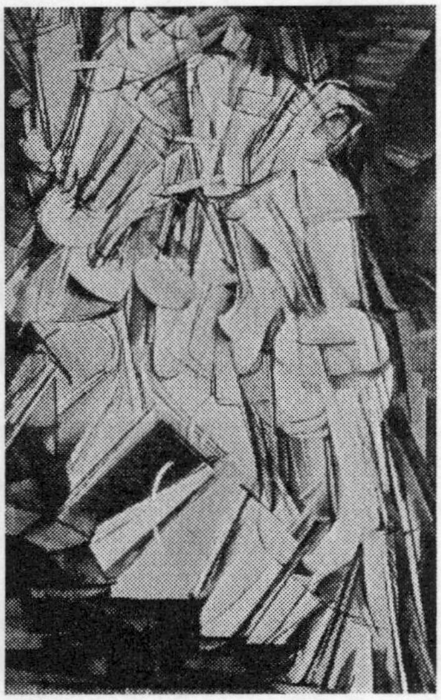

2

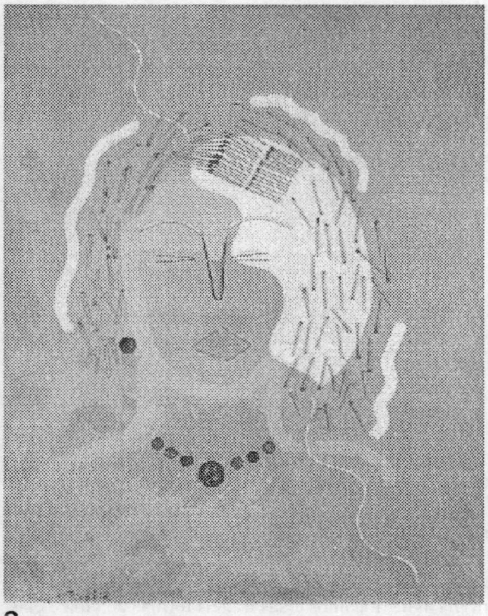

3

1. Pablo Picasso: *Ambroise Vollard* -1909 - CUBISMO.

2. Marcel Du Champ - *Nu descendo uma escada* - 1912 - FUTURISMO

3. Francis Picabia - *A mulher dos fósforos II* - 1920 - DADAÍSMO.

I - CONTEXTO HISTÓRICO

O início do século XX é bastante tumultuado. Em 1908, o rei de Portugal é assassinado por homem do povo e o país torna-se república em 1910.
O mundo é sacudido pela Primeira Guerra Mundial em 1914, estendendo-se o conflito até 1919. Em pleno desenrolar da guerra, acontece a Revolução Russa (1917), que vem colocar em cheque o sistema capitalista.
No Brasil, inicia-se o processo de industrialização, que enfrenta crises e greves operárias, cujo clímax acontece em 1917, com uma greve geral. Esse descontentamento atinge também a vida militar e um sinal que o expressa é a Revolta do Forte de Copacabana (1922).
É evidente que tanto sinal de inquietação e desequilíbrio não condizia com uma arte acadêmica, tradicional e bem comportada. Surgem então artistas e movimentos que contestam a arte do passado e experimentam novos caminhos e soluções para a expressão. Esses movimentos renovadores receberam o nome de vanguardas, que se caracterizam por um sentimento de rebeldia e um espírito revolucionário.

II - ORIGEM

A origem de nosso Modernismo reside basicamente nas Vanguardas Européias:

Cubismo - Aparece por volta de 1906, na pintura, tendo como principais fundadores os pintores Braque e Picasso. Em suas obras, eliminam a ilusão ou convenção tridimensional, assumindo apenas os dois planos da tela. Além disso, em vez de tentarem uma imitação da realidade, deformam-na através da fragmentação. Alguns quadros tornam-se um aglomerado de figuras geométricas, exigindo esforço do espectador para vislumbrar o objeto reproduzido.

Futurismo - O movimento foi lançado em Paris, em 1909, pelo italiano Marinetti e tinha como escopo principal valorizar tudo que estivesse associado à idéia de futuro, de modernidade, de tecnologia. Para os futuristas eram importantes e maravilhosas as máquinas, a eletricidade, a velocidade etc. Para Marinetti, como ele mesmo disse, um automóvel novo tinha mais beleza e era mais importante que uma estátua grega do museu do Louvre em Paris.

Dadaísmo - Tristan Tzara liderou em 1916 o mais anárquico e revolucionário movimento estético do século XX. Recusava todas as normas e todas as lideranças já estabelecidas, sem estabelecer novas diretrizes. Para evitar que o próprio nome sugerisse alguma orientação, Tristan disse que o recolheu de um dicionário francês, ao acaso, sem mesmo verificar o significado. Pode ser coincidência, mas verificamos no dicionário e encontramos que o termo é uma espécie de gíria e signficaria "algo muito querido pela pessoa", ou ,numa adaptação bem nossa, "xodó". Com essa atitude, Tristan propõe a liberdade total para o artista. Cada um deve fazer aquilo que seu interior sugere ou pede. Foi com o Dadaísmo que apareceu a colagem e a mistura de materiais. Marcel Duchamp tornou-se um dos mais importantes representantes dessa tendência.

Surrealismo - Quando o médico André Breton lançou o movimento surrealista, em 1924, tanto em Portugal, quanto no Brasil, o Modernismo já tinha sido deflagrado. Mesmo assim, provocou influências que se fizeram notar mais nos artistas da segunda fase. Segundo as propostas surrealistas o artista deveria evitar a interferência da razão, procurando criar com velocidade, deixando que as idéias fluíssem diretamente do inconsciente, em plena liberdade. O maior nome dessa estética foi o do pintor Salvador Dali.

III - DATAS INICIAIS

Em Portugal, as primeiras manifestações revolucionárias surgem em 1915, na revista *Orpheu*, cuja publicação fica sendo o marco inicial do Modernismo. Participaram da organização e fundação os poetas Fernando Pessoa, Mário de Sá-Carneiro, Almada Negreiros, Santa Rita Pintor e o brasileiro Ronald de Carvalho.

No Brasil, o marco inicial foi 1922, com realização da Semana de Arte Moderna no Teatro Municipal de São Paulo, que provocou grande impacto na sensibilidade da burguesia local, ainda muito presa aos valores acadêmicos e, em poesia, admiradora do Parnasianismo, visto como a mais fina expressão artística. A Semana apresentou, não somente o que havia de novo em literatura, mas também na escultura, pintura, dança, música. Lá estavam: Di Cavalcanti, Víctor Brecheret, Vila Lobos e muitos outros. Representantes da Literatura que lá estiveram: Oswald de Andrade, Mário de Andrade, Ronald de Carvalho que declamou o poema "Os Sapos", de Manuel Bandeira, um dos organizadores da Semana, mas que não compareceu, alegando problemas de saúde. Seu poema Os Sapos foi declamado por Ronald de Carvalho sob intensa vaia. Devemos citar ainda autores que não eram inteiramente afinados com a novidade, mas que participaram ativamente da Semana: Graça Aranha, Guilherme de Almeida, Menotti del Picchia.

IV - CARACTERÍSTICAS

O Modernismo, à semelhança do Romantismo, apresentou um forte sentimento de rebeldia, e, conseqüentemente, um anseio de liberdade de criação e de expressão, que conduz ao experimentalismo, ou seja, o direito à pesquisa estética. Com isso, pretendiam atualizar a inteligência nacional, nivelando-a à evolução artística européia, mas sem fazer cópia. A partir do modelo ou proposta importada, o artista valorizava o elemento nacional, e buscava assuntos e formas da cultura popular. A coloquialidade torna-se um dos mais fortes referenciais da nossa literatura moderna, com os escritores valendo-se de incorreções gramaticais freqüentes na "língua do povo, porque ele é que fala gostoso".
Coerente com esse espírito de rebeldia e de experimentação, o escritor moderno emprega o verso livre e rompe com os limites entre prosa e poesia. Também os limites entre os gêneros literários são rompidos. Numa oposição aos empostados acadêmicos o artista moderno evita a postura séria, respeitosa, e, à semelhança do artista Duchamp que pintou bigodes na Mona

Lisa, adota o humor, a paródia, numa dessacralização da arte. Esse procedimento costuma ser chamado de "carnavalização".
Para finalizar, os modernos valem-se de uma temática baseada no cotidiano e na vida moderna. Em vários trabalhos, os artistas brasileiros, assim como os europeus, faziam ataques às academias, às normas, à tradição elitista.

V - AUTORES

PORTUGAL

1. FERNANDO PESSOA (1888-1935), o mais brilhante poeta português do século XX, optou por uma vida pacata e sem projeção, preferindo existir quase que só literariamente. Criou mais de setenta personagens ou, como ele mesmo prefere denominar, heterônimos, sendo vários deles poetas com vida e estilo próprios. Publicou *Mensagem* em 1934, poema épico-lírico, que exalta Portugal. Destacamos seus três heterônimos mais conhecidos:

- **Alberto Caeiro**, por exemplo, é um homem simples, de educação primária, que vive no campo e compõe versos simples e livres, numa linguagem coloquial e direta, valorizando os cinco sentidos, notadamente o olhar. Escreveu *O Guardador de Rebanhos*.
- **Álvaro de Campos**, pelo contrário, é um homem de vida urbana, com estudos superiores, tendo formado-se em engenharia naval. Sua poesia evolui do verso tradicional para o verso livre modernista com influências de Walt Whitman e do futurismo de Marinetti. Escreveu poemas famosos como *Tabacaria*, *Poema em Linha Reta*, *Ode Triunfal* e *Ode Marítima*.
- **Ricardo Reis** é o terceiro dos heterônimos mais conhecidos. É médico, monarquista, e teve uma formação helenista e latinista, o que transparece em seus versos brancos, que valorizam o gozar a vida com equilíbrio, sem exageros. Escreveu *Odes de Ricardo Reis*.

2. MÁRIO DE SÁ-CARNEIRO (1890-1916) ficou órfão de mãe muito cedo e pouco desfrutou da presença do pai, que muito viajava a negócios. Quando o pai voltava de viagem mimava demais o filho. Sá-Carneiro estudava em Paris por volta de 1914, quando teve férias e foi a Portugal, travando conhecimento com Fernando Pessoa. Em 1915, fundaram a revista *Orpheu*, que só se manteve até o segundo número. Com os problemas econômicos causados pelo fracasso da revista, Sá-Carneiro tentou conseguir mais dinheiro com o pai que, naquele momento, recuperava-se de uma falência. Não só deixa de atender ao filho, mas, ainda por cima, suprime sua mesada. Sá-Carneiro comete suicídio. A obra de Sá-Carneiro já foi comparada a um "incêndio dos sentidos" tal a abundância, complexidade e riqueza das sensações. Na sua prosa, envereda quase sempre para o gênero fantástico. Escreveu contos, *Céu em Fogo*; poesia, *Dispersão*; e uma novela, *A Confissão de Lúcio*.

3. FLORBELA ESPANCA (1894-1930) é uma escritora de sensibilidade delicada, com heranças românticas e simbolistas. Sua inclusão entre os

modernistas dá-se mais pela cronologia do que pelos traços estéticos. Excelente sonetista, Florbela escreveu os seguintes livros de poesia: *Livro de Mágoas*, *Livro de Sóror Saudade*, *Charneca em Flor* e os livros de contos: *As Máscaras do Destino* e *Dominó Negro*.

BRASIL

1. MÁRIO DE ANDRADE (1893-1945) nasceu em São Paulo, à rua Aurora. Estudou no Conservatório Dramático Musical, na Avenida São João, próximo aos Correios e Telégrafos. Formou-se e tornou-se professor do mesmo Conservatório. Jamais conseguiu tornar-se pianista, por causa do choque emocional provocado pela morte do irmão. Músico, folclorista, poeta e prosador, deixou-nos uma obra vasta e variada. Entre ela encontramos: (romances) *Macunaíma*, *Amar, Verbo Intransitivo*; (contos) *Primeiro Andar*, *Belazarte* e *Contos Novos*; (poesia) *Paulicéia Desvairada*, *Remate de Males*, *Clã do Jabuti*, *Lira Paulistana*.

2. OSWALD DE ANDRADE (1890-1954) nasceu em São Paulo e foi um homem tão irreverente em sua obra ficcional quanto em sua vida pessoal. Talvez por isso seu nome quase não aparece em muitos manuais de literatura. Atacou com humor destemperado tanto a burguesia quanto a Igreja, tanto a moral burra, quanto o academismo caduco. Sua poesia caracteriza-se pela concisão, pelo humor, pela simplicidade quase ingênua como certos quadros de Matisse, e pela técnica parodística. Sua prosa abusou do corte cinematográfico, da fusão com a poesia, da economia telegráfica, e da mistura de gêneros. Entre suas principais obras devemos incluir: *Serafim Ponte Grande* e *Memórias Sentimentais de João Miramar* (prosa), *O Rei da Vela* e *O Homem e o Cavalo* (teatro), *Pau Brasil* e *Primeiro Caderno do Aluno de Poesia Oswald de Andrade*.

3. MANUEL BANDEIRA (1886-1968) nasceu em Recife, PE, e pretendia tornar-se arquiteto, mas aos 17 anos contraiu tuberculose e foi desenganado pelo médico. Passou toda a sua vida lutando contra a doença fatal e preparando-se para a morte, que levava parentes e amigos, deixando-o para depois. Morreu solteiro e solitário aos 82 anos. A temática de sua poesia trata da infância em Recife, da doença, da morte, do amor livre e físico: "deixe o teu corpo entender-se com outro corpo. / Porque os corpos se entendem, mas as almas não." Também cantou o amor, a vida, as pessoas amigas e cenas simples como a de um gato fazendo suas necessidades em frente a uma pensãozinha familiar. Bandeira realizou uma poesia encantadora e singela, numa linguagem coloquial, com grande liberdade no emprego da pontuação, valendo-se livremente tanto de versos tradicionais quanto de versos livres. O autor de *Pneumotórax* iniciou sua carreira com uma mistura de técnicas parnasianas e simbolistas: *A Cinza das Horas* e *Carnaval*. Passou por um período de transição, onde já aparecia o verso livre: *Ritmo Dissoluto*. Aderiu ao Modernismo em sua segunda fase: *Libertinagem* e *Estrela da Manhã*. E na sua terceira fase, produziu obras primorosas como: *Estrela da Tarde*, *Lira dos*

Cinquent'anos, *Opus 10*, *Belo Belo*. Vale citação o livro *Mafuá do Malungo*[117], poesia de circunstância, que é gracioso e revela a humildade e carinho do poeta com as pessoas amigas. Sua obra toda foi reunida sob o título *Estrela da Vida Inteira*

4. ALCÂNTARA MACHADO (1901-1935) pode ser considerado um dos escritores que melhor retratou a capital paulista com seus imigrantes italianos, numa linguagem própria, onde os idiomas se misturam de modo vivo e interessante. Através de seus contos ágeis, dinâmicos, podemos enxergar a cidade crescendo com seus bondes, carros, lojas e produtos modernos. Pena, que exatamente isso torne sua obra tão datada, tornando muitos de seus contos desinteressantes aos jovens leitores pouco curiosos de nosso tempo. Escreveu *Brás, Bexiga e Barra Funda*, *Laranja da China* e *Mana Maria*, este último, um primoroso romance que ficou inacabado.

5. OUTROS: Raul Bopp escreveu *Cobra Norato*, poesia da tendência estética verdeamarelista; Cassiano Ricardo dentro desta mesma tendência produziu *Martim Cererê*; e Guilherme de Almeida escreveu Meu e Raça.

VI - ANTOLOGIA

PORTUGAL

TEXTO 1 - FERNANDO PESSOA, ele mesmo (ortônimo).

NATAL

Nasce um deus. Outros morrem. A Verdade
Nem veio nem se foi: o Erro mudou.
Temos agora uma outra Eternidade,
E era sempre melhor o que passou.

Cega, a Ciência a inútil gleba lavra.
Louca, a Fé vive o sonho do seu culto.
Um novo deus é só uma palavra.
Não procures nem creias: tudo é oculto.

Pessoa, Fernando - *O Guardador de Rebanhos e outros poemas*, SP. Ed. Cultrix,1995, p. 68

[117] A palavra "mafuá" pode ser entendida como feira, festa, encontro, e "malungo" é companheiro. Neste livro, há como que um encontro ou uma festa de amigos do poeta.

TEXTO 2 - FERNANDO PESSOA, ele mesmo (ortônimo).

INICIAÇÃO

Não dormes sob os ciprestes,
Pois não há sono no mundo.
....
O corpo é a sombra das vestes
Que encobrem teu ser profundo.

Vem a noite, que é a morte,
E a sombra acabou sem ser.
Vais na noite só recorte,
Igual a ti sem querer.

Mas na Estalagem do Assombro
Tiram-te os Anjos a capa:
Segues sem capa no ombro,
Com o pouco que te tapa.

Então Arcanjos da Estrada
Despem-te e deixam-te nu.
Não tens vestes, não tens nada:
Tens só teu corpo, que és tu.

Por fim, na funda Caverna,
Os Deuses despem-te mais.
Teu corpo cessa, alma externa,
Mas vês que são teus iguais.
....

A sombra das tuas vestes
Ficou entre nós na Sorte.
Não 'stás morto, entre ciprestes.
....
Neófito, não há morte.

Pessoa, Fernando - *O Guardador de Rebanhos e outros poemas*, SP, Ed. Cultrix, 1989, pp. 77-

TEXTO 3 - ÁLVARO DE CAMPOS (Heterônimo de Fernando Pessoa).

LISBON REVISITED
(1923)

Não: não quero nada.
Já disse que não quero nada.
Não me venham com conclusões!
A única conclusão é morrer.
Não me tragam estéticas!
Não me falem em moral!
Tirem-me daqui a metafísica!
Não me apregoem sistemas completos, não me enfileirem conquistas
Das ciências (das ciências, Deus meu, das ciências!) -
Das ciências, das artes, da civilização moderna!

Que mal fiz eu aos deuses todos?

Se têm a verdade, guardem-na!

Sou um técnico, mas tenho técnica só dentro de técnica.
Fora disso sou doido, com todo o direito a sê-lo.
Com todo o direito a sê-lo, ouviram?

Não me macem, por amor de Deus!

Queriam-me casado, fútil, cotidiano e tributável?
Queriam-me o contrário disto, o contrário de qualquer coisa?
Se eu fosse outra pessoa, fazia-lhes, a todos, a vontade.
Assim, como sou, tenham paciência!
Vão para o diabo sem mim,
Ou deixem-me ir sozinho para o diabo!

Para que havemos de ir juntos?

Não me peguem no braço!
Não gosto que me peguem no braço. Quero ser sozinho.
Já disse que sou sozinho!
Ah, que maçada quererem que eu seja de companhia!

Ó céu azul - o mesmo da minha infância -,
Eterna verdade vazia e perfeita!
Ó macio Tejo ancestral e mudo,
Pequena verdade onde o céu se reflete!
Ó mágoa revisitada, Lisboa de outrora de hoje!
Nada me dais, nada me tirais, nada sois que eu me sinta.
Deixem-me em paz! Não tardo, que eu nunca tardo...
E enquanto tarda o Abismo e o Silêncio quero estar sozinho!

Pessoa, Fernando - *op. cit.*, p. 178

TEXTO 4 - ALBERTO CAEIRO (Heterônimo de Fernando Pessoa).

II

O meu olhar é nítido como um girassol.
Tenho o costume de andar pelas estradas
Olhando para a direita e para a esquerda,
E de vez em quando olhando para trás...
E o que vejo a cada momento
É aquilo que nunca antes eu tinha visto,
E eu sei dar por isso muito bem...
Sei ter o pasmo essencial
Que tem uma criança se, ao nascer,
Reparasse que nascera deveras...
Sinto-me nascido a cada momento
Para a eterna novidade do Mundo...

Creio no mundo como num malmequer,
Porque o vejo. Mas não penso nele
Porque pensar é não compreender...
O Mundo não se fez para pensarmos nele
(Pensar é estar doente dos olhos)
Mas para olharmos para ele e estarmos de acordo...

Eu não tenho filosofia: tenho sentidos...
Se falo na Natureza não é porque saiba o que ela é,
Mas porque a amo, e amo-a por isso,
Porque quem ama nunca sabe o que ama
Nem sabe por que ama, nem o que é amar...

Amar é a eterna inocência ,
E a única inocência não pensar...

Pessoa, Fernando - *O Eu Profundo e os Outros Eus,* RJ, Ed. Nova Franteira, 1980,p.137.

TEXTO 5 - RICARDO REIS (Heterônimo de Fernando Pessoa).

Quando, Lídia, vier o nosso outono
Com o inverno que há nele, reservemos
Um pensamento, não para a futura
    Primavera, que é de outrem,
Nem para o estio, de quem somos mortos,
Senão para o que fica do que passa -
O amarelo atual que as folhas vivem
    E as torna diferentes.

TEXTO 6 - RICARDO REIS (Heterônimo de Fernando Pessoa).

Tênue, como se de Eolo a esquecessem,
A brisa da manhã titila o campo,
    E há começo do sol.
Não desejemos, Lídia, nesta hora
Mais sol do que ela, nem mais alta brisa
    Que a que é pequena e existe.

Pessoa, Fernando - Ficções do Interlúdio/2-3, RJ, Ed. Nova Fronteira, p. 13.

TEXTO 7 - MÁRIO DE SÁ-CARNEIRO

"Porém nada valeu em face da última visão:
Raiaram mais densas as luzes, mais agudas e penetrantes, caindo agora, em jorros, do alto da cúpula - e o pano rasgou-se sobre um vago tempo asiático...
Ao som de uma música pesada, rouca, longínqua - ela surgiu, a mulher fulva...
E começou dançando...
Envolvia-a uma túnica branca, listada de amarelo. Cabelos soltos, loucamente. Jóias fantásticas nas mãos; e os pés descalços, constelados...
Ai, como exprimir os seus passos silenciosos, húmidos, frios de cristal; o marulhar da sua carne ondeando; o álcool dos seus lábios que, num requinte, ela dourara - toda a harmonia esvaecida nos seus gestos; todo o horizonte difuso que o seu rodopiar suscitava, nevoadamente...
Entretanto, ao fundo, numa ara misteriosa, o fogo ateara-se...
Vício a vício a túnica lhe ia resvalando, até que, num êxtase abafado, soçobrou a seus pés... Ah! nesse momento, em face à maravilha que nos varou, ninguém pôde conter um grito de assombro...
Quimérico e nu, o seu corpo subtilizado, erguia-se litúrgico entre mil cintilações irreais. Como os lábios, os bicos dos seios e o sexo estavam dourados - num ouro pálido, doentio. E toda ela serpenteava em misticismo escarlate a querer-se dar ao fogo...
Mas o fogo repelia-a...
Então, numa última perversidade, de novo tomou os véus e se ocultou, deixando apenas nu o sexo áureo - terrível flor de carne a estrebuchar agonias magentas...

Vencedora, tudo foi lume sobre ela...
E, outra vez desvendada - esbraseada e feroz, saltava agora por entre labaredas, rasgando-as: emaranhando, possuindo, todo o fogo bêbado que a cingia.
Mas finalmente, saciada após estranhas epilepsias, num salto prodigioso, como um meteoro - ruivo meteoro - ela veio tombar no lado que mil lâmpadas ocultas esbatiam de azul cendrado.
Então foi apoteose:
Toda a água azul, ao recebê-la, se volveu vermelha de brasas, encapelada, ardida pela sua carne que o fogo penetrara... E numa ânsia de se extinguir, possessa, a fera nua mergulhou... Mas quanto mais se abismava, mais era lume ao seu redor..."

Sá-Carneiro, Mário de - *A Confissão de Lúcio*, Portugal, Publicações Europa-América, pp.74-75.

TEXTO 8 - FLORBELA ESPANCA

MENDIGA

Na vida nada tenho e nada sou;
Eu ando a mendigar pelas estradas...
No silêncio das noites estreladas
Caminho, sem saber para onde vou!

Tinha o manto do sol... quem mo roubou?!
Quem pisou minhas rosas desfolhadas?!
Quem foi que sobre as ondas revoltadas
A minha taça de oiro espedaçou?

Agora vou andando e mendigando,
Sem que um olhar dos mundos infinitos
Veja passar o verme, rastejando...

Ah! quem me dera ser como os chacais
Uivando os brados, rouquejando os gritos
Na solidão dos ermos matagais!...

Espanca, Florbela - de *Charneca em Flor*, extraído de *Sonetos*, SP, Difel, 1982, p.130.

BRASIL

TEXTO 1 - MÁRIO DE ANDRADE

Quando eu morrer quero ficar,
Não contem aos meus inimigos,
Sepultado em minha cidade,[118]
Saudade.

[118] Ao contrário do romântico byroniano, Álvares de Azevedo, que pediu em um poema para ser enterrado "na floresta dos homens esquecida", isto é, longe da cidade e de todos; Mário de Andrade pede para ser repartido e ter todos os seus pedaços enterrados na cidade de São Paulo a que tanto amou.

Meus pés enterrem na Rua Aurora,
No Paissandu deixem meu sexo,[119]
Na Lopes Chaves a cabeça[120]
Esqueçam.

No Pátio do Colégio o ouvido
Direito, o esquerdo nos Telégrafos,
Quero saber da vida alheia,
Sereia.

O nariz guardem nos rosais,
A língua no alto do Ipiranga
Para cantar a liberdade.
Saudade...

Os olhos lá no Jaraguá
Assistirão ao que há de vir,
O joelho na Universidade,
Saudade...

As mãos atirem por aí,
Que desvivam como viveram,
As tripas atirem pro Diabo.
Que o espírito será de Deus.
Adeus.

Andrade, Mário de - *Lira Paulistana*, in *Obras Completas*, SP, Círculo do Livro , p. 352.

TEXTO 2 - OSWALD DE ANDRADE (poesia)

HIMENEU

Para teu corpo
Construirei o dossel
Abrirei a porta submissa
Ligarei o rádio
Amassarei o pão

TEXTO 3 - OSWALD DE ANDRADE (Fragmento de *O Rei da Vela*)

Abelardo I - Não faça entrar mais ninguém hoje, Abelardo.
Abelardo II - A jaula está cheia... Seu Abelardo!
Abelardo I - Mas esta cena basta para nos identificar perante o público. Não preciso mais falar com nenhum dos meus clientes. São todos iguais. Sobretudo não me traga pais que não podem comprar sapatos para os filhos...
Abelardo II - Este está se queixando de barriga cheia. Não tem prole numerosa. Só uma filha. Família pequena!

---

[119] O poeta sempre atravessava o largo do Paissandu para ir de sua casa, na Rua Aurora, para o Conservatório na Avenida São João. É provável que sua iniciação sexual, como a da maioria dos rapazes de seu tempo, tenha sido com prostituta que fazia "trotoir" naquela praça.

[120] Este poema foi publicado postumamente, portanto, deve ter sido escrito na última residência de Mário, que ficava e fica na Rua Lopes Chaves, onde o poeta veio a falecer. Parece premonição. Hoje a casa de Mário é um espaço cultural "Oficina da Palavra", que vale a pena conhecer.

Abelardo I - Não confunda, Seu Abelardo! Família é uma cousa distinta. Prole é de proletário. A família requer a propriedade e vice-versa. Quem não tem propriedades deve ter prole. Para trabalhar, os filhos são a fortuna do pobre...
Abelardo II - Mas hoje ninguém mais vai nisso...
Abelardo I - É a desordem social, o desemprego, a Rússia! Esse homem possuía uma casinha. Tinha o direito de ter uma família. Perdeu a casa. Cavasse prole! Seu Abelardo, a família e a propriedade são duas garotas que freqüentam a mesma *garçonnière*, a mesma farra... quando o pão sobra... Mas quando o pão falta, uma sai pela porta e a outra voa pela janela...
Abelardo II - A família é o ideal do homem! A propriedade também. E Dona Heloísa é um anjo!
Abelardo I - Você sabe que não há outro gênero no mercado. Eu não ia me casar com a irmã mais moça que chamam por aí de garota da crise e de João dos Divãs. Nem com o irmão menor que todo mundo conhece por Totó Fruta-do-Conde!
Abelardo II - Um degenerado...
Abelardo I - Coisas que se compreendem e relevam numa velha família! Heloísa, apesar dos vícios que lhe apontam... Você sabe, toda a gente sabe. Heloísa de Lesbos! Fizeram piada quando comprei uma ilha no Rio, para nos casarmos. Disseram que era na Grécia. Apesar disso, ela ainda é a flor mais decente dessa velha árvore bandeirante. Uma das famílias fundamentais do Império."

Extraído de *Obras Completas de Oswald de Andrade - Teatro*, RJ, Civilização Brasileira, 1978, p.68.

TEXTO 4 - MANUEL BANDEIRA

EVOCAÇÃO DE RECIFE

Recife
Não a Veneza americana
Não a Mauritsstad dos armadores das Índias Ocidentais
Não o Recife dos Mascates
Nem mesmo o Recife que aprendi a amar depois -
Recife das Revoluções literbárias
Mas o Recife sem história nem literatura
Recife sem mais nada
Recife da minha infância

A Rua da União onde eu brincava de chicote-queimado e
[partia as vidraças da casa de dona Aninha Viegas
Totônio Rodrigues era muito velho e bota o pincenê na ponta do nariz
Depois do jantar as famílias tomavam a calçada com cadeiras, mexericos, namoros, risadas
A gente brincava no meio da rua
Os meninos gritavam:
Coelho sai!
Não sai!

À distância as vozes macias das meninas politonavam:
Roseira dá-me uma rosa
Craveiro dá-me um botão

(Dessas rosas muita rosa
Terá morrido em botão...)

De repente
nos longes da noite
um sino
Uma pessoa grande dizia:
Fogo em Santo Antônio!
Outro contrariava: São José!
Totônio Rodrigues achava sempre que era São José.
Os homens punham o chapéu saíam fumando
E eu tinha raiva de ser menino porque não podia ir ver o fogo

Rua da União...
Como eram lindos os nomes das ruas da minha infância
Rua do Sol
(Tenho medo que hoje se chame do Dr. Fulano de Tal)
Atrás de casa ficava a Rua da Saudade...
... onde se ia fumar escondido
Do lado de lá era o cais da Rua da Aurora...
... onde se ia pescar escondido
Capiberibe
- Capibaribe
Lá longe o sertãozinho de Caxangá
Banheiros de palha

Um dia eu vi uma moça nuinha no banho
Fiquei parado o coração batendo
Ela se riu
Foi o meu primeiro alumbramento
Cheia! As cheias! Barro boi morto árvores destroços redemoínho sumiu
E nos pegões da ponte do trem de ferro os caboclos destemidos em jangadas de bananeiras
Novenas
Cavalhadas
Eu me deitei no colo da menina e ela começou a passar a mão nos meus cabelos
Capiberibe
- Capibaribe

Rua da União onde todas as tardes passava a preta das bananas
Com o xale vistoso de pano da Costa
E o vendedor de roletes de cana
O de amendoim
que se chamava midubim e não era torrado era cozido

Me lembro de todos os pregões:
Ovos frescos e baratos
Dez ovos por uma pataca
Foi há muito tempo...

A vida não me chegava pelos jornais nem pelos livros
Vinha da boca do povo na língua errada do povo
Língua certa do povo
Porque ele é que fala gostoso o português do Brasil
Ao passo que nós
O que fazemos
É macaquear
A sintaxe lusíada
A vida com uma porção de coisas que eu não entendia bem
Terras que não sabia onde fiavam
Recife...
Rua da União...
A casa de meu avô...
Nunca pensei que ela acabasse!
Tudo lá parecia impregnado de eternidade

Recife...
Meu avô morto.
Recife morto, Recife bom, Recife brasileiro como a casa de meu avô. (Rio, 1925)

Bandeira, Manuel - *Estrela da Vida Inteira*, Liv. José Olympio Ed., RJ, 1980, pp.104-107.

TEXTO 5 - ALCÂNTARA MACHADO

A SOCIEDADE

- Filha minha não casa com filho de carcamano!

A esposa do Conselheiro José Bonifácio de Matos e Arruda disse isso e foi brigar com o italiano das batatas. Teresa Rita misturou lágrimas com gemidos e entrou no seu quarto batendo a porta. O Conselheiro José Bonifácio limpou as unhas com o palito, suspirou e saiu de casa abotoando o fraque.

O esperado grito do cláxon fechou o livro de Henri Ardel e trouxe Teresa Rita do escritório para o terraço.

O Lancia passou como quem não quer. Quase parando. A mão enluvada[121] cumprimentou com o chapéu Borsalino. Uiiiiia - uiiiiia![122] Adriano Melli calcou o acelerador. Na primeira esquina fez a curva. Veio voltando. Passou de novo. Continuou. Mais duzentos metros. Outra curva. Sempre na mesma rua.

[121] Metonímia ou sinédoque, que consiste no emprego de um termo por outro por uma relação de contigüidade. Aqui emprega "mão enluvada" em vez de homem que estava com a mão enluvada.
[122] Emprego de onomatopéia, imitação ou reprodução de sons.

Gostava dela. Era a Rua da Liberdade.[123] Pouco antes do número 259-C já sabe: uiiiiia-uiiiiia!
- O que você está fazendo aí no terraço, menina?
- Então nem tomar um pouco de ar eu posso mais? Lancia Lambda, vermelhinho, resplendente, pompeando na rua.
Vestido do Camilo, verde, grudado à pele, serpejando no terraço.
- Entre já para dentro ou eu falo com seu pai quando ele chegar!
- Ah meu Deus, meu Deus, que vida, meu Deus!
Adriano Melli passou outras vezes ainda. Estranhou. Desapontou. Tocou para a Avenida Paulista.[124]
Na orquestra o negro de casaco vermelho afastava o saxofone da beiçorra para gritar:

Dizem que Cristo nasceu em Belém...

Porque os pais não a haviam acompanhado (abençoado furúnculo inflamou o pescoço do Conselheiro José Bonifácio) ela estava achando um suco aquela vesperal do Paulistano. O namorado ainda mais.
Os pares dançarinos maxixavam colados. No meio do salão eram um bolo tremelicante. Dentro do círculo palerma de mamãs, moças feias e moços enjoados. A orquestra preta tonitroava. Alegria de vozes e sons. Palmas contentes[125] prolongaram o maxixe. O banjo é que ritmava os passos.
- Sua mãe me fez ontem uma desfeita na cidade.
- Não!
- Como não? Sim senhora. Virou a cara quando me viu.

... mas a história se enganou!

As meninas de ancas salientes riam porque os rapazes contavam episódios de farra muito engraçados. O professor da Faculdade de Direito citava Rui Barbosa para um sujeitinho de óculos. Sob a vaia do saxofone: tururururu-tururururum!
- Meu pai quer fazer um negócio com o seu.
- Ah sim?

Cristo nasceu na Bahia, meu bem...

O sujeitinho de óculos começou a recitar Gustave Le Bon mas a destra espalmada do catedrático o engasgou. Alegria de vozes e sons.

...e o baiano criou!

- Olhe aqui, Bonifácio: se esse carcamano vem pedir a mão de Teresa para o filho, você aponte o olho da rua para ele, compreendeu?
- Já sei, mulher, já sei.

Mas era cousa muito diversa.

---

[123] É importante observar com que freqüência o autor se vale do emprego abusivo e constantes de frases curtíssimas, criando um discurso fragmentado, de pedaços, como se fosse um quadro cubista.
[124] Sempre que o autor emprega o duplo espaçamento, quer com isso dizer que vai haver uma mudança significativa de tempo, ou de espaço ou de ambos.
[125] Emprego de metonímia, ou seja, um termo no lugar do outro por relação de contigüidade: Não são as palmas que estão contentes, mas as pessoas que bateram palmas.

O Cav. Uff. Salvatore Melli alinhou algarismos torcendo a bigodeira. Falou como homem de negócios que enxerga longe. Demonstrou cabalmente as vantagens econômicas de sua proposta.

- O doutor...

- Eu não sou doutor, Senhor Melli.

- *Parlo* assim para facilitar. *Non* é para ofender. *Primo* o doutor pense bem. E *poi* me dê a sua resposta. *Domani, dopo domani*, na outra semana, quando quiser. *Io* resto à sua disposição. *Ma* pense bem!

Renovou a proposta e repetiu os argumentos pró. O conselheiro possuía uns terrenos em São Caetano. Cousas de herança. Não lhe davam renda alguma. O Cav. Uff. tinha a sua fábrica ao lado. 1.200 teares. 36.000 fusos. Constituíam uma sociedade. O conselheiro entrava com os terrenos. O Cav. Uff. com o capital. Arruavam os trinta alqueires e vendiam logo grande parte para os operários da fábrica. Lucro certo, mais que certo, garantidíssimo.

- É. Eu já pensei nisso. Mas sem capital o senhor compreende é impossível...

- P*er Bacco*, doutor! Mas *io* tenho o capital. O capital *sono io*. O doutor entra com o terreno, mais nada. E o lucro se divide no meio.

O capital acendeu o charuto. O conselheiro coçou os joelhos disfarçando a emoção. A negra de broche serviu o café.

- *Dopo* o doutor me dá a resposta. *Io* só digo isto: pense bem.

O capital levantou-se[126]. Deus dois passos. Parou. Meio embaraçado. Apontou para um quadro.

- Bonita pintura.

Pensou que fosse obra de italiano. Mas era de francês.

- *Francese*? Não é feio *non*. Serve.

Embatucou. Tinha qualquer cousa. Tirou o charuto da boca, ficou olhando para a ponta acesa. Deu um balanço. Decidiu-se.

- Ia *dimenticando* de dizer. O meu filho fará o gerente da sociedade... Sob a minha direção, *si capisce*.

- Sei, sei... O seu filho?

- *Si*. O Adriano. O doutor... *mi pare... mi pare* que conhece ele?

O silêncio do conselheiro desviou os olhos do Cav. Uff. na direção da porta.

- Repito *un'altra vez*: o doutor pense bem.

O Isotta Fraschini esperava-o todo iluminado.

- E então? O que devo responder ao homem?

- Faça como entender, Bonifácio...

Eu acho que devo aceitar.

- Pois aceite...

E puxou o lençol[127].

A outra proposta foi feita de fraque e veio seis meses depois.

---

[126] O emprego metonímico de "capital" (coisa possuída) no lugar de homem ou italiano (seu possuidor) adquire aqui um efeito excelente na caracterização da personagem.

[127] Aqui o autor substituiu o duplo espaçamento em branco para indicar mudança de tempo, empregando a ação de puxar o lençol para mostrar que o casal está na cama, logo já houve mudança de tempo e de espaço.

O Conselheiro José Bonifácio
de Matos e Arruda
e
senhora
têm a honra de participar
a V. Exa. e Exma família o
contrato de casamento de sua
filha Teresa Rita com o Sr
Adriano Melli.
Rua da Liberdade, nº 259-C.

O Cav. Uff. Salvatore Melli
e
senhora
têm a honra de participar
a V. Exa. e Exma família o
o contrato de casamento de seu
filho Adriano com a Senhorinha
Teresa Rita de Matos Arruda.
Rua da Barra Funda, nº 427.

S. Paulo, 19 de fevereiro de 1927.[128]

No chá do noivado o Cav. Uff. Melli na frente de toda a gente recordou à mãe de sua futura nora os bons tempinhos em que lhe vendia cebolas e batatas, Olio di Lucca e bacalhau português, quase sempre fiado e até sem caderneta.[129]

Machado, Antônio de Alcântara - *Novelas Paulistanas*, RJ, Livraria José Olympio Editora, 4ª edição, 1976.

TEXTO 6 - RAUL BOPP

PRINCÍPIO

No princípio era sol sol sol
O Amazonas ainda não estava pronto
As águas atrasadas
derramavam-se em desordem pelo mato
O rio bebia a floresta

Depois veio a Cobra Grande amassou a terra elástica
e pediu para chamar sono
As árvores enfastiadas de sol combinaram silêncio
A floresta imensa chocando um ovo!

Cobra Grande teve uma filha. Ficou moça
Um dia
ela disse que queria conhecer homem
Mas não encontraram rasto de homem

[128] É importantíssimo observar aqui como o autor fragmenta o discurso em pedaços, como azulejos que formam um mosaico. A canção do negro da orquestra é recortado e entre seus fragmentos são inseridos os fragmentos que descrevem cenas do salão e outros que narram o namoro da filha do paulista com o filho do italiano.

[129] No final, se justifica o título em suas duas possíveis interpretações: denotativa, com o paulista unindo-se ao italiano para o negócio do terreno; conotativa, com o casamento dos filhos, associando-se assim o paulista de tradição e o imigrante.

Então
começaram a adivinhar horizontes
e mandaram buscar de muito longe um moço

Ai! que houve festa na floresta!

Mas a filha da Cobra Grande não queria dormir com o noivo
porque naquele tempo não havia noite
A noite estava escondida atrás da selva
dentro de um caroço de tucumã
Ah! então vamos buscar o tucumã
pra dar de presente de casamento

Veio o sapo Jabuti veio também
O camaleão estava esperando sono
A Onça não pôde vir porque tinha emprestado os sapatos

Andaram Andaram

As vozes iam na frente procurando caminho
Desembarcavam árvores Raízes furavam a lama
A floresta crescia

Chô que depois de muito andar chegaram

- Esta é que é a noite?
- Será mesmo a noite?
- Ah! não acredito

Então vamos espiar o que tem dentro

Quando abriram o caroço
houve um estouro imenso
que cobriu tudo de escuro
A floresta inchou
Árvores saíram correndo
Um pedaço da noite entrou na barriga do Sapo.

Então
a filha da Cobra Grande pôde fazer dormezinho com o
noivo

de *Cobra Norato*, extraído de *Antologia da Literatura Brasileira*, de A. Medina Rodrigues e outros, SP, Mardo Editorial, 1979, pp.151-152

TEXTO 7 - CASSIANO RICARDO

LADAINHA

Por se tratar de uma ilha deram-lhe o nome
de ilha de vera Cruz.
Ilha cheia de graça
Ilha cheia de pássaros
Ilha cheia de luz.

Ilha verde onde havia
mulheres morenas e nuas
anhangás a sonhar com histórias de luas
e cantos bárbaros de pajés em poracés batendo os pés.

Depois mudaram-lhe o nome
pra terra de Santa Cruz.
Terra cheia de graça
Terra cheia de pássaros
Terra cheia de luz.
A grande Terra girassol onde havia guerreiros de tanga
e onças ruivas deitadas à sombra das árvores mosqueadas de sol.

Mas como houvesse em abundância,
certa madeira cor de sangue cor de brasa
e como o fogo da manhã selvagem
fosse um brasido no carvão noturno da paisagem,
e como a terra fosse de árvores vermelhas
e se houvesse mostrado assaz gentil,
deram-lhe o nome de Brasil.

Brasil cheio de graça
Brasil cheio de pássaros
Brasil cheio de luz.

De *Martim Cererê*, extraído de *Presença da Literatura Brasileira*, Difel, RJ/SP, 1977, pp.124-125.

MODERNISMO - Segunda fase

I - DATAS LIMITES E DENOMINACÕES

* PORTUGAL: De 1927 a 1940, denominado *Presencismo*, porque a data inicial ficou marcada pela publicação da revista *Presença*, fundada por José Régio e Branquinho da Fonseca.
* BRASIL: De 1930 a 1945, Neo-Realismo ou Geração de 30. O marco inicial pode ser tomado também como o ano de 1928, pois neste ano foi publicada a obra *A Bagaceira*, de José Américo de Almeida, que já apresenta os traços estéticos que caracterizam a segunda fase de nosso Modernismo. O ano de 1930 tornou-se importante tanto pela revolução que colocou Getúlio no poder, quanto pelo lançamento de *O Quinze*, de Rachel de Queiroz, e do primeiro livro de poesia dessa geração: *Alguma Poesia*, de Carlos Drummond de Andrade.

II - CONTEXTO HISTÓRICO

Em 1929, ocorreu a queda da Bolsa de Valores de Nova Iorque, provocando uma crise econômica em todo o mundo capitalista. Muito sofreu, principalmente, o Brasil que tinha, como produto principal de exportação, o café, cujo preço despencou no mercado. Na procura de solução para a crise interna, irrompe a Revolução de 30, que coloca no poder Getúlio Vargas, marcando o fim da República Velha.

São fatos relevantes também a Revolução Constitucionalista, em 1932; o Estado Novo (1937) e a Segunda Guerra Mundial (1939/45). Durante a Era Vargas, duas correntes ideológicas agitaram o país: de um lado o socialismo, liderado por Prestes, e, do outro, o Integralismo, liderado por Plínio Salgado, movimento de inspiração nazi-facista.

III - CARACTERÍSTICAS

PORTUGAL

O segundo momento modernista lusitano, chamado *Presencismo*, é em vários sentidos uma continuidade da primeira fase, tanto que seus maiores expoentes aceitam Fernando Pessoa, Sá-Carneiro e Almada-Negreiros como modelos a serem seguidos.

A luta dos presencistas é mais contra a mediocridade dos autores de seu tempo que parecem ignorar as conquistas já realizadas. Por isso, artistas como José Régio buscam a todo custo a originalidade e fazem críticas à falta de sinceridade. Afirmam a superioridade da "literatura viva" sobre a "literatura livresca" e valorizam o que é espontâneo e individual, que devem prevalecer sobre o social.

BRASIL

A carnavalização cede lugar à seriedade e ao engajamento político-social. As obras literárias da Geração de 30 retomam a postura da estética realista que coloca a obra de arte como arma de combate às injustiças sociais. Dentro desse espírito, valem-se de suas ficções e poemas para fazerem um retrato dos sofrimentos dos oprimidos.
Na segunda fase modernista há um predomínio da prosa regionalista, com nítido destaque para os romances nordestinos.
A poesia apresenta uma variação maior de temas do que a prosa. Nela podemos encontrar a temática religiosa cristã, a denúncia social, o lirismo amoroso, a indagação existencial e metafísica, o humor herdado da primeira fase, assim como imagens inconscientes de inspiração surrealista.

IV - AUTORES

PORTUGAL

1. JOSÉ RÉGIO (1901-1969) foi um dos fundadores da revista *Presença*. Artista que preferiu o isolamento produtivo, independente, às badalações de grupinhos ou igrejinhas. Dedicou-se à poesia, ao conto, ao teatro, ao romance e à crítica. Sua poesia revela uma perquirição metafísica que lembra Antero de Quental e uma veemência declamatória que o aproxima de Guerra Junqueiro. É antológico o seu poema "Cântico Negro". Escreveu, entre outras, *Poemas de Deus e do Diabo*, *Mas Deus é Grande* (poesia); *El-Rei Sebastião*, *A Salvação do Mundo* (teatro); e os romances *Jogo da Cabra-Cega* e *O Príncipe com Orelhas de Burro*.

2. MIGUEL TORGA (1907-?) é o pseudônimo literário do médico Adolfo Correia da Rocha. Pertenceu ao grupo de *Presença*, mas desligou-se da revista em 1930, e fundou com Branquinho da Fonseca as revistas *Sinal* e *Manifesto*. Sua obra é marcada por um profundo sentimento humanista, capaz de tornar líricos os assuntos mais prosaicos. Produziu poesia, teatro e contos. Entre os títulos de sua autoria encontramos: *Ansiedade*, *Rampa*, *Abismo* e *Cântico do Homem* (poesia), *Bichos*, *Montanha* e *Novos Contos da Montanha* (contos); *Sinfonia* e *O Paraíso* (teatro).

3. BRANQUINHO DA FONSECA (1905-1974) dedicou-se à prosa e à poesia, destacando-se principalmente nos contos. Suas narrativas valorizam a introspecção que tanto pode gerar uma densidade lenta e pantanosa como nos contos de *Rio Turvo*, quanto uma densidade trágica e vertiginosa como no conto *O Barão*, que bem merece uma adaptação urgente para teatro ou cinema. Além das obras acima citadas, escreveu *Mar Coalhado* (poesia), *Posição de Guerra* (teatro), *Porta de Minerva* (romance), *Zonas* e *Caminhos Magnéticos* (contos).

4. ADOLFO CASAIS MONTEIRO (1908-1972) nasceu no Porto, mas veio para o Brasil em 1954, onde faleceu. Aqui exerceu a profissão de professor universitário, sem deixar de continuar sua atividade de poeta e crítico. É

através de uma carta de Fernando Pessoa a ele dirigida que temos a mais detalhada explicação sobre a gênese dos heterônimos pessoanos. Escreveu: *Poemas do Tempo Incerto* e *Canto da Nossa Agonia* (poesia), *O Romance e os seus problemas, Estudos sobre a Poesia de Fernando Pessoa* (crítica).

BRASIL

PROSA

1. JOSÉ AMÉRICO DE ALMEIDA (1887-?) além de escritor participou ativamente da vida política brasileira. Pode ser considerado o iniciador da prosa regionalista nordestina moderna. Sua obra-prima, *A Bagaceira*, coloca em cena, através de Lúcio e Soledade, a problemática da seca e das diferenças sociais. Esse romance também pode ser considerado a semente do "ciclo da cana-de-açúcar", cujo maior expoente é José Lins do Rego. Além do romance citado, José Américo escreveu *O Boqueirão* e *Coiteiros*.
2. RAQUEL DE QUEIROZ nasceu em 1910, foi a primeira mulher a conseguir ingressar na Academia Brasileira de Letras e continua ativa, tendo lançado, há não muito tempo, o romance *Memorial de Maria Moura*, que foi adaptado para televisão. Dedicou-se à crônica e ao romance, tendo escrito *João Miguel*, *Caminhos de Pedra*, *As Três Marias*, mas seu romance mais famoso ainda continua sendo o primeiro, *O Quinze*, publicado em 1930, e escrito quando a escritora estava com apenas 19 anos. Nessa obra, a escritora cearense retrata os problemas da família de Cordulina e Chico Bento, migrante por causa da terrível seca que assolou o Ceará em 1915. Rachel escreveu também para o teatro: *Lampião* e *A Beata Maria do Egito*.
3. JOSÉ LINS DO REGO (1901-1957) forma com Jorge Amado a dupla mais popular, ou seja, que conseguiu agradar ao leitor médio, mais interessado no conteúdo, na fábula, na ação registrada em linguagem mais descontraída. José Lins do Rego aproxima-se do contador de casos, principalmente na primeira obra do ciclo da cana-de-açúcar, *Menino de Engenho*, obra que já foi transformada em filme e adaptada para televisão. Sua obra em geral é memorialista, de fundo auto-biográfico, e procura retratar o mundo do engenho em que se criou. Ao mesmo tempo que focaliza o engenho, metonimicamente procura registrar a decadência de uma sociedade patriarcal escravocrata. Através da personagem Carlos, seu alter-ego, mostra o apogeu e a decadência do engenho e dessa sociedade na série: *Menino de Engenho*, *Doidinho*, *Moleque Ricardo*, *Bangüê*, *Usina*. Pertence também ao ciclo da cana-de-açúcar a sua obra-prima *Fogo Morto*, com três personagens maravilhosamente criadas: Coronel Luís César de Holanda Chacon (Lula), Mestre Amaro e Capitão Vitorino Carneiro da Cunha. Este último é uma personagem quixotesca, mas que ao contrário de Lula e Amaro, cresce no decorrer da narrativa. Escreveu ainda: *Pedra Bonita*, *Cangaceiros* e *Riacho Doce*. Este último já foi adaptado para televisão.

4. JORGE AMADO nasceu em 1912 e é um dos raros casos de escritor brasileiro profissional, ou seja, que vive da atividade literária. Melhor que isso, é um caso excepcional de quem conseguiu mesmo enriquecer com essa atividade. É o autor que teve o maior número de obras adaptadas para cinema e TV. Muito editor lutaria para ter o direito de publicar uma próxima obra sua, sem mesmo saber do que se trata. A explicação de seu sucesso, entre outros fatores, pode estar no fato de registrar de modo espontâneo, numa linguagem natural, sem rebuscamentos, as personagens e narrativas que brotam e seguem seu fluxo sem análise psicológica. Corrobora também o seu ecletismo, combinando muitas vezes a idealização e lirismo romântico, com a crítica social realista e a sexualidade naturalista. Tudo isso pode ser encontrado, por exemplo, em *Capitães de Areia*. A Bahia, assim como Pedro Bala, são idealizados. Pedro Bala não é revelado como um moleque de rua típico, um trombadinha, mas um rebelde e revolucionário jovem que parte como quem vai voltar para dirigir um movimento revolucionário, quase um Che Guevara. É também lírico o seu momento de amor com Dora, mas muito naturalista e brutal é sua atuação quando estupra na praia uma empregadinha, obrigando-a a manter com ela relação anal. Destacam-se porém, como obras de grande valor literário, *Mar Morto* e *Velhos Marinheiros*. Esta última contém a maravilhosa e bem humorada narrativa "A Morte e a morte de Quincas Berro d'água". Além das obras citadas, Jorge Amado escreveu: *O País do Carnaval*, *Cacau*, *Suor*, *Jubiabá*, *São Jorge dos Ilhéus*, *Seara Vermelha*, *Os Subterrâneos da Liberdade*, *Os Pastores da Noite*, *Dona Flor e Seus Dois Maridos*, *Tenda dos Milagres*, *Teresa Batista Cansada de Guerra*. Isso para citar só as mais antigas e já consagradas.

5. GRACILIANO RAMOS (1892 - 1953) nasceu em Quebrangulo, interior de Alagoas. É o mais importante escritor desse período. Como os demais, é regionalista e crítico. O que o distingue, então, dos outros? Destaca-se pela psicologia das personagens e pelo apuro da linguagem, que se revela precisa e concisa. Nada há para cortar ou corrigir. Além disso, revela um dosado equilíbrio entre a denúncia social e a análise psicológica, evitando assim o tom panfletário e a densidade ou lentidão fastidiosa. Embora não fosse ativista político, foi preso pela postura crítica, explícita em suas obras, registrando tal fato em *Memórias do Cárcere,* obra inacabada. O cineasta Nelson Pereira dos Santos realizou uma excelente adaptação dessa obra, assim como já fizera com *Vidas Secas*. Além das obras citadas, Graciliano escreveu *Insônia* (contos), *Infância* (memórias), *Alexandre e Outros Heróis* (literatura infantil) e os romances: *Caetés*, *São Bernardo*, *Angústia*.

6. ÉRICO VERÍSSIMO (1905-1975) é também um escritor regionalista, mas apresenta alguma diferença dos já mencionados. É gaúcho, fala de sua terra, mas em várias obras faz isso de modo generalizante, de tal forma que o leitor vai acompanhando a história do Brasil. Por exemplo, em *Incidente em Antares*, vamos acompanhando não apenas a briga das duas famílias gaúchas Campo Largo e Vacariano, mas os governos de Getúlio e Jânio Quadros e a ditadura militar até 1970. Assim também acontece na

trilogia *O Tempo e o Vento* (I - O Continente, II - O Arquipélago, III - O Retrato). Da primeira parte dessa trilogia, destacam-se no gosto popular as narrativas de Ana Terra e do Capitão Rodrigo. A obra de Érico Veríssimo costuma ser dividida em duas fases: Primeira: *Clarissa*, *Música ao Longe*, *Caminhos Cruzados*, *Olhai os Lírios do Campo*, *Saga*, *O Resto é Silêncio*. Segunda: *O Continente*, *O Arquipélago*, *O Retrato*, *O Senhor Embaixador*, *Incidente em Antares*. Escreveu também *Solo de Clarineta* (memórias). Várias de suas obras já foram adaptadas para cinema e televisão.

7. DYONÉLIO MACHADO (1895-?) é gaúcho como Veríssimo e realiza uma obra que se debruça sobre o mundo urbano, voltando-se bastante para o aprofundamento psicológico, embora não deixe de realizar crítica social como se pode perceber nos romances *O Louco do Cati*, e *Os Ratos*. Este último é considerado por Décio Pignatari como uma obra-prima da década de 30. Trata-se do relato das dificuldades de Naziazeno, um pobre funcionário público, pai de família, em sua luta para conseguir o dinheiro suficiente para pagar o leiteiro. Sem isso, terá o fornecimento cortado e verá seu filho sem o precioso alimento. Toda a ação se concentra em apenas 24 horas. Além das obras mencionadas Dyonélio escreveu *Passos Perdidos*, *Os Deuses Econômicos* e *Prodígios*.

POESIA

1. CARLOS DRUMMOND DE ANDRADE (1902-1987) nasceu em Itabira, cidade mineira que fica no quadrilátero ferrífero. Levou, no Rio de Janeiro, uma vida modesta como funcionário público, sempre arredio a reuniões e entrevistas. No final de sua existência, apresentou diversas mudanças. Além de se deixar fotografar, dar entrevistas, teve um amor adúltero, o que escandalizou muita gente. Desse relacionamento amoroso tardio, brotaram poemas eróticos que estão no livro *Amor Natural*. O melhor da poesia de Drummond, no entanto, está na sua obra publicada entre 1930 e 1962. Seus versos raramente falam da amada ou fazem retratos de paisagens belas como na poesia tradicional. Neles encontramos a tentativa de conhecer o homem e escavar o próprio "eu"; a problemática da família e das relações sociais; e, principalmente, a própria poesia. Iniciou, em 1930, com uma poesia de humor, concisa, voltada para o banal cotidiano. Foi a sua primeira fase, que nos faz lembrar Oswald de Andrade. Na década de 40, Drummond voltou-se, motivado pelo momento histórico, para uma poesia engajada, comprometida com a denúncia social. É a sua segunda fase. São desse momento os livros: *José*, *Sentimento do Mundo* e *A Rosa do Povo* (1945), em que podemos encontrar reflexos dos acontecimentos históricos como a guerra, a ditadura e a morte de Mário de Andrade. A terceira fase é marcada principalmente pela retomada das formas tradicionais e de uma poética mais complexa, mais profunda, mais reflexiva, como no livro *Claro Enigma*. Além de poesia, escreveu também crônicas e contos em uma forma tradicional, numa linguagem singela, que muito agrada aos leitores menos exigentes. Entre as suas obras em prosa destacamos *Contos de Aprendiz* e *Cadeira de Balanço*. Além dos livros de

poesia mencionados, vale destacar: *Alguma Poesia* (seu livro de estréia), *Brejo das Almas*, *Fazendeiro do Ar, A Vida Passada a Limpo*, *Lição de Coisas* e *Boitempo*.

2. MURILO MENDES (1901-1975) nasceu em Juiz de Fora, Minas Gerais, e terminou seus dias como professor de Literatura Brasileira na Universidade de Roma. Converteu-se ao catolicismo em 1934, mesclando em seus versos a ideologia cristã, a estética surrealista e a postura socialista. Escreveu com Jorge de Lima a obra *Tempo e Eternidade*. São de sua autoria: *A Poesia em Pânico*, *O Visionário*, *Mundo Enigma*, *Contemplação de Ouro Preto*.

3. JORGE DE LIMA (1895-1953) é de Alagoas, iniciando-se na poesia ainda dentro da estética parnasiana, conforme comprova seu livro de estréia, *XIV Alexandrinos*, que popularizou o soneto *O Acendedor de Lampiões*. Modernizou-se posteriormente, aderindo ao verso livre. Trata de temas de cor local, como nos poemas *Essa Nega Fulô* e *Bangüê*; temas sociais, como *Mulher Proletária*; temas católicos, como *Poema do Cristão*: e temas ligados à negritude, como *Ancila Negra* e *Janaína*. Além do que foi mencionado e de *Tempo e Eternidade* que escreveu com Murilo Mendes, vale citar *Poemas*, *A Túnica Inconsútil* e *Invenção de Orfeu*.

4. CECÍLIA MEIRELES (1901-1964) é uma artista de difícil classificação. Embora tenha publicado sua primeira obra, *Espectros*, em 1919, jamais despertou em alguém o pensamento de inseri-la na literatura pré-modernista, ao lado de Augusto dos Anjos. Sua segunda publicação, *Baladas Para El-Rei*, de 1925, nada apresentou que a inserisse na estética modernista, já que lhe aborreceu o coloquialismo e a carnavalização. Sua poesia é séria, sua linguagem é esmerada e sua sintaxe lusitanizante. Seus versos, geralmente curtos, são fortemente musicais, fazendo lembrar o Simbolismo, tanto quanto sua atração pelo vago e fugidio. Suas três melhores obras, *Viagem* (1939), *Vaga Música* (1942), *Mar Absoluto* (1945), foram publicadas no período da segunda fase modernista. A poesia de Cecília é sempre muito subjetiva, melancólica, doce, falando do vento, do oceano, da saudade, da partida, da solidão. Em uma obra, no entanto, o subjetivismo precisou ficar contido, *Romanceiro da Inconfidência*, pois nesta obra tomou como matéria poética não o seu interior, mas os fatos históricos do século XVIII, período ligado à mineração e à luta da colônia para tentar libertar-se da opressão da metrópole portuguesa. Escreveu ainda *Solombra*, *Retrato Natural* e *Ou Isto ou Aquilo*.

5. VINÍCIUS DE MORAES (1913-1980) foi diplomata, mas como bom carioca, sempre preferiu a vida descontraída dos bares noturnos e acabou trocando a diplomacia pelo samba. Foi um dos responsáveis pela Bossa Nova, com Jobim e João Gilberto. Sua poesia saltou do livro para o disco e assim para a boca do povo. Podemos dizer sem receio de engano que é o mais popular poeta brasileiro do século XX. No início de sua carreira poética apresentava versos longos, com imagens freudianas, marcadas por certa influência católica. São dessa fase as obras *Caminho para a Distância*, *Forma e*

Exegese e *Ariana, a Mulher*. Abandonou depois esse caminho, trocando-o pelo lirismo amoroso e erótico, abordando também, em consonância com seu tempo, a temática social. É muito conhecido seu poema *Operário em construção*. Além da peça de teatro *Orfeu da Conceição*, escreveu os seguintes livros de poesia: *Novos Poemas*, *Cinco Elegias*, *Poemas, Sonetos e Baladas*, *Para Viver um Grande Amor* (poemas e crônicas).

V - ANTOLOGIA

PORTUGAL

TEXTO 1 - JOSÉ RÉGIO

CÁNTICO NEGRO

"Vem por aqui"- dizem-me alguns com olhos doces,
Estendendo-me os braços, e seguros
De que seria bom que eu os ouvisse
Quando me dizem: "vem por aqui"!
Eu olho-os com olhos lassos,
(Há, nos meus olhos, ironias e cansaços)
E cruzo os braços,
E nunca vou por ali...
A minha glória é esta:
Criar desumanidade!
Não acompanhar ninguém.
- Que eu vivo com o mesmo sem-vontade
Com que rasguei o ventre a minha Mãe.

Não, não vou por aí! Só vou por onde
Me levam meus próprios passos...
Se ao que busco saber nenhum de vós responde,
Por que me repetis: "vem por aqui"?
Prefiro escorregar nos becos lamacentos,
Redemoinhar aos ventos,
Como farrapos arrastar os pés sangrentos,
A ir por aí...

Se vim ao mundo, foi
Só para desflorar florestas virgens,
E desenhar meus próprios pés na areia inexplorada!
O mais que faço não vale nada.

Como, pois, sereis vós
Que me dareis machados, ferramentas, e coragem
Para eu derrubar os meus obstáculos?...
Corre, nas vossas veias, sangue velho dos avós,
E vós amais o que é fácil!
Eu amo o Longe e Miragem,

Amo os abismos, as torrentes, os desertos...
Ide! tendes estradas,
Tendes jardins, tendes canteiros,
Tendes pátrias, tendes tetos,
E tendes regras, e tratados, e filósofos, e sábios.
Eu tenho a minha Loucura!
Levanto-a, como um facho, a arder na noite escura,
E sinto espuma, e sangue, e cânticos nos lábios...
Deus e o Diabo é que me guiam, mais ninguém.
Todos tiveram pai, todos tiveram mãe.
Mas eu, que nunca principio nem acabo,
Nasci do amor que há entre Deus e o Diabo.

Ah, que ninguém me dê piedosas intenções!
Ninguém me peça definições!
Ninguém diga: "vem por aqui"!
A minha vida é um vendaval que se soltou.
É uma onda que se alevantou.
É um átomo a mais que se animou...
Não sei por onde vou,
Não sei para onde vou,
- Sei que não vou por aí!

De *Poemas de Deus e do Diabo*, extraído de **Neves**, João Alves das - *Poetas Portugueses Modernos*, RJ, Civilização Brasileira, 1967, pp.80-82.

TEXTO 2 - MIGUEL TORGA

BRASIL

Pátria de emigração
É num poema que te posso ter,
A terra - possessiva inspiração;
E os rios - como versos a correr.

Achada na longínqua meninice,
Perdida na perdida juventude,
Guardei-te como pude
Onde podia:
Na doce quietude
Da forçada represada poesia.

E assim consigo ver-te
Como te sinto:
Na dourada moldura da lembrança.
O retrato da pura imensidade
O que dei a possível semelhança
Com palavras e rimas e saudade.

De *Diário*, 20-1-1957, extraído de **Neves**, João Alves das - *Poetas Portugueses Modernos*, op.cit.

TEXTO 3 - BRANQUINHO DA FONSECA (Fragmento de *O Barão*).

"E lá íamos provando de todos os vinhos. Eram verdadeiras especialidades. "Agora este porto, que tem 96 anos." Destapava e chegava-me ao nariz o gargalo, donde saía um fino aroma. Eu devia estar convencido de que aquelas coisas de tão divino perfume não faziam mal, que, pelo contrário, era absorver néctares do Paraíso. E o Barão falava do Brasil, das florestas do Amazonas, das brasileiras, "as mulheres mais belas do Mundo!" Discordei: "As nórdicas, as inglesas, as alemãs..." Interrompeu com sincero desdém de conhecedor: - "Isso é como salada de alface. Sabe bem com a carne... Eu sou carnívoro... E vejo na mulher, além disso, o meu primeiro inimigo. É a única coisa em que eu e o meu prior somos da mesma opinião... Ora o inimigo deve ser sempre digno de nós... Lutar com gatas, não! Quero ver na minha frente um tigre real! É a vida ou a morte. Atiro-me ao tigre real, rolamos enrolados um no outro, as garras dele a enterrarem-se na minha carne, os meus músculos de aço a vergarem aquele corpo elástico, belo e feroz, a minha força toda a subir-me no sangue!... Ah!..."

Mas eu insisti, sereno:

- Conheço inglesas, conheço alemãs dessas, desses tigres...

- É só a pele, só os olhos e o pêlo... Nisto não há teorias... É preciso ir lá... ir lá com os dentes e com as garras...

E enclavinhou as mãos. Já estávamos ambos embriagados. O Barão ergueu-se, fitou-me e disse, de repente triste:

- Vamos beber por uma mulher.

Levantei-me também. Foi ao tal armário e trouxe uma garrafa de champanhe. Berrou:

- Taças!

E tentava tirar o arame da rolha, sem conseguir. Veio a criada e pôs quatro taças sobre a mesa. O arame não saía. Então bateu com o gargalo da garrafa na borda da mesa e o champanhe jorrou em espuma branca. Reparando que estavam mais taças, com as costas da mão atirou duas da mesa abaixo. Eram de reserva. Porém daquela vez não queria reservas. E ergueu a taça que transbordava. Eu imitei-o, perguntando nebulosamente:

- A que mulher?

- À única!

E bebemos ao mesmo tempo, despejando-as de um trago. Mas com surpresa notei que o Barão tinha ficado subitamente pensativo. Depois, com um gesto solene, atirou o copo ao chão e fitou-me, silencioso. Fiz o mesmo, atirei a taça. Já era tempo de eu saber que ali se partia tudo, desde os violinos aos copos. Com o olhar embaciado e sonâmbulo, fitava-me sem me ver. Mas, como se acordasse de repente, começou a rir, com um riso doloroso e de ironia amarga. Pareceu-me outro homem. Era, na verdade, outro homem, aquele que estava ali agora diante de mim. Não o tinha compreendido, não o tinha *visto* ainda. Olhei-o com simpatia."

Fonseca, Branquinho da - *O Barão*, Portugal, Publicações Europa-América, s.d, pp. 38-40.

TEXTO 4 - ADOLFO CASAIS MONTEIRO

ATO DE CONTRIÇÃO

Pelo que não fiz, perdão!
Pelo tempo que vi, parado,
correr chamando por mim,
pelos enganos que talvez
poupando me empobreceram,
pelas esperanças que não tive
e os sonhos que somente
sonhando julguei viver,
pelos olhares amortalhados
na cinza de sóis que apaguei
com riscos de quem já sabe,
por todos os desvarios
que nem cheguei a conceber,
pelos risos, pelas lágrimas,
pelos beijos e mais coisas,
que sem dó de mim malogrei

- por tudo, vida, perdão!

De *Simples Canção da Terra*, extraído de *Poetas Portugueses Modernos*, op. cit.

BRASIL

PROSA

TEXTO 1 - JOSÉ AMÉRICO DE ALMEIDA

"O ano de 1915 reproduzia os quadros lastimosos da seca.
Eram os mesmos azares do êxodo. A mesma debandada patética. Lares desmantelados; os sertanejos desarraigados do seu sedentarismo.
Passavam os retirantes dessorados, ocos de fome, cabisbaixos como quem vai contanto os passos.
Lúcio sentia gritar-lhe no sangue a solidariedade instintiva da raça.
E organizou a assistência aos mais necessitados.
Abeirou-se, certa vez, uma retirante com o ar de mistério. Trazia um rapazinho pela mão. E recusou a esmola com a fala quebrada:
- Eu só queria saber de quem é este engenho...
- Pois não sabe que é do dr. Lúcio?
Ela empalideceu como se fosse possível ficar mais branca. E deixou caírem os molambos entrouxados.
Apresentou-se na casa-grande sem falar. E, sem nada perguntar, aguardava a resposta.
Intrigado com esse silêncio, o senhor de engenho indagou:
- Que deseja, mulher?

- Eu por mim nada quero, mas este menino está morrendo de fome...
- Pois vá dar de comer ao seu filho! Não precisava vir a mim.
- Ele tem seu sangue...
Cada vez mais enleado, Lúcio não se acusava de um desses contatos fortuitos, de beijos avulsos que frutificam, do único pecado que deixa o remorso vivo.
E não conteve a repulsa:
- Mulher embusteira, se queres que eu te mate a fome...
- O senhor faz isso porque não é seu filho!...
- Pois, se não é meu filho, que quer que lhe faça?
- Quero que dê o que é dele... Esmola eu pediria aos estranhos...
Chegou Pirunga e quase rasgou os olhos de espanto:
- Credo em cruz!...
Reconhecera Soledade pelos cabelos brancos, como a cabeça polvilhada, no dia do crime de Valentim, pela cinza do borralho."

Almeida, José Américo de - *A Bagaceira*, RJ, José Olympio Editora, 1980, p.135

TEXTO 2 - RAQUEL DE QUEIROZ

"Cordulina acordou de seu letargo e voltou-se espantada para o filho, que vinha com aquelas tripas na mão.
- Que é isso, menino?
- É a tripa de uma criação... O papai matou, mas veio o dono tomar, e por milagre ainda deu o fato...
A mãe se levantou do assento, e, trôpega ainda, tomou na mão as vísceras que sangravam:
- Pois, meu filho, vá até aquela casa ver se arranja um tiquinho de água mode consertar e lavar...
O pequeno bateu e pediu água. Na salinha, com a cabra morta sobre uma mesa, o homem gesticulava com fúria, contando a história à mulher; e vendo chegar o menino, voltou-se, feito uma onça:
- Por aqui ainda, seu cachorro? Não tem água coisa nenhuma! Já pra fora! Deviam estar na cadeia! Vamos, já pra fora! Achou pouco o que ainda dei?
Mas às últimas palavras, já Pedro ia longe, assombrado, numa carreira desabalada de cachorro enxotado.
Chegou junto da mãe, chorando de vergonha e de susto:
- O homem botou na gente pra fora, chamando tudo quanto é nome...
*
E num foguinho de garranchos, arranjado por Cordulina com um dos últimos fósforos que trazia no cós da saia, assaram e comeram as tripas, insossas, sujas, apenas escorridas nas mãos."

Queiroz, Rachel de - *O Quinze*, RJ, José Olympio Editora, 1984, p. 49-50

TEXTO 3 - JOSÉ LINS DO REGO (Fragmentos de *Fogo Morto*)

"O seco Capitão Tomás quando pronunciava este nome molhava os olhos de lágrimas. Agora viera para visitá-lo o filho único de Antônio Chacon, que morrera com as armas na mão, cercado de tropa, ao lado dos Afonsos de Japaranduba. Era um rapaz cerimonioso, de boa aparência, trato fino. Chamou-o logo de Lula, e quis que fosse tratado em sua casa como um filho. D. Amélia engraçou-se do primo. Agora o piano tinha mais sentimento, as varsovianas soluçavam, os dedos da moça eram mais leves. O primo calado, no sofá, escutava a artista que caprichava nas valsas. A mãe, orgulhosa da filha, abandonava mais a cozinha para fazer sala à visita. O primo Lula tinha aquela barba negra de estampa, de olhos azuis, o ar tristonho, a fala mansa., A velha olhava-o para sentir bem o genro que viera de longe para fazer de Amélia uma criatura feliz. Nunca aquele piano falara com tanto sentimento. Amélia dedilhava como uma fada: o capitão ficava em silêncio, escutando a filha, que dava a sua alma ao primo Lula, nas músicas do coração que tocava. Quando Luís César de Holanda Chacon marcou o dia da viagem, o Capitão Tomás esperou o pedido à mão de sua filha. (p.127)

(...)

"Era uma carta do primo Lula pedindo-lhe a mão de Amélia em casamento.

- Mariquinha - gritou - anda cá. É o pedido do primo Lula. A tua filha vai se casar.

Havia uma enorme alegria na efusão do capitão. Chamou a filha e não teve coragem de falar-lhe, deu a carta para ler. Amélia encheu os olhos de lágrimas e abraçou-se com a mãe. Todas as duas choravam. O capitão saiu para o terreiro da casa-grande. Nuvens de tanajuras caíam no chão, a terra molhada, os partidos acamando na várzea, o moleque Domingos no tronco, o Santa Fé, firme, sem dever nada a ninguém, moeda de ouro enterrada debaixo da cama, e agora Amélia para se casar. Olhou o tempo. Tinha a pobre da Olívia trancada num quarto em Recife. (p.131)

(...)

"O mestre estava caído, perto da tenda, com a faca de cortar sola enterrada no peito.

- Estava morto, capitão.

- Morto? - gritou Vitorino. - O meu compadre José Amaro morto?

A velha Adriana, como uma lesa, não sabia o que dizer. Vitorino abraçou-se com ela:

- Minha velha, o compadre se matou.

E dos olhos do velho correram lágrimas. Chorava com José Passarinho, com a sua mulher Adriana. E fazendo uma força tremenda, enxugando as lágrimas com a manga do paletó velho, foi dizendo:

- Vou cuidar do defunto, Adriana; eu vou na frente com Passarinho. Vê se tem um roupa nova minha para vestir o compadre que deve estar desprevenido.

- Não precisa não, ele não tem aquele terno que Luís trouxe do Rio?

- É verdade.

E saíram. Lá da estrada, quando deram a volta, viram a fumaça do bueiro do Santa Rosa melando o céu azul.

- O Santa Rosa botou hoje?

- É, capitão.

Foram andando.
- Me esqueci de dizer a Adriana para ela trazer umas botinas novas que o Augusto do Oiteiro me deu, para calçar no compadre.
- É, capitão.
Agora viam o bueiro do Santa Fé. Um galho de jitirana subia por ele. Flores azuis cobriam-lhe a boca suja.
- E o Santa Fé quando bota, Passarinho?
- Capitão, não bota mais, está de fogo morto."

Rego, José Lins do - *Fogo Morto*, RJ, José Olympio Editora, 1989. (pp. 260-261).

TEXTO 4 - JORGE AMADO

"- Vou voltar... - anunciou Nacib.
- Tão cedo...
- Nem podia ter vindo...
Os braços de Gabriela cingiram-lhe as pernas, prendendo-o. Nunca a tivera de dia, fora sempre de noite. Queria levantar-se, ela o retinha, calada e agradecida.
- Vem cá... Aqui mesmo...
Arrastou-a consigo. Era a primeira vez que ia possuí-la em seu quarto de dormir, em seu leito, como se ela fosse sua mulher e não sua cozinheira. Quando lhe arrancou o vestido de chita e o corpo nu rolou convidativo na cama, enxutas nádegas, duros seios, quando ela tomou sua cabeça e beijou-lhe os olhos, ele lhe perguntou e era a primeira vez que o fazia:
- Me diga uma coisa: tu me quer bem?
Ela riu no canto do pássaro, era um trinado só:
- Moço bonito... Gosto é demais...
Estava sentida, aquela história das idas ao bar. Por que fazê-la sofrer, não lhe dizer a verdade?
- Ninguém reclamou tuas idas no bar. Sou eu que não quero. Vivo triste é por isso. Todo mundo te fala, dizem besteira, pegam tua mão, só faltam te agarrar ali mesmo, te derrubar no chão...
Ela riu, achando engraçado:
- Importa não... Não ligo pra eles...
- Não liga mesmo?
Gabriela o puxou para si, mergulhando-o nos seios. Nacib murmurou: Bié... E em sua língua de amor, que era o árabe, lhe disse a tomá-la: "De hoje em diante és Bié e essa é tua cama, aqui dormirás. Cozinheira não és apesar de cozinhares. És a mulher desta casa, o raio de sol, a luz do luar, o canto dos pássaros. Te chamas Bié..."
- Bié é nome de gringa? Me chame Bié, fale mais nessa língua... Gosto de ouvir.
Quando Nacib partiu, ela sentou-se ante a gaiola. Seu Nacib era bom, pensava ela, tinha ciúmes. Riu, enfiando o dedo por entre as grades, o pássaro assustado a fugir. Tinha ciúmes, que engraçado... Ela não tinha, se ele sentisse vontade podia ir com outra."

Amado, Jorge - *Gabriela, Cravo e Canela*, RJ, Editora Record, s/d., p. 206

TEXTO 5 - GRACILIANO RAMOS

"Abriu os olhos a custo. Agora havia uma grande escuridão, com certeza o sol desaparecera.

Os chocalhos das cabras tilintaram para os lados do rio, o fartum do chiqueiro espalhou-se pela vizinhança.

Baleia assustou-se. Que faziam aqueles animais soltos de noite? A obrigação dela era levantar-se, conduzi-los ao bebedouro. Franziu as ventas, procurando distinguir os meninos. Estranhou a ausência deles.

Não se lembrava de Fabiano. Tinha havido um desastre, mas Baleia não atribuía a esse desastre a impotência em que se achava nem percebia que estava livre de responsabilidades. Uma angústia apertou-lhe o pequeno coração. Precisava vigiar as cabras: àquela hora cheiros de suçuarana deviam andar pelas ribanceiras, rondar as moitas afastadas. Felizmente os meninos dormiam na esteira, por baixo do caritó onde sinha Vitória guardava o cachimbo.

Uma noite de inverno, gelada e nevoenta, cercava a criaturinha. Silêncio completo, nenhum sinal de vida nos arredores. O galo velho não cantava no poleiro, nem Fabiano roncava na cama de varas. Estes sons não interessavam Baleia, mas quando o galo batia as asas e Fabiano se virava, emanações familiares revelavam-lhe a presença deles. Agora parecia que a fazenda se tinha despovoado.

Baleia respirava depressa, a boca aberta, os queixos desgovernados, a língua pendente e insensível. Não sabia o que tinha sucedido. O estrondo, a pancada que recebera no quarto e a viagem difícil do barreiro ao fim do pátio desvaneciam-se no seu espírito.

Provavelmente estava na cozinha, entre as pedras que serviam de trempe. Antes de se deitar, sinha Vitória retirava dali os carvões e a cinza, varria com um molho de vassourinha o chão queimado, e aquilo ficava um bom lugar para cachorro descansar. O calor afugentava as pulgas, a terra se amaciava. E, findos os cochilos, numerosos preás corriam e saltavam, um formigueiro de preás invadia a cozinha.

A tremura subia, deixava a barriga e chegava ao peito de Baleia. Do peito para trás era tudo insensibilidade e esquecimento. Mas o resto do corpo se arrepiava, espinhos de mandacaru penetravam na carne meio comida pela doença.

Baleia encostava a cabecinha fatigada na pedra. A pedra estava fria, certamente sinha Vitória tinha deixado o fogo apagar-se muito cedo.

Baleia queria dormir. Acordaria feliz, num mundo cheio de preás. E lamberia as mãos de Fabiano, um Fabiano enorme. As crianças se espojariam com ela, rolariam com ela num pátio enorme, num chiqueiro enorme. O mundo ficaria todo cheio de preás, gordos, enormes."

Ramos, Graciliano - *Vidas Secas*, RJ, Editora Record, 1983, pp. 89-91

TEXTO 6 - ÉRICO VERÍSSIMO

"Tinha um violão a tiracolo; sua espada, apresilhada aos arreios, rebrilhava ao sol daquela tarde de outubro de 1828 e o lenço encarnado que trazia ao pescoço esvoaçava no ar como uma bandeira. Apeou na frente da venda do Nicolau, amarrou o alazão no tronco dum cinamomo, entrou arrastando as esporas, batendo na coxa direita com o rebenque, e foi logo gritando, assim com ar de velho conhecido:

- Buenas e me espalho! Nos pequenos dou de prancha e nos grande dou de talho!

Havia por ali uns dois ou três homens, que o miraram de soslaio sem dizer palavra. Mas dum canto da sala ergueu-se um moço moreno, que puxou a faca, olhou para Rodrigo e exclamou:

- Pois dê!

Os outros homens afastaram-se como para deixar a arena livre, e Nicolau, atrás do balcão começou a gritar:

- Aqui dentro não! Lá fora!

Rodrigo, porém, sorria, imóvel, de pernas abertas, rebenque pendente do pulso, mãos na cintura, olhando para o outro com um ar que era ao mesmo tempo de desafio e simpatia.

- Incomodou-se amigo? - perguntou, jovial, examinando o rapaz de alto a baixo.

- Não sou de briga, mas não costumo agüentar desaforo.

- Oôi bicho bom!

Os olhos de Rodrigo tinham uma expressão cômica.

- Essa sai ou não sai? - perguntou alguém do lado de fora, vendo que Rodrigo não desembainhava a adaga. O recém-chegado voltou a cabeça e respondeu calmo:

- Não sai. Estou cansado de pelear. Não quero puxar arma pelo menos por um mês. - Voltou-se para o homem moreno e, num tom sério e conciliador, disse:

- Guarde a arma, amigo.

O outro, entretanto, continuou de cenho fechado e faca em punho. Era um tipo indiático, de grossas sobrancelhas negras e zigomas salientes.

- Vamos, companheiro - insistiu Rodrigo. - Um homem não briga debalde. Eu não quis ofender ninguém. Foi uma maneira de falar...

Depois de alguma relutância o outro guardou a arma, meio desajeitado, e Rodrigo estendeu-lhe a mão, dizendo:

- Aperte os ossos.

O caboclo teve uma breve hesitação, mas por fim, sempre sério, apertou a mão que Rodrigo lhe oferecia.

- Agora vamos tomar um trago - convidou este último.

- Mas eu pago - disse o outro.

Tinha lábios grossos, dum pardo avermelhado e ressequido.

- O convite é meu.

- Mas eu pago - repetiu o caboclo.

- Está bem. Não vamos brigar por isso.
Aproximaram-se do balcão.
- Duas caninhas! - pediu Rodrigo.
Nicolau olhava para os dois homens com um sorriso desdentado na cara de lua cheia, onde apontava uma barba grossa e falha.
- É da boa - disse ele, abrindo uma garrafa de cachaça e enchendo dois copinhos."

De *O Continente*, extraído de *Um Certo Capitão Rodrigo*, de Érico Veríssimo, Porto Alegre, Editora Globo, 1980, pp.2-3

POESIA

TEXTO 1 - CARLOS DRUMMOND DE ANDRADE

O ELEFANTE

Fabrico um elefante
de meus poucos recursos.
Um tanto de madeira
tirado a velhos móveis
talvez lhe dê apoio.
E o encho de algodão,
de paina, de doçura.
A cola vai fixar
suas orelhas pensas.
A tromba se enovela,
é a parte mais feliz
de sua arquitetura.
Mas há também as presas,
dessa matéria pura
que não sei figurar.

Tão alva essa riqueza
a espojar-se nos circos
sem perda ou corrupção.
E há por fim os olhos,
onde se deposita
a parte do elefante
mais fluida e permanente,
alheia a toda fraude.

Eis meu pobre elefante
pronto para sair
à procura de amigos
num mundo enfastiado
que já não crê nos bichos
e duvida das coisas.
Ei-lo massa imponente
e frágil, que se abana
e move lentamente
a pele costurada
onde há flores de pano
e nuvens, alusões
a um mundo mais poético
onde o amor reagrupa
as formas naturais.

Vai o meu elefante
pela rua povoada,
mas não o querem ver
nem mesmo para rir
da cauda que ameaça
deixá-lo ir sozinho.
É todo graça, embora
as pernas não ajudem
e seu ventre balofo
se arrisque a desabar
ao mais leve empurrão.
Mostra com elegância
sua mínima vida,
e não há na cidade
alma que se disponha
a recolher em si
desse corpo sensível
a fugitiva imagem,
o passo desastrado
mas faminto e tocante.

Mas faminto de seres
e situações patéticas,
de encontros ao luar,
No mais profundo oceano,
sob a raiz das árvores
ou no seio das conchas,
de luzes que não cegam
e brilham através
dos troncos mais espessos,
esse passo que vai
sem esmagar as plantas
à procura de sítios,
segredos, episódios
não contados em livro,
de que apenas o vento,
as folhas, a formiga
reconhecem o talhe,
mas que os homens ignoram,
pois só ousam mostrar-se
sob a paz das cortinas
à pálpebra cerrada.

E já tarde da noite
volta meu elefante,
mas volta fatigado,
as patas vacilantes
se desmancham no pó.
Ele não encontrou
o de que carecia,
o de que carecemos,
eu e meu elefante,
em que amo disfarçar-me.
Exausto de pesquisa,
caiu-lhe o vasto engenho
como simples papel.
A cola se dissolve
e todo seu conteúdo
de perdão, de carícia,
de pluma, de algodão,
jorra sobre o tapete,
qual mito desmontado.
Amanhã recomeço.

Andrade, Carlos Drummond de - *A Rosa do Povo*, RJ, editora Record, 1991, pp.104-107.

TEXTO 2 - MURILO MENDES

PRÉ-HISTÓRIA

Mamãe vestida de rendas
Tocava piano no caos.
Uma noite abriu as asas
Cansada de tanto som
Equilibrou-se no azul,
De tonta não mais olhou
Para mim, para ninguém!
Cai no álbum de retratos.

Extraído de *Presença da Literatura Brasileira*, **Cândido,** Antônio e J. Aderaldo Castello, SP, Dif. Européia do Livro, 1971, p.185.

TEXTO 3 - JORGE DE LIMA

O GRANDE CIRCO MÍSTICO

O médico de câmara da imperatriz Teresa - Frederico Knieps
resolveu que seu filho também fosse médico,
mas o rapaz fazendo relações com a equilibrista Agnes,
com ela se casou, fundando a dinastia do circo Knieps
de que tanto se tem ocupado a imprensa.
Charlote, filha de Frederico, se casou com o claune,
do que nasceram Marie e Oto.

E Oto se casou com Lily Braun, a grande deslocadora
que tinha no ventre um santo tatuado.
A filha de Lily Braun - a tatuada no ventre,
quis entrar para um convento,
mas Oto Frederico Knieps não atendeu,
e Margarete continuou a dinastia do circo
de que tanto se tem ocupado a imprensa.
Então, Margarete tatuou o corpo
sofrendo muito por amor de Deus,
pois gravou em sua pele rósea
a Via-Sacra do Senhor dos Passos.
E nenhum tigre a ofendeu jamais;
e o leão Nero que já havia comido dois ventríloquos,
quando ela entrava nua pela jaula adentro,
chorava como um recém-nascido.
Seu esposo - o trapezista Ludwig nunca mais a pôde amar,
pois as gravuras sagradas afastavam
a pele dela e o desejo dele.
Então o boxeur Rudolf que era ateu
e era homem-fera derrubou Margarete e a violou.
Quando acabou, o ateu se converteu, morreu.
Margarete pariu duas meninas que são o prodígio do Grande Circo Knieps.
Mas o maior milagre são as suas virgindades
em que os banqueiros e os homens de monóculos têm esbarrado;
são as suas levitações que a platéia pensa ser truque;
é a sua pureza em que ninguém acredita;
são as suas mágicas em que os simples dizem que há o diabo;
mas as crianças crêem nelas, são seus fiéis, seus amigos, seus devotos.
Marie e Helène se apresentam nuas,
dançam no arame e deslocam de tal forma os membros
que parece que os membros não são delas.
A platéia bisa coxas, bisa seios, bisa sovacos.
Marie e Helène se repartem todas,
se distribuem pelos homens cínicos,
mas ninguém vê as almas que elas conservam puras.
E quando atiram os membros para a visão dos homens,
atiram as almas para a visão de Deus.
Com a verdadeira história do Grande Circo Knieps
muito pouco se tem ocupado a imprensa.

De *Tempo e Eternidade*, extraído de *Jorge de Lima - poesia*, coleção Nossos Clássicos, RJ, Livraria Agir Editora, 1963, pp.65-66

TEXTO 4 - CECÍLIA MEIRELES

ROMANCE XXXIV OU
DE JOAQUIM SILVÉRIO

Melhor negócio que Judas
fazes tu, Joaquim Silvério:
que ele traiu Jesus Cristo,
tu trais um simples Alferes.
Recebeu trinta dinheiros...
- e tu muitas coisas pedes:
pensão para toda a vida,
perdão para quanto deves,
comenda para o pescoço,
honras, glórias, privilégios.
E andas tão bem na cobrança
que quase tudo recebes!

Melhor negócio que Judas
fazes tu, Joaquim Silvério!
Pois ele encontra remorso,
coisa que não te acomete.
Ele topa uma figueira,
tu calmamente envelheces,
orgulhoso e impenitente,
com teus sombrios mistérios.
(Pelos caminhos do mundo,
nenhum destino se perde:
há os grandes sonhos dos homens,
e a surda força dos vermes.)

Meireles, Cecília - *Romanceiro da Inconfidência*, RJ, Editora Letras e Artes, 1965, p. 89

TEXTO 5 - VINÍCIUS DE MORAIS

A QUE VEM DE LONGE

A minha amada veio de leve
A minha amada veio de longe
A minha amada veio em silêncio
Ninguém se iluda.

A minha amada veio da treva
Surgiu da noite qual dura estrela
Sempre que penso no seu martírio
Morro de espanto.

A minha amada veio impassível
Os pés luzindo de luz macia
Os alvos braços em cruz abertos
Alta e solene.

Ao ver-me posto, triste e vazio
Num passo rápido a mim chegou-se
E com singelo, doce ademane
Roçou-me os lábios.

Deixei-me preso ao seu rosto grave
Preso ao seu riso, no entanto ausente
Inconsciente de que chorava
Sem dar-me conta.

Depois senti-lhe o tímido tato
Dos lentos dedos tocar-me o peito
E as unhas longas se me cravarem
Profundamente.

Aprisionado, num só meneio
Ela cobriu-me de seus cabelos
E os duros lábios no meu pescoço
Pôs-se a sugar-me.

Muitas auroras transpareceram
Do meu crescente ficar exangue
Enquanto a amada suga-me o sangue
Que é a luz da vida.

Moraes, Vinícius de - *Vinícius - Antologia Poética*, RJ, Livraria José Olympio Editora, 1984, pp.191-192

MODERNISMO - Terceira fase

I - DATAS INICIAIS

Em Portugal, inicia-se o terceiro momento modernista em 1940, com a publicação do romance *Gaibéus*, de Alves Redol, e estende-se até os dias atuais. Esta fase é conhecida como Neo-Realismo, porque muitos escritores, como Alves Redol, seguem os parâmetros dos escritores brasileiros da Geração de 30.
No Brasil, tomamos como inicial o ano de 1945, marcado pelo fim da Segunda Grande Guerra, queda de Getúlio e publicação de *O Engenheiro*, de João Cabral de Melo Neto. Estende-se até os dias atuais. Essa fase recebe geralmente a denominação “Geração de 45” ou “Tendências Contemporâneas”.

II - CONTEXTO HISTÓRICO

Alguns fatos históricos importantes que devemos recordar: o fim do conflito mundial (1945) e início da guerra fria; a queda de Getúlio Vargas (1945) e o início da redemocratização do país.
Em 1949, aconteceu a Revolução Chinesa, e, em 1959, a Revolução Cubana.
Em 1954, o país em crise mais se abala com o suicídio de Getúlio Vargas. Juscelino constrói Brasília e introduz no Brasil a indústria automobilística. Segue-se a eleição e renúncia de Jânio Quadros, governo de João Goulart, e sua derrubada com o início da ditadura militar, em 1964, com os militares e a censura vigorando até a década de 80, quando começa o processo de abertura e conseqüente volta do processo de redemocratização do país.

III - CARACTERÍSTICAS

PORTUGAL

A literatura portuguesa desse período procura adotar os traços estéticos da ficção norte-americana, principalmente de John Steinbeck, Sinclair Lewis, H. G. Carlisle e Ernest Hemingway. Seguem igual atitude com relação à narrativa brasileira da década de 30, notadamente de escritores como Jorge Amado, Graciliano Ramos, Lins do Rego, Rachel de Queiroz e José Américo de Almeida.
Dentro dessa perspectiva procuram denunciar a problemática sócio-econômica e a luta de classes, numa postura objetiva e realista, revelando simpatia para com os humildes, injustiçados e marginalizados, retratando seus sofrimentos e suas lutas inglórias.
Pode-se notar ainda na organização dos textos uma influência da estruturação cinematográfica.
Os escritores posicionam-se contra a preocupação com a metafísica e a psicologização na obra de arte e a favor de sua humanização pelo neo-realismo.
BRASIL

Na literatura brasileira encontramos uma Investigação profunda do "eu", introspecção, que revela certo hermetismo, e uma certa despreocupação com o

enredo, com a trama, com diminuição da importância do espaço externo e conseqüente valorização do espaço interior, das angústias e anseios existenciais.
Paralelamente, encontramos também uma retomada do regionalismo, mas sem sua conotação política, voltando-se mais para uma universalização daquilo que era regional e particular.
Há uma ampliação do número de autores e obras assim como das características, que ainda precisam ser devidamente estudas, o que não é fácil por ser um momento muito próximo de nossas vidas, e por não haver, na política cultural de nossos governos um interesse em aplicar ou investir nessa área do conhecimento humano.

IV - AUTORES

PORTUGAL

1. FERREIRA DE CASTRO (1898-1974) nasceu no distrito de Aveiro, em Portugal, mas viveu no Brasil, na Amazônia, onde trabalhou como seringueiro. Volta a Portugal, dando continuidade a seu trabalho de escritor, a que já tinha dado início em Belém do Pará. Sua obra, tenha como cenário o Brasil, ou Portugal, sempre dirige seu foco para as classes oprimidas em luta contra uma vida moderna no que tem de injusta, cuja organização social não prevê um lugar para os humildes, nem se sensibiliza com problemas deles. Escreveu: *Emigrantes*, *A Selva*, *Eternidade*, *Terra Fria*, *A Tempestade*, *A Lã e a Neve*, *A Missão*, *Instinto Supremo*.

2. ALVES REDOL (1911-1969) é considerado o iniciador da estética neo-realista em Portugal, com seu romance *Gaibéus*, em que se pode estabelecer um paralelo entre os sertanejos nordestinos, assolados pela miséria e pela seca; e os sofridos camponeses, denominados *gaibéus*, que são tratados como se fossem servos das glebas medievais. Escreveu, além da obra citada, *Marés*, *Avieiros*, *Fanga*, *Anúncio*, *Porto Manso*, *Horizonte Cerrado*, *Os Homens e as Sombras*, *Vidima de Sangue*, *Olhos de Água*, *Cavalo Espantado*, e várias outras incluindo teatro.

3. FERNANDO NAMORA (1919-?) formou-se em Medicina, e, inicialmente, dedicou-se tanto à Literatura quanto às suas atividades de médico, mas com o passar do tempo foi deixando mais tempo para seu trabalho de escritor, até que essa atividade passou a ser exclusiva. Foi um escritor polígrafo, dedicando-se a diversos gêneros: poesia, conto, romance, crônica e biografia. Suas narrativas iniciais valorizavam mais a análise psicológica, num trabalho de continuidade às posições estéticas da revista *Presença*, como *Fogo na Casa Escura*; mas logo influenciado pela linha neo-realista, passou a concentrar sua atenção nos dramas sociais, realizando uma obra política de denúncia das injustiças, como em *Casa da Malta*. Finalmente, retorna à sua preocupação com o interior do homem, voltando à sua pesquisa psicológica, atingindo agora o melhor de sua obra em *O Homem Disfarçado*, que narra a trajetória de um médico do interior, que, no seu anseio de adquirir fama e riqueza, vai desagregando-se e decaindo interiormente, fazendo-nos lembrar um pouco a trajetória de Paulo Honório, personagem criada por Graciliano Ramos. Escreveu, entre outras, *Mar de*

Sargaços (poesia), *Domingo à Tarde* (romance), *Cidade Solitária* (conto), *Deuses e Demônios da Medicina* (biografia) e *Diálogo em Setembro* (crônica).

4. VERGÍLIO FERREIRA (1916-?) formou-se em Filosofia Clássica e dedicou-se ao magistério e à sua carreira de escritor, revelando-se como romancista e ensaísta. Sua obra de maior destaque foi o romance *Aparição*, que mereceu, em 1959, o "Prêmio Camilo Castelo Branco". Escreveu ainda os romances: *Cântico Final*, *Estrela Polar*, *Apelo da Noite*, *Alegria Breve* e o livro de contos *A Face Sangrenta*.

5. MÁRIO CESARINY DE VASCONCELOS (1923-?) estudou música e artes plásticas, dedicou-se ao jornalista e é considerado um dos artistas mais importantes do Surrealismo em Portugal. Algumas de suas obras literárias: *Corpo Visível*, *Louvor e Simplificação de Álvaro de Campos*, *Manual de Prestidigitação*, *Pena Capital*.

6. AGUSTINA BESSA-LUÍS também nasceu em 1923 e iniciou-se na vida literária com o romance *Mundo Fechado*, em 1948. Destacou-se a partir da obra *A Sibila*, que mereceu dois prêmios: "Prêmio Delfim Guimarães" e "Prêmio Eça de Queirós". Escreveu ainda: *O Super-Homem*, *Contos Impopulares*, *A Muralha*, *O Susto*, e várias outras.

7. CARLOS DE OLIVEIRA nasceu no Brasil, em 1921, em Belém do Pará, mas ainda criança foi para Portugal, onde se integrou à vida cultural, dedicando-se principalmente à ficção neo-realista, mas é também um lírico, tendo escrito os seguintes livros de poesia: *Turismo*, *Mãe Pobre*, *Colheita Perdida*, *Descida aos Infernos*, *Terra de Harmonia*, *Cantata*. Seus romances mais conhecidos são: *Uma Abelha na Chuva* e *Pequenos Burgueses*.

BRASIL

1. JOÃO GUIMARÃES ROSA (1908-1967) nasceu em Cordisburgo, Minas Gerais, região de pecuária. Foi médico, diplomata e um autodidata no estudo de línguas. O seu conhecimento de latim, grego, tupi e diversas línguas anglo-germânicas e neo-latinas, muito contribuiu para a renovação da linguagem literária. Consciente da necessidade de um rejuvenescimento da linguagem, Rosa disse certa vez: "O uso desgasta o poder expressivo das palavras. As palavras se tornam clichês e perdem sua poesia. Cada autor, se quiser executar a sua tarefa, tem de usar cada palavra como se ela estivesse acabando de nascer. Revitalizar a palavra e, se necessário, criar o seu próprio vocabulário é tarefa do autor." O que Guimarães Rosa realizou em suas narrativas foi uma verdadeira alquimia verbal, transformando em ouro brilhante e único a língua que, em outro escritor, talvez, fosse apenas regional. Regionalista, mas não político como os escritores da década de 30, trabalha a cor local, mas não de modo ornamental como Alencar, e sim de um modo universalizante, próprio, que ainda não encontrou par em nossa literatura. Para criar sua linguagem própria, Guimarães valeu-se de recursos poéticos como aliteração, assonância, coliteração e diversas outras figuras de linguagem (como a silepse), enriquecendo sua frase e eliminando a linha divisória entre a prosa e a poesia.

Veja, abaixo, alguns exemplos dessas técnicas empregadas na obra *No Urubuquaquá, no Pinhém*. Empregamos, para citação, a publicação da Editora Nova Fronteira, 7a edição, RJ, 1984.

- **Neologismos**:"Exclamouzão" (p.36), gaviãoão, compalavrados (p.64). "A lua havia, grandada, clara.", "recongraça" (p.71), "alemão-rana", isto é, alemoado, já que "rana" vem do tupi e significa "parecido com" ou "semelhante a".
- **Arcaísmos**: "Fremosura", no lugar de formosura (p.34); "esquipou", isto é, foi-se embora às pressas.
- **Regionalismo**: "Esbarrou de tocar", isto é, parou de tocar. (p.53)
- **Onomatopéia**: "dladlava, dlandoava" (bater do sino), "**pinh'nhé**!", representação do grito do gavião.(p.34).
- **Aliteração**: "Ou o frade frei Sinfrão", (p.16), "piam pingos", "a toada tarda"(p.71). "sussurro sem som" (p.74)
- **Prosopopéia**: "A cantiga adormeceu." (p.71)

Guimarães Rosa foi um excelente contista, tendo escrito *Sagarana*, *Tutaméia*, *Primeiras Estórias*, *Estas Estórias*; um romance, *Grande Sertão: Veredas*; e *Corpo de Baile* (novelas), que foi posteriormente dividido em *Noites do Sertão*, *Manuelzão e Miguilim*, e *No Urubuquaquá, no Pinhém*. Uma curiosidade a seu respeito é o fato de ter realizado um livro de poesia, *Magma*, premiado pela Academia Brasileira de Letras, mas até hoje inédito por solicitação do autor.

2. CLARICE LISPECTOR (1925-1977) nasceu na Ucrânia, mas veio para o Brasil com apenas dois meses de idade. Surpreendeu a crítica por escrever ainda muito jovem (tinha 19 anos) seu primeiro romance, *Perto do Coração Selvagem*, que fugia aos pressupostos estéticos vigentes naquela época: regionalismo e compromisso político. Ao contrário dessa tendência, Clarice revelava uma preocupação com a geografia interior, partindo para uma introspecção, para um mergulho no mais íntimo do ser, que rompe com a narrativa tradicional e chega ao clímax em *Água Viva*, e em *A Paixão Segundo GH*, onde desaparece a trama, o enredo. Nessas obras, o leitor não encontra personagens que se relacionam, mas apenas uma voz que fala, como num poema, e que deixa correr seu pensamento, seus sentimentos, suas reflexões, suas sensações, numa magia que parte do banal cotidiano, mas dele escapa, atingindo uma rara epifania. Por isso, talvez, o crítico Alfredo Bosi, denominou esse tipo de obra de “romances de tensão transfigurada”. Além das obras citadas, Clarice escreveu os livros de contos: *Laços de Família*, *A Legião Estrangeira*, *Felicidade Clandestina*. São seus também os romances: *O Lustre*, *A Cidade Sitiada*, *A Maçã no Escuro*, e *A Hora da Estrela*.

3. JOÃO CABRAL DE MELO NETO (1920-) é de Pernambuco e trabalhou durante muitos anos no corpo diplomático brasileiro, em diversos países, principalmente na Espanha. Atualmente está aposentado. Seus versos revelam cuidado formal e uma grande preocupação com a técnica. A emoção é sempre contida e a economia, ou concisão, sempre valorizada. Entre a sua temática encontramos o sertão pernambucano, o homem nordestino, a Espanha, o esporte (tourada, futebol), a arte e a própria poesia. Em geral, quando valoriza

um toureiro (Manolete) ou um futebolista (Ademir da Guia), é porque eles são concisos e precisos. Portanto, ora implícita, ora explicitamente, o poeta está valorizando o seu ideal em poesia. Sua obra mais popular ainda é *Morte e Vida Severina*, que foi transposta para o palco, pela primeira vez, pelo TUCA[130], com música de Chico Buarque. Posteriormente, passou para várias e incontáveis encenações em todo o Brasil. A obra conta a trajetória de um nordestino, Severino, que migra da Serra da Costela, limite da Paraíba, até Recife, vendo só seca, morte e miséria por onde passa. João Cabral escreveu *O Engenheiro*, *O Cão sem Plumas*, *Duas Águas*, *A Educação pela Pedra*, *Escola das Facas*, entre outras.

IV - ANTOLOGIA

PORTUGAL

TEXTO 1 - FERREIRA DE CASTRO

"E por toda a parte o silêncio. Um silêncio sinfônico, feito de milhões de gorjeios longínquos, que se casavam ao murmúrio suavíssimo da folhagem, tão suave que dir-se-ia estar a selva em êxtase.

Às vezes, era certo, um imprevista e pânica restolhada de folhas e asas levava Alberto a parar e a agarrar-se, instintivamente, ao braço do companheiro.

- É uma inhambu - explicava Firmino, sorrindo.

Mais adiante, um lagarto, correndo repentinamente sobre a folhagem morta, de novo o galvanizava.

Mas o silêncio volvia. E, com ele, uma longa, uma indecifrável expectativa. Dir-se-ia que a selva, como uma fera, aguardava há muitos milhares de anos a chegada de uma presa maravilhosa e incognoscível.

Passavam, no ar, bandos palradores de papagaios e maracanãs; agora e logo o grito agudo duma ave - grito de pavão em parque abandonado - caía de árvores distantes e vinha reboando até cá baixo. Mas luto isso era relâmpago em dia de sol, porque o silêncio e a expectativa voltavam com rapidez, numa imposição que devia ser eterna.

- Isto faz medo! - confessou Alberto.

Firmino sorriu, de novo:

- Agora não é nada. Quando os índios chegavam até aqui, então é que um homem tinha de andar sempre com um olho à frente e outro atrás.

- Ah, mas aqui houve índios?

- Houve e há. Você não sabia mesmo?

E ao gesto negativo de Alberto:

- Lá em Todos-os-Santos, para onde nós vamos, ainda os cavalheiros vêm passear...

- São mansos?

- Mansos? Ui, minha gente! A estrada que você vai cortar era do Feliciano. O mês passado, os índios vieram ao centro e levaram a cabeça dele... É por isso

---

[130] Teatro da Universidade Católica, que com esta montagem recebeu prêmio no exterior e injetou sangue novo no teatro brasileiro daquele período.

que a estrada está sem freguês e você vai para ela. E aqui há uns quinze dias foi um estrago em Popunhas. Os parintintins chegaram e, como não tinham cabeça para cortar, foram à roça e quebraram tudo."

De *A Selva*, extraído de **Moisés**, Massaud - *A Literatura Portuguesa Através dos Textos*. SP, Ed. Cultrix, 1985, p.440

TEXTO 2 - ALVES REDOL

"Pareciam cercados no trabalho pelo braseiro de um fogo que alastrasse na Lezíria Grande. Como se da Ponta de Erva ao Vau a leiva se consumisse nas labaredas de um incêndio que irrompesse ao mesmo tempo por toda a parte.
O ar escaldava; lambia-lhes de febre os rostos corridos pelo suor e vincados por esgares que o esforço da ceifa provocava. O Sol desaparecera há muito, envolvido pela massa cinzenta das nuvens cerradas. Os ceifeiros não o sentiam penetrar-lhes a carne abalada pela fadiga. Lento, mas persistente, parecia ter-se dissolvido no ar que respiravam, pastoso e espesso. Trabalhavam à porta de uma fornalha que lhes alimentava os pulmões com metal em fusão.
Quase exaustos, os peitos arfavam num ritmo de máquinas velhas saturadas de movimento.
A ceifa, porém, não parava, e ainda bem - a ceifa levava o seu tempo marcado. Se chovesse, o patrão apanharia um boléu de aleijar, diziam os rabezanos na sua linguagem taurina. Eles próprios não a desejavam; se as foices não cortassem arroz, as jornas acabariam também. E se ao sábado o apontador não enchesse a folha, as fateiras não trariam pão e conduto da vila."

de *Gaibéus*, extraído de **Moisés**, Massaud - *A Literatura Portuguesa Através dos Textos*. SP, Ed. Cultrix, 1985, p.440.

TEXTO 3 - MÁRIO CESARINY DE VASCONCELOS

RAIO DE LUZ

Burgueses somos nós todos
ou ainda menos.
Burgueses somos nós todos
desde pequenos
Burgueses somos nós todos
ó literatos.
Burgueses somos nós todos
ratos e gatos.

Burgueses somos nós todos
por nossas mãos
Burgueses somos nós todos
que horror, irmãos.

Burgueses somos nós todos
desde pequenos
Burgueses somos nós todos
ou ainda menos.

De *A Poesia Civil*, extraído de *Poetas Portugueses Modernos*, de João Alves das Neves, op. cit.,

TEXTO 4 - VERGÍLIO FERREIRA

"E todas as quartas e sábados eu dava lição a Sofia. Começámos[131] pelo princípio para recapitular. Ela cantava as *declinações*, tinha um modo gracioso de se enganar e de tal forma que eu sentia obscuramente que os erros é que estavam certos. E era assim como se qualquer coisa a habitasse e fosse maior do que ela e do que a miséria das regras de gramática. Mas tinha sobretudo uma maneira brusca e cravada de travar e de me ficar olhando, como se me procurasse em qualquer sítio de mim onde não houvesse lembrança do que estávamos dizendo. Eu sentava-me num sofá em frente dela, ela sentava-se noutro sofá, cruzando a perna, escrevendo em cadernos de uma infância já morta. Era raro eu ver *Madame* ou alguém mais da casa. A pequena criada, vermelhusca, sempre a estalar de sangue, vinha abrir-me a porta e metia-me no escritório. Eu ficava ali à espera algum tempo, abafado de estofos e silêncio, até que Sofia entrava. Fechava sempre a porta atrás de si com um à-vontade que era quase desprezo por quem exigisse que ficasse aberta. Assim, era como se entre Sofia e mim uma vida única se estivesse gerando e ambos a reconhecêssemos. Uma única vez me apareceu de chinelas, uma camisola azul sobre os ombros, igualada assim ao trato familiar da banalidade doméstica onde habita a fraqueza e a necessidade. Mas Sofia sabia-se excepcional. Por isso se vestia em perfeição, destra e aguda, disparada desde os saltos aos seios agressivos, aos olhos rectos e lúcidos. E eu sentia que tudo o que é vivo na terra estava ali presente no seu corpo. Que tinha que fazer, frente à execução da alegria, o meu pobre ministério de cadáver? Assim um íntimo desastre me tolhia e envelhecia as palavras. Um dia, depois de eu explicar não sei que regra sintáctica, depois de Sofia tentar cumpri-la num exercício, fechou o caderno, cansada, risonha de tolerância. E perguntou:
- Porque[132] há-de a vida ter razão sobre nós? Porque havemos de ser sempre nós a submeter-nos? Um curso e um marido e filhos...
Tive uma palavra professoral, como era ali da minha obrigação:
- Se todos fizéssemos só o que nos apetece...
- Sim. Mas porque é que numa vida certa o verbo *studeo* há-de pedir dativo?
- Que queria você fazer, Sofia?
- Sei lá, sei lá...
E ficava muito séria, olhando ao lado qualquer presença obscura - e ambos nos esquecíamos dos livros e cadernos. Mas acontecia outras vezes que Sofia entrava na sala, grave, bem integrada na sua função de aluna, sabendo tudo, absolutamente tudo, com uma certeza e minúcia que me derrotavam. Os exercícios estavam feitos correctamente, sem erros, às lições atrasadas conhecia-as sem falhas."

Ferreira, Virgílio - *Aparição*, SP, Difel, 1983, pp. 47-48.

[131] Mantivemos a grafia original.
[132] Assim como no original.

TEXTO 5 - CARLOS DE OLIVEIRA

"Deu as últimas passadas arquejante e deixou-se cair de joelhos:
- Mestre António, voltei.
- Voltaste?
- Aqui estou. E agora precisamos de encontrar o burro...
- Voltaste. Cá me parecia que não eras homem para deixar a obra a meio.
- O burro e o ruivo. Temos de dar com eles.
- Não te rales com isso. O burro foi para casa e o ruivo ficou a guardar-me o medo enquanto não vieste.
Outro clarão. O mestre levantou o dorso rígido; uma aparição de pedra roída; antiga e implacável.
- Agarra no cacete. São horas de acabar a festa.
- Pega-se nele e arruma-se ao mar.
- Lérias.
- Já não há precisão de mais cacete.
- Chega-lhe, malandro. O seguro morreu de velho.
- O mar dava conta do serviço.
- Arreia-lhe, tratante.
- E a rapariga? Ainda é minha?
- Arreia-lhe e veremos.
Segurou no cacete; precisava apenas de uma chispa de luz para desfechar o golpe; a cabeça ruiva iluminou-se e a cacetada veio, de alto a baixo, rasgando a chuva densa.
- Acertaste-lhe?
- Agora tem que ma dar.
- Acertaste-lhe ou não?
- Tem que ma dar, mestre António.
- Já acabámos o serviço, já o atirámos ao mar?
Às apalpadelas, o velho segurou nas pernas do ruivo:
- Apanha-o pelos sovacos...
O moço obedeceu.
- E vamos indo."

Oliveira, Carlos de - *Uma Abelha na chuva*, Lisboa, Livraria Sá da Costa Editora, 1975, pp. 137-138.

TEXTO 6 - CARLOS DE OLIVEIRA

VERSOS PARA UMA CANÇÃO DE FERNANDO LOPES GRAÇA

Os anjos cantam? Não cantam.
Canto eu que me apetece:
Quando a voz dum homem canta
a voz do céu emudece.

Cantam as fontes? Talvez,
porque o meu canto as impele:
Quando a voz dum homem canta
a terra canta com ele.

De *Terra de Harmonia*, extraído de *Poetas Portugueses Modernos*, de João Alves das Neves, op. cit., p. 252.

BRASIL:

TEXTO 1 - GUIMARÃES ROSA

"Que trouxessem o corpo daquele rapaz moço, vistoso, o dos olhos muito verdes... Eu desguisei. Eu deixei minhas lágrimas virem, e ordenando: - "Traz Diadorim!" - conforme era. - "Gente, vamos trazer. Esse é o Reinaldo..." - o que o Alaripe disse. E eu parava ali, permeio o menino Guirigó e o cego Borromeu. - Ai, Jesus! - foi o que eu ouvi, dessas vozes deles.
Aquela Mulher não era má, de todo. Pelas lágrimas fortes que esquentavam meu rosto e salgavam minha boca, mas que já frias já rolavam. Diadorim, Diadorim, oh, ah, meus buritizais levados de verdes... Buriti, do ouro da flor...
E subiram as escadas com ele, em cima de mesa foi posto. Diadorim, Diadorim - será que amereci só por metade? Com meus molhados olhos não olhei bem - como que garças voavam... E que fossem campear velas ou tocha de cera, e acender altas fogueiras de boa lenha, em volta do escuro do arraial...
Sufoquei, numa estrangulação de dó. Constante o que a Mulher disse: carecia de se lavar e vestir o corpo. Piedade, como que ela mesma, embebendo toalha, limpou as faces de Diadorim, casca de tão grosso sangue, repisado. E a beleza dele permanecia, só permanecia, mais impossivelmente. Mesmo como jazendo assim, nesse pó de palidez, feito a coisa e máscara, sem gota nenhuma. Os olhos dele ficados para a gente ver. A cara economizada, a boca secada. Os cabelos com marca de duráveis... Não escrevo, não falo! - para assim não ser: não foi, não é, não fica sendo! Diadorim...
Eu dizendo que a Mulher ia lavar o corpo dele. Ela rezava rezas da Bahia. Mandou todo o mundo sair. Eu fiquei. E a Mulher abanou brandamente a cabeça, consoante deu um suspiro simples. Ela me mal-entendia. Não me mostrou de propósito o corpo. E disse...
Diadorim - nu de tudo. E ela disse:
- "A Deus dada. Pobrezinha..."
E disse. Eu conheci! Como em todo o tempo antes eu não contei ao senhor - e mercê peço: - mas para o senhor divulgar comigo, a par, justo o travo de tanto segredo, sabendo somente no átimo em que eu também só soube... Que Diadorim era o corpo de uma mulher, moça perfeita... Estarreci. A dor não pode mais do que a surpresa. A coida d'arma, da coronha...
Ela era. Tal que assim se desencantava, num encanto tão terrível; e levantei mão para me benzer - mas com ela tapei foi um soluçar, e enxuguei as lágrimas maiores. Uivei. Diadorim! Diadorim era uma mulher. Diadorim era mulher como o sol não acende a água do rio Urucuia, como eu solucei meu desespero.
O senhor não repare. Demore, que eu conto. A vida da gente nunca tem termo real.
Eu estendi as mãos para tocar naquele corpo, e estremeci, retirando as mãos para trás, incendiável: abaixei os olhos. E a Mulher estendeu a toalha, recobrindo as partes. Mas aqueles olhos eu beijei, e as faces, a boca. Adivinhava os cabelos. Cabelos que cortou com tesoura de prata... Cabelos

que, no só ser, haviam de dar para baixo da cintura... E eu não sabia por que nome chamar; eu exclamei me doendo:
- "Meu amor!!..."

Rosa, João Guimarães - *Grande Sertão: Veredas*, RJ, Editora Nova Fronteira, 1985, pp. 559-560.

TEXTO 2 - CLARICE LISPECTOR

" - Fiz tal esforço em me falar de um inferno que não tem palavras. Agora, como falarei de um amor que não tem senão aquilo que se sente, e diante do qual a palavra "amor" é um objeto empoeirado?
O inferno pelo qual eu passara - como te dizer? - fora o inferno que vem do amor. Ah, as pessoas põem a idéia de pecado em sexo. Mas como é inocente e infantil esse pecado. O inferno mesmo é o do amor. Amor é a experiência de um perigo de pecado maior - é a experiência da lama e da degradação e da alegria pior. Seco é o susto de uma criança. Mas como falarei para mim mesma do amor que eu agora sabia?
É quase impossível. É que no neutro do amor está uma alegria contínua, como um barulho de folhas ao vento. E eu cabia na nudez neutra da mulher da parede. O mesmo neutro, aquele que me havia consumido em perniciosa e ávida alegria, era nesse mesmo neutro que eu agora ouvia outra espécie de alegria, era nesse mesmo neutro que eu agora ouvia outra espécie de alegria contínua de amor. O que é Deus estava mais no barulho neutro das folhas ao vento que na minha antiga prece humana.
A menos que eu pudesse fazer a prece verdadeira, e que aos outros e a mim mesma pareceria a cabala de uma magia negra, um murmúrio neutro.
Esse murmúrio, sem nenhum sentido humano, seria a minha identidade tocando na identidade das coisas. Sei que, em relação ao humano, essa prece neutra seria uma monstruosidade. Mas em relação ao que é Deus, seria: ser."

Lispector, Clarice - *A Paixão Segundo GH*, RJ, Editora Nova Fronteira, 1979, p.128.

TEXTO 3 - JOÃO CABRAL DE MELO NETO

TECENDO A MANHÃ

Um galo sozinho não tece uma manhã:
ele precisará sempre de outros galos.
De um que apanhe esse grito que ele
e o lance a outro; de um outro galo
que apanhe o grito que um galo antes
e o lance a outro; e de outros galos
que com muitos outros galos se cruzem
os fios de sol de seus gritos de galo,
para que a manhã, desde uma teia tênue,
se vá tecendo, entre todos os galos.

2.

E se encorpando em tela, entre todos,
se erguendo tenda, onde entrem todos,
se entretendendo para todos, no toldo
(a manhã) que plana livre de armação.
A manhã, toldo de um tecido tão aéreo
que, tecido, se eleva por si: luz balão.

Melo Neto, João Cabral de - *Poesias Completas*, RJ, Livraria José Olympio Editora, 1979,

TEXTO 4 - JOÃO CABRAL DE MELO NETO

O RETIRANTE EXPLICA AO LEITOR QUEM É E A QUE VAI

"O meu nome é Severino,
não tenho outro de pia.
Como há muitos Severinos,
que é santo de romaria,
deram então de me chamar
Severino de Maria;
como há muitos Severinos
com mães chamadas Maria,
fiquei sendo o da Maria
do finado Zacarias.
mas isso ainda diz pouco:
há muitos na freguesia,
por causa de um coronel
que se chamou Zacarias
e que foi o mais antigo
senhor desta sesmaria.
Como então dizer quem fala
ora a Vossas Senhorias?
Vejamos: é o Severino
da Maria do Zacarias,
lá da serra da Costela,
limites da Paraíba.
Mas isso ainda diz pouco
se ao menos mais cinco havia
com nome de Severino
filhos de tantas Marias
mulheres de outros tantos,
já finados, Zacarias,
vivendo na mesma serra
magra e ossuda em que eu vivia.
Somos muitos Severinos
iguais em tudo na vida:
na mesma cabeça grande
que a custo é que se equilibra,
no mesmo ventre crescido
sobre as mesmas pernas finas,
e iguais também porque o sangue
que usamos tem pouca tinta.
...."

Melo Neto, João Cabral de - *Poesias Completas*, RJ, Livraria José Olympio Editora,1979, p. 203-204

AUTORES QUE TAMBÉM PRECISAM SER CONHECIDOS:

PORTUGAL

1. FAURE DA ROSA estreou em 1945, com o romance *Fuga*, seguindo com relativa independência a linha neo-realista. Numa linguagem disciplinada, com estrutura rigorosa, escreveu também *Retrato de Família*, *Espelho da Vida*, *De Produndis*, *Escalada, As Imagens Destruídas* (romances), e *A Cidade e a Planície* (contos).
2. JORGE DE SENA formou-se em engenharia e dedicou-se à literatura. Ensaísta, dramaturgo, conferencista, poeta e crítico tem colaborado com diversos periódicos em Portugal e no Brasil, onde exerceu o magistério no ensino superior. São obras suas: *Perseguição*, *Coroa da Terra*, *Pedra Filosofal*, *Post-Scriptum* e *Metamorfoses*.
3. JOSÉ SARAMAGO é o mais famoso dos autores contemporâneos. Por isso a FUVEST elegeu seu romance *Memorial do Convento* para sua lista de leituras recomendadas. Saramago tem um estilo pessoal e genial, com uma pontuação revolucionária, contrária a qualquer regra acadêmica. Em suas narrativas, Saramago funde a História e a fantasia, enveredando pelo fantástico, como em *Memorial do Convento*, em que aparecem personagens históricos, como o rei D. João V, o músico Scarlatti, o padre cientista Bartolomeu Gusmão; e personagens ficcionais como Blimunda (que tem uma visão melhor do que raio X) e Baltasar Sete Sóis, que auxiliam o padre a terminar a máquina de voar, a que chamam passarola. Além do romance mencionado, escreveu *Levantado do Chão*, *A Jangada de Pedra*, *O Ano da Morte de Ricardo* Reis, Evangelho *segundo Jesus Cristo*.

BRASIL

1. MÁRIO PALMÉRIO, regionalista, escreveu *Vila dos Confins* e *Chapadão do Bugre*.
2. BERNARDO ÉLIS, regionalista, escreveu *O Tronco* e *Veranico de Janeiro*.
3. ADONIAS FILHO, também regionalista, baiano, escreveu os romances *O Forte* e *Corpo Vivo*, que narra uma história de amor e de opressão na região cacaueira da Bahia. *É sua também a* narrativa impressionante intitulada *Memórias de Lázaro*, que nos transporta para uma atmosfera de pesadelo e de loucura.
4. ADÉLIA PRADO é uma sensível escritora mineira, poeta, que mesmo em prosa faz poesia. Escreveu *Rapazes da Banda*, *Bagagem*, *Cacos para um Vitral*. Seus textos serviram de base para o belo espetáculo *Endecha das três Irmãs*, adaptação e direção de Vânia Terra, apresentado na jornada de teatro do SESC/ANCHIETA em 1995.
5. RUBEM FONSECA é um prosador forte, voltado para a narrativa impregnada de violência. Suas obras combinam o romance policial com crítica social e

política. Escreveu contos: *Feliz Ano Novo*, *O Cobrador*, e romances: *A Grande Arte*, *Buffo e Spallanzani*, *Agosto*, entre outros. *Agosto* foi adaptado para televisão e *A Grande Arte* para cinema.

6. FERNANDO SABINO é um cronista de renome, com textos dotados de um agradável senso de humor. São famosos alguns de seus títulos como *O Homem Nu*, *A Mulher do Vizinho*, *A Companheira de Viagem* e dois romances: *O Encontro Marcado* e *O Grande Mentecapto*.

7. LYGIA FAGUNDES TELLES foi a terceira mulher a entrar para a Academia Brasileira de Letras. Suas narrativas valorizam a ação interior e revelam personagens torturadas e freqüentemente sem rumo, ou seja, sem um objetivo claro de vida. É o que acontece, por exemplo com Ana Clara e Lorena, duas das personagens principais de *As Meninas*. Das três moças que vivem num pensionato de freiras, na década de 70, sob a ditadura militar, só Lia (a que chamam Lião) escapa, pois é uma ativista, que luta contra a opressão e pela libertação do seu noivo, Miguel. Além da obra citada, escreveu: *Praia Viva*, *Ciranda de Pedra*, *Verão no Aquário* e *Antes do Baile Verde*.

8. DALTON TREVISAN é um escritor paranaense que valoriza o diálogo, revelando personagens de um mundo grotesco e sádico. Algumas de suas narrativas apresentam um erotismo forte como o romance *A Polaquinha*. Seu gênero favorito é o conto. Escreveu: *Cemitério de Elefantes*, *O Vampiro de Curitiba*, entre outros.

9. JOSÉ J. VEIGA é um importante contista da época moderna. Suas narrativas, quase sempre, enveredam pelo mundo do fantástico e do absurdo, como no romance *A Hora dos Ruminantes*, que pode ser considerado um apólogo. Numa pequena cidade interiorana, homens e bichos como que se unem para oprimir os moradores. Chegam os estrangeiros, altaneiros e autoritários. Depois vêm os cães e finalmente os bois que vão invadindo a cidade e ocupando todo o espaço até que ninguém mais pode sair de casa para nada. Todos de deitam à espera da morte, mas uma manhã, inexplicavelmente, os bois se retiram e os estrangeiros desaparecem. O vilarejo volta à sua vida antiga, e, aos poucos, vão como que se esquecendo do que aconteceu e nem falam mais nisso. A obra é de 1966, mas como alegoria, podemos crer que é quase profética, pois muito se parece com o que vivemos nas décadas de 70 e 80. Outras obras do autor: *Sombras dos Reis Barbudos*, *A Estranha Máquina Extraviada*, *Os Cavalinhos de Platiplanto*, *Os Pecados da Tribo*, entre outros.

10. JOSUÉ GUIMARÃES é um escritor gaúcho de finíssima sensibilidade, que aparece quase como poesia na novela *Enquanto a Noite não Chega*, em que o leitor acompanha com melancolia, humanismo e lirismo, a espera de três velhos pelo fim de suas existências, numa cidade que já não tem mais ninguém além deles.

11. AUTRAN DOURADO, escritor mineiro, premiado no exterior, apresenta uma rara penetração psicológica. Valoriza o monólogo interior. Suas obras geralmente se constroem sobre a memória e o sentimento. Seu romance *Os Sinos da Agonia* já foi adotado nos exames de *agrégation* (espécie de

vestibular) de universidades francesas e *Ópera dos Mortos* foi escolhido pela UNESCO para fazer parte de sua coleção de obras representativas. É lírico seu romance *Uma Vida em Segredo*, que lembra um pouco certa personagem de Flaubert, mas que revela uma alma bem brasileira.

12. JOÃO UBALDO RIBEIRO, baiano, é o autor de *O Sorriso do Lagarto*, romance já adaptado para televisão. Outra obra sua, bastante comentada, foi *Viva o Povo Brasileiro*, com um toque de humor bastante curioso. Mas sua obra-prima continua sendo o instigante *Sargento Getúlio*, que foi adaptado para cinema, com Lima Duarte interpretando magistralmente o protagonista. À semelhança de Romualdo, personagem do gaúcho Simões Lopes Neto, e de Riobaldo, de Guimarães Rosa; Getúlio se constrói a partir de sua falação ininterrupta, enquanto viaja, levando um preso político, de Paulo Afonso a Aracaju. Apesar de receber ordem do chefe para soltar o preso, recusa-se e leva sua missão até o fim. Leia um fragmento do final: "*Vai até a casa do chefe, que eu quero levar e quero olhar a cara dele e dizer: olhe aí sua encomenda, pode fazer o que quiser; por mim, pegava esse ordinário e aplicava um merecido logo, que aprontava as coisas, mas não tenho nada com isso mesmo. É isso que eu quero fazer, e quero botar as vistas bem dentro das dele que é para ele dizer na minha cara que não mandou buscar e aí eu digo a ele: quem o senhor mandou em Paulo Afonso, que eu me lembro, aqui mesmo nessa sala...*" (**Ribeiro**, João Ubaldo - *Sargento Getúlio*, Ed. Nova Fronteira, 8ª edição, RJ, 1982, p.151)

13. FERREIRA GULLAR é um poeta maranhense. Estreou em 1954 com *A Luta Corporal*. Inicialmente, preocupou-se com a pesquisa formal, mas em virtude dos tempos tenebrosos, trocou tudo pela obra participante, engajada, como se pode notar em *João Boa-Morte*, *Cabra Marcado pra Morrer*, *Quem Matou Aparecida*, em que temas e ritmos da literatura de cordel são incorporados.

14. HAROLDO DE CAMPOS, AUGUSTO DE CAMPOS e DÉCIO PIGNATARI, são fundadores e grandes representantes da poesia concreta, ou Concretismo. Esse movimento, uma das últimas vanguardas da poesia brasileira, propugnou pelo fim do verso e da sintaxe tradicionais, buscando valer-se de outros recursos, mais visuais, como o espaço em branco do papel, o tamanho e as cores das letras, a atomização da palavra e sua espacialização radical. O ponto de partida foi a revista *Noigrandes*. A data principal tem sido colocada como o ano de 1956, quando saiu o número 3 da revista, mas só na nº 4, em 1958, foi publicado o "Plano-Piloto para Poesia Concreta". Outros poetas que realizaram o experimento foram: José Lino Grünewal, Ronaldo Azeredo, Mário da Silva Brito, Edgard Braga, Pedro Xisto, Wladimir Dias Pino e José Paulo Paes. Deste último, gostamos muito de um poema que queremos transcrever aqui:

EPITÁFIO PARA UM BANQUEIRO

NEGÓCIO
EGO
ÓCIO
CIO
O

RESUMO DAS PRINCIPAIS OBRAS EM PROSA

ROMANTISMO

VIAGENS NA MINHA TERRA

Obra do escritor português Almeida Garrett, de difícil classificação, quanto ao gênero. Nela, o narrador (foco narrativo: primeira pessoa) fala de uma viagem sua, de Lisboa a Santarém, descrevendo a paisagem, criticando os costumes e inserindo lendas e relatos, como a maravilhosa e sentimental história "A menina dos rouxinóis", emocionando os leitores com a história dos amores de Carlos e Joaninha.

EURICO, O PRESBÍTERO

Romance histórico de Alexandre Herculano (foco narrativo: terceira pessoa) que, paralelamente às desventuras amorosas de Eurico e Hermengarda, relata a resistência dos godos (portugueses) contra a invasão árabe.

AMOR DE PERDIÇÃO

Novela passional de Camilo Castelo Branco (foco narrativo: terceira pessoa) que narra os sofrimentos amorosos do jovem Simão Botelho e da fidalga Teresa de Albuquerque. O final é trágico, Simão, que está sendo exilado, adoece e morre ao saber da morte de sua amada. O corpo é atirado ao mar. Mariana, que o ama, atira-se ao mar e morre com ele.

AS PUPILAS DO SENHOR REITOR

Romance campesino e ingênuo de Júlio Dinis (foco narrativo: terceira pessoa), que trata do namorador Daniel, de sentimentos superficiais, e das dificuldades provocadas pela sua atração por Clara, noiva de seu irmão, Pedro. A irmã de Clara, Margarida (Guida), namorada de Daniel, na infância, permanece fiel ao seu sentimento primeiro e consegue salvar o amado de situações difíceis. No final tudo termina relativamente bem: Daniel casa-se com Margarida, o que salva o casamento de Pedro e Clara.

A MORENINHA

Primeiro romance de qualidade da Literatura romântica brasileira. É de autoria de Joaquim Manuel de Macedo, que conta graciosa e ingenuamente (foco narrativo: terceira pessoa) a história feliz dos amores de Augusto e Carolina, a moreninha. Augusto apostou com o irmão de Carolina que não se apaixonaria, tendo perdido, viu-se obrigado a escrever um romance como preço da aposta.

MEMÓRIAS DE UM SARGENTO DE MILÍCIAS

Obra picaresca de Manuel Antônio de Almeida, que narra as peripécias (foco narrativo: terceira pessoa) do malandro Leonardinho, filho de Leonardo Pataca e Maria da Hortaliça. O menino não se adaptou ao ambiente da escola, nem da igreja, enredando-se em "brincadeiras" que indispõem as pessoas contra ele. Ao crescer, uma dessas pessoas é o major Vidigal, a maior autoridade do Rio de Janeiro no tempo de D. João VI. Em contrapartida, Leonardo consegue sempre conquistar os corações de algumas pessoas que muitas vezes o salvam dos problemas. É o caso de sua madrinha, a parteira; do seu padrinho, o barbeiro; da mulata Vidinha, da órfã Luisinha, com quem acabará casando-se.

* Procure conhecer a adaptação para "audio-book" lançada pela Editora Melhoramentos.

SENHORA

Romance de José de Alencar (foco narrativo: terceira pessoa) com relativo aprofundamento na análise psicológica das personagens centrais. Aurélia Camargo, jovem pobre e órfã de pai, namora Fernando Seixas, rapaz de classe média, de boa índole, mas que desejava subir na vida. Enfraquecido pelo desejo de carreira fácil, através do casamento por interesse, ele acaba abandonando a moça or outra, Adelaide, cujo pai oferece um dote de trinta contos de réis. Acontece, porém, que o avô de Aurélia morre, fazendo-a herdeira universal. Da noite para o dia ela fica milionária e ordena ao seu tutor que proponha a Fernando um casamento com moça desconhecida em troca de um dote de cem contos.

Fernando, constrangido por uma série de dificuldades, acaba aceitando e assinando recibo. Após o casamento, ele feliz diz palavras de amor, mas ela o interrompe com a verdade e o recibo. A partir disso, vivem separados na mesma casa durante onze meses, felizes para a sociedade, mas na intimidade infelizes, confundidos, em constantes ironias maldosas e ferinas. Após onze meses Fernando consegue a soma necessária para devolver o que tinha recebido, pedindo a separação. Aurélia, sentindo que ele recuperara a dignidade perdida, toma atitude típica do Romantismo, arroja-se aos seus pés, pedindo-lhe seu amor. Tudo termina com um beijo.

LUCÍOLA

Romance de José de Alencar, que como o anterior procura analisar a psicologia das personagens centrais (foco narrativo: primeira pessoa). O narrador, Paulo, escreve a uma senhora, contando como foi a história de sua paixão por uma cortesã do Rio de Janeiro, Lúcia. Ela abandona sua vida de prostituição para dedicar-se exclusivamente a Paulo. Quando Lúcia adoece e chamam um médico, este constata que ela está grávida, mas que a criança não pode nascer. Lúcia não admite o aborto, criando complicações que a levarão à morte, assim como seu filho. Antes de sua morte, conta a Paulo toda sua desventura de moça pobre, cujo nome verdadeiro era Maria da Glória, que precisou entregar sua honra para conseguir dinheiro para tratamento de saúde de seu pai, que a expulsa de casa ao saber como conseguiu dinheiro. Foi auxiliada no momento mais difícil por uma prostituta de nome Lúcia. Quanto esta morreu, ela enterrou-a com seu nome, assumindo a identidade e a vida de Lúcia.

O GUARANI

Romance indianista, épico, de José de Alencar, que relata (foco narrativo: terceira pessoa) a trajetória heróica do índio Peri, que tudo enfrenta para proteger sua amada branca, Ceci (Cecília), a filha de D. Antônio de Mariz. Salva-a de ser esmagada por uma pedra e das mãos do libidinoso Loredano, o vilão da história. Peri chega ao cúmulo de tentar amansar uma onça a tapa, só porque Ceci confessou à sua prima, Isabel, que gostaria de ter uma onça de estimação. E ficou furioso (Peri), quando a onça foi morta pelo branco Álvaro, que julgou com isso salvar o índio do perigo.

No final, quando os índios aimorés vão atacar e saquear a fazenda, D. Antônio pede a Peri que salve sua filha. Peri coloca-a num barco e descem pelo rio Paquequer, afluente do Paraíba. Um verdadeiro dilúvio inunda todo o vale e Peri conduz Ceci para o alto de um monte, subindo com ela a uma palmeira. Quando a água ameaça cobrir a árvore, ele mergulha, arranca-a da terra, subindo de novo e deitando ao lado de sua amada. Termina a narrativa assim, tudo coberto de água e o casal flutuando sobre a palmeira que desaparece no horizonte. É um final em aberto, como Alencar utiliza também no romance regionalista O Gaúcho. Com essa obra, pretendia Alencar tratar da miscigenação.

IRACEMA

Romance indianista, também de Alencar e que, também, trata da miscigenação, alcançando com este melhor resultado que antes. A ação acontece no Ceará, tendo o livro como subtítulo: "Lenda do Ceará". Narra (foco narrativo: terceira pessoa) as aventuras do português Martim (personagem histórico: Martim Soares Moreno) que atravessa a serra do Ibiapaba, perdendo-se na floresta. Surpreende Iracema após o banho e é ferido por ela. Arrependida, desculpa-se e leva o branco até sua tribo, apresentando-o a seu pai, Araquém, que é o pajé da tribo.

Iracema, a virgem dos lábio de mel, desperta o ciúme do guerreiro Irapuã, ao proteger o homem branco. Martim e Iracema apaixonam-se, mas esse amor apresenta alguns obstáculos. Ela é da tribo dos Tabajaras, inimigo dos Pitiguaras, de quem Martim é amigo. Além disso, ela é dona do segredo da jurema, planta ritualística e alucinógena, cujo licor leva os índios a sonhar com grande veracidade todos seus desejos e fantasias. Martim fica triste por causa de seu dilema amoroso. Iracema, para aliviá-lo, conduz ao bosque sagrado, prepara o licor, depositando as gotas na boca de seu amado. Durante sua "viagem", Martim sonha com a índia e suspira o nome dela. Iracema não resiste e cede aos seus desejos.

Aparece Poti (personagem histórico: Antônio Felipe Camarão, que auxiliou os portugueses na luta contra os holandeses) e Martim foge com ele, levando Iracema. Durante a fuga, há luta entre a tribo de Iracema e a de Poti. Os tabajaras são vencidos e alguns têm suas cabeças cortadas e empaladas na entrada da tribo inimiga. Para não fazer sofrer a esposa grávida, Martim constrói uma cabana para ela, afastada dali. Aí a deixa, só, partindo com Poti, para lutar contra os invasores. Ao voltar, já nascera o filho, Moacir (nome que significa "filho da dor"), encontra a esposa em absoluto estado de subnutrição, pois além de não comer (por causa da saudade do amado), Iracema chegava a alimentar o filho com o próprio sangue, que aflorava dos seios, mordidos por filhotes de cão selvagem, aos quais ela os dava para morder.

Iracema morre e é enterrada por Martim junto a um coqueiro. No final, ele parte com o filho e um cão em uma jangada. Esta é a primeira página do romance, transcorrendo os demais fatos em uma retrospectiva ou "flash back".

REALISMO

O CRIME DO PADRE AMARO

Romance anticlerical do prosador Eça de Queirós, que dá início à prosa realista em Portugal, tendo sido publicado inicialmente na Revista Ocidental, em 1875. A obra conta a história do jovem padre Amaro.

Amaro é designado para servir em Leiria, hospedando-se na casa da beata S. Joaneira, que tem uma bela filha, Amélia, que está acostumada a ver sua casa freqüentada por padres (principalmente pelo cônego Dias, que as auxilia economicamente) que jogam baralho, fumam. Enfim, são homens normais, como todos os demais.

Embora noiva de João Eduardo, Amélia inicia um minucioso e interessante processo de sedução, envolvendo o jovem sacerdote, que, reciprocamente, atira também seus laços, cativando a moça. Enciumado, o noivo anonimamente publica em jornal um artigo em que ataca o clero e insinua o caso do padre Amaro com Amélia.

Amaro, para afastar suspeitas, consegue uma casa e muda-se, evitando encontrar-se com a moça. Mais tarde, descobre o autor do artigo e denuncia à jovem, colocando-a contra o noivo. Amaro volta a freqüentar a casa de S. Joaneira, onde é recebido por todos com entusiasmo. O processo de recíproca sedução reinicia-se com intensidade. Amaro freqüenta a casa com regularidade. Durante o jogo de cartas o braço de Amélia "roçava o ombro do pároco: Amaro sentia o cheiro de água-de-colônia que ela usava com exagero." Amaro saía sempre mais apaixonado por Amélia. A sua impaciência o levava a fazer acusações contra o Celibato e a Igreja. Já não dormia mais direito.

O relacionamento amoroso acaba acontecendo e a moça engravida. Como essa criança não deve viver, o padre contrata uma mulher para que isso não aconteça. A situação complica-se, causando a morte de Amélia. Posteriormente o padre, aparentemente sem remorsos, trata de sua transferência para Vila Franca, que fica mais perto de Lisboa. No último capítulo, "nos fins de Maio de 1871", em Lisboa, quando a população agitava-se nas ruas com as notícias da comuna de Paris, o padre Amaro e o cônego Dias encontram-se e abraçam-se com alegria, comentando a transferência do padre e algumas "fofocas" de Leiria.

O PRIMO BASÍLIO

Romance com foco narrativo de terceira pessoa que critica a classe média e a burguesia lisboeta. Conta a história de um triângulo amoroso formado por Jorge, Luísa e Basílio.

O engenheiro Jorge e sua esposa, a loira Luísa, levam há três anos uma vida agradavelmente medíocre e sem desassossegos. Têm duas criadas: uma cozinheira, Joana; e uma criada de dentro, Juliana, que vive ressentida com a vida, nutrindo grande ódio pelas patroas.

Jorge parte para o Alentejo, deixando a mulher entregue a um grande tédio, que é quebrado pela visita do primo Basílio. Este já tinha sido namorado de Luísa e partira para tentar a sorte. Ficara rico e metido. Agora volta e seduz a prima. Juliana, pressentindo o envolvimento dos dois, fica atenta, até que consegue provas comprometedoras e passa a fazer chantagem com a patroa. Basílio, covardemente, inventa compromissos urgentes e parte.

Jorge volta e encontra a mulher muito mudada. Ela está nervosa porque não sabe o que fazer para conseguir o dinheiro para pagar a chantagem. A tensão aumenta a ponto de Luísa suplicar a ajuda de Sebastião, amigo do marido, que procura atemorizar Juliana com a presença de um policial. Ameaçada de prisão, a criada devolve as cartas, sofrendo nesse momento uma parada cardíaca que lhe tira a vida. Abalada com tudo, Luísa adoece gravemente e, durante sua inconsciência, o marido abre uma carta vinda de Paris para ela. Era de Basílio e falava dos encontros no Paraíso. Jorge sofre muito, mas procura conter-se, pois o médico lhe dissera que Luísa não podia ser contrariada. Quando Luísa melhora, ele mostra-lhe a carta, provocando uma nova crise, da qual ela não consegue recuperar-se. Após sua morte, Basílio reaparece em Lisboa e fica sabendo pelo vizinho do que aconteceu. Não demonstra qualquer tipo de abalo. Apenas se queixa ao amigo Reinaldo que, não esperando por isso, não tivera o cuidado de trazer de Paris nenhuma amante para fazer-lhe companhia.

A CIDADE E AS SERRAS

Romance narrado em primeira pessoa por José Fernandes, que ao contar a trajetória de seu amigo Jacinto, faz uma apologia da vida rural. A primeira da narrativa acontece em Paris, no meio de todo um sofisticado aparato tecnológico, civilizado; e a segunda, nas serras de Tormes, no interior de Portugal.

Jacinto, fidalgo português, é um homem apaixonado pela cultura e pela tecnologia, que, segundo ele, são o maior sinal de civilização e os únicos meios para se conseguir a suprema felicidade. No entanto, contraditoriamente, vive em Paris bocejando, num viver confortável, mas cheio de fastio. Certo dia, por causa de um acidente com os ossos de seus antepassados, volta a Portugal em companhia de seu amigo Zé Fernandes.

Chegando ao Minho, sua província natal, apesar dos dissabores da viagem e da perda de todas as suas malas, o protagonista alegra-se com os ares e a comida do lugar. Gradativamente, aquele ambiente natural vai curando seu tédio e despertando seu interesse pela vida. Seu corpo se endireita, sua alma ganha vida nova. O casamento com Joaninha, prima de José Fernandes, dá o toque definitivo a essa mudança. Embora Jacinto viva dizendo ao amigo que pretende levar sua família para conhecer Paris, percebemos, pelos adiamentos freqüentes, que isso não acontecerá.

* Procure conhecer a adaptação para "audio-book" lançada pela Editora Melhoramentos.

A ILUSTRE CASA DE RAMIRES

Esta é uma das mais belas obras de Eça de Queirós. Este romance, conta a história de Gonçalo, o último descendente dos Ramires, que se sente um derrotado perante a vida e a sociedade. Suas terras não lhe proporcionam um rendimento satisfatório. Pensa ingressar na política para melhorar sua situação.

Enquanto não vê possibilidade para sua carreira política, inicia a produção de uma novela histórica em que narra as aventuras heróicas de seu antepassado Tructesindo Mendes Ramires, homem de palavra e valentia. As duas histórias seguem paralelamente, servindo uma de contraponto à outra. Enquanto vemos um

Gonçalo, fraco, indeciso, vivendo no século XIX, encontramos na Idade Média, o corajoso e decidido Tructesindo.

Para facilitar sua carreira política, Gonçalo faz as pazes com o governador Cavalheiro, político desonesto, para os braços de quem empurra sua irmã casada, Gracinha. Esta fora o motivo da briga de ambos, pois tinha sido namorada e abandonada pelo Cavalheiro.

Gradativamente, Gonçalo vai recuperando sua dignidade e ganhando segurança e prestígio social. Sua novela é publicada e faz sucesso. Consegue eleger-se deputado. Vai para a África e retorna rico.

Gonçalo simboliza Portugal, e sua ida à África sugere que a solução econômica para os problemas do país seria a retomada do colonialismo.

MEMÓRIAS PÓSTUMAS DE BRÁS CUBAS

Esta é uma obra revolucionária para o ano em que foi publicada, 1881, marcando o fim do Romantismo e início do Realismo. Valendo-se do foco narrativo de primeira pessoa, o narrador e protagonista, Brás Cubas, depois de morto, resolve escrever sua biografia, já que não lhe resta muito que fazer do outro lado da existência.

Valendo-se sempre de uma forte ironia, o narrador parte de sua morte para depois contar o seu nascimento, infância e vida adulta, sempre fazendo muitas digressões, isto é, deixa de lado a narrativa principal, linear, para comentar outros assuntos paralelos.

Brás Cubas foi um garoto peralta que judiava dos escravos e fazia travessuras como a de amarrar as perucas das visitas, que, ao se levantar, deixava-as cair. Na adolescência, envolveu-se com Marcela, que, segundo ele, amou-o por onze meses e quinze contos de réis, ou seja, era uma prostituta. O pai, como corretivo, mandou-o à Europa, para estudar. Ao voltar, fica inativo e nem consegue ingressar na política, nem mesmo se casar com Virgília, como tanto queria o pai. Virgília, vendo que Brás não prometia futuro, casou-se com Lobo Neves, que logo distinguiu-se na política, sendo designado para interventor em São Paulo. Quando o casal volta para o Rio de Janeiro, a mulher desenvolvida em que se tornou Virgília atraiu a atenção de Brás Cubas, que se torna seu amante. Nessa época, Cubas reencontra um seu amigo de infância, Quincas Borba, vivendo em estado de mendicância. Desaparece e quando volta, prega um sistema filosófico denominado "Humanitismo", revelando sinais de demência.

Virgília e Cubas, ao envelhecerem, abandonam os encontros secretos, tornando-se apenas bons amigos.
Um dia, enquanto procurava inventar um emplastro miraculoso que curasse a hipocondria dos homens, Brás Cubas deixou de cuidar da própria saúde, morrendo de uma pneumonia.

QUINCAS BORBA

Narrado em terceira pessoa, este romance retoma a personagem Quincas Borba e sua estranha filosofia. O relato inicia-se apresentando o protagonista Rubião, no Rio de Janeiro, em plena opulência. Numa retrospectiva, a narrativa retoma seu passado em Barbacena, quando era um mero professor de primeiras letras. Nessa época, conheceu Quincas Borba, que ficou noivo de sua irmã Piedade. Esta morreu. Quincas Borba ficou doente e Rubião cuidou dele. Durante a enfermidade e convalescência, Quincas aproveita para iniciar seu forçado discípulo na filosofia do Humanitismo. Um dia, Quincas sentiu melhoras e partiu para o Rio de Janeiro, deixando seu cão aos cuidados do amigo.
Quincas falece no Rio de Janeiro e Rubião, imediatamente, doou o animal a uma conhecida.[133] Ao tomar conhecimento do testamento em que Quincas lhe deixa toda sua fortuna, mas com a condição única de que ele cuidasse do cão, que tem também o mesmo nome, Quincas Borba, Rubião diz à mulher que houve um engano e recupera o cão, partindo para o Rio de Janeiro.
Durante a viagem, conhece Cristiano Palha e sua bela mulher, Sofia, por quem imediatamente Rubião se sente atraído. Inicia-se um triângulo amoroso potencial, que se mantém durante quase toda a narrativa. Palha, interessado no dinheiro do ingênuo Rubião, faz vistas grossas para os olhares desejosos e propõe sociedade ao novo rico. Rubião preso pelos olhares prometedores de Sofia, aceita. Sofia, percebendo o jogo de interesses, adota um olhar que parece dizer: "Vem à minha fonte que não sairás com sede".
No Rio de Janeiro, o casal cuida de tudo para Rubião, não apenas de montar negócio, mas até de conseguir casa e mobiliar. Rubião enche Sofia de presentes e agrados, que são bem recebidos no início, mas recusados no final, até que ela reclama ao marido.

---

133 Na primeira versão da obra, que pude ler em uma página arrancada de revista daquele tempo, o cão é perdido e Rubião tem de procurá-lo. Machado, mais tarde, percebeu que seria mais interessante a doação do que a perda, por denunciar com mais força o egoísmo e o interesse.

Rubião vai perdendo dinheiro e ganhando em alucinação, imagina que é Napoleão III, a quem imita na aparência. Finalmente, é internado em um manicômio, de onde foge e, em companhia de seu cão, Quincas Borba, retorna a Barbacena. Completamente alucinado, mal põe os pés na cidade e proclama a frase que aprendeu do filósofo Quincas: "Aos vencedores, as batatas!" Morre e é enterrado naquela cidade. O cão, depois de muito choramingar e perambular pelas ruas, morre em cima do túmulo de Rubião.

DOM CASMURRO

Romance em que Machado retoma o foco narrativo de primeira pessoa, colocando como narrador o senhor Bento Santiago. A ação, como a maioria das obras de Machado, acontece no Por volta de 1897, o senhor Bento Santiago, viúvo e solitário, resolve escrever um livro sobre sua vida. Inicia explicando o porquê de seu apelido e justificando o título da obra e a razão de escrever a própria obra. Como podemos ver, é a técnica da digressão e da metalinguagem novamente empregadas.

Posteriormente, o narrador retorna a 1857 ou 1858, aproximadamente, quando estava na adolescência e ouviu, detrás da porta, a denúncia do agregado José Dias. Este alertava sua mãe que deveria colocá-lo logo no seminário, conforme promessa feita, pois o menino andava de namorico com a vizinha Capitu (Capitolina).

Através de retrospectivas inseridas no relato, ficamos sabendo que o senhor Pedro de Albuquerque Santiago casara-se com D. Maria da Glória Fernandes em 1835. Tendo nascido morto o primeiro filho, ela prometera a Deus que, se o segundo vingasse e fosse varão, faria dele um padre. O que acontece em 1842. Uns quatro anos depois, morreu o pai de Bentinho. Sua mãe estava com 31 anos.

Retomando a sua adolescência, Bentinho descreve sucintamente, mas com grande eficiência a sua jovem amiga. Cabelos longos e pretos e os olhos misteriosos que ele compara à ressaca do mar, pois tem a capacidade mágica de alargar-se e atrair, sem que ele conseguisse libertar-se. Foi assim que nasceu o primeiro beijo entre eles. Capitu luta para livrar o namorado do seminário, mas nada do que tenta, alcança resultado positivo.

Bentinho vai para o seminário, fazendo amizade com Ezequiel Escobar, outro seminarista que não sente vocação para o sacerdócio. É ele que encontra o caminho para a retirada de Bentinho do seminário. Sugere que Dona Glória, mãe de Bentinho, adote uma criança e coloque-a no seminário. Bento escapa do seminário. Também sai seu grande amigo Ezequiel Escobar, que se dedica ao comércio, enquanto Bentinho vai estudar leis em São Paulo.

Bentinho termina seus estudos superiores em São Paulo e volta para casa. Bentinho e Capitu casam-se. Também Escobar se casa com Sancha, uma amiga de Capitu. Ambos têm uma filha a que dão o nome de Capitu. Nasce o filho de Bento e Capitu, recebendo na pia batismal o primeiro nome do amigo Escobar: Ezequiel.

Quando os dois casais estão com projeto de fazer uma viagem à Europa, Escobar morre afogado pelas ondas revoltas do mar, num dia de ressaca. À saída do caixão, olhando bem o jeito de chorar de Capitu, Bentinho conclui que ela e seu amigo o traíram. Algum tempo depois do enterro, Capitu chama a atenção do marido para a grande semelhança dos olhos de Ezequiel com os do falecido Escobar. Convicto de ter sido traído, Bentinho resolve matar-se comprando veneno. Não consegue tomar, mas quase o deu a seu filho, só desistindo num último momento, num impulso que não consegue compreender. Discute com a esposa e declara toda sua desconfiança. Ela exige a separação. Ele opta por uma separação disfarçada: mandando-a e ao filho para a Suíça.

Morre D. Glória. José dias também falece. Capitu escreve, mas ele não responde, nem a visita quando viaja para fora. Capitu morre por lá e o filho, já adulto, volta ao Brasil, permanecendo com Bentinho durante seis meses. Depois, Ezequiel viaja para o Oriente Médio e morre na Palestina, sendo enterrado nas imediações de Jerusalém. Sozinho, envelhecido, Bento Santiago escreve sua história, alegando que pretende unir as duas pontas da vida, mas o que parece mesmo, é que ele quer provar a sua inocência e a culpa da esposa.

* Procure conhecer a adaptação para "audio-book" lançada pela Editora Melhoramentos.

O ATENEU

Romance de formação, narrado na primeira pessoa pelo protagonista, Sérgio, que relembra seu período de aprendizagem no Ateneu, colégio interno, dirigido pelo tirânico Aristarco Argolo Ramos. A dureza do diretor é contrabalançada pela doçura de sua esposa, Ema, por quem Serginho sente um mágico encantamento. As personagens odiadas, assim como as situações, são caricaturadas pelo autor, que assim se vinga de lembranças desagradáveis, pois a obra é memorialista e de fundo autobiográfico. A caricatura é um desenho rancoroso, vingativo, que destaca os defeitos do retratado. Assim encontramos neste romance a bajulação como traço característico do professor Venâncio, a voracidade e grosseria como traços típicos dos estudantes e a vaidade, imponência e autoritarismo como traços de Aristarco. Escapa do traço expressionista, deformador o Dr. Cláudio, que aparece como indivíduo culto, experiente e consciente.

Entre os estudantes do internato existe a prática do homossexualismo, mas não aprovada por todos. Rebelo, por exemplo, o mais velho da turma, menosprezava os colegas por isso. Serginho quase foi seduzido por Sanches, que, com a desculpa de explicar Camões para a prova, foi logo dedicando-se a estudar o canto nono que narra o episódio da "Ilha dos Amores", e busca possuir Sérgio, que se defende com energia. É interessante, no entanto, observar que Sérgio alimenta amor por dois colegas, embora não haja sexualismo, podemos dizer que há sensualismo em seu relacionamento com o aluno mais forte, Bento Alves, seu protetor e com Egbert, com quem mantém pequenas e leves carícias platônicas.

A mulher aparece nesse romance em duas formas antitéticas. A doce e terna Ema, idealizada pela adoração de Serginho, e a terrivelmente fêmea e sedutora Ângela, dona dos baixos instintos, vista como "esposa da multidão".

No final do relato, o Ateneu arde em chamas, ateadas pelo estudante Américo menino rude, da roça. Aristarco, arrasado pela destruição de seu patrimônio, olha as cinzas indiferente à informação que lhe trazem de que sua esposa desapareceu.

O romance pode ser entendido como um microcosmo, ou seja, representa o macrocosmo que é a sociedade brasileira.

NATURALISMO

O MULATO

O romance de Aluísio Azevedo que inicia o Naturalismo no Brasil, em 1881, denuncia o preconceito racial, centrando sua ação na cidade de São Luís, do Maranhão. A narrativa (foco narrativo: terceira pessoa) gira em torno do mulato Raimundo, que, apesar da sua origem humilde, consegue terminar os estudos.

Ao voltar, reencontra sua prima Rosa, com quem acaba se envolvendo. A moça fica grávida. O pai dela, seu tio Manuel Pescada, não admite tal união e prefere convencer seu empregado, o ambicioso e sórdido Dias, a matar Raimundo, em troca da mão de sua filha. Dias, que nada recusa, lodo ou lama, desde que isso o faça subir na vida, aceita a proposta. Se fosse uma narrativa romântica, Rosa morreria de paixão, como a personagem Inocência, de Visconde de Taunay. Como a história é naturalista, Raimundo morre; Rosa casa-se com Dias e no final do romance o leitor depara-se com os dois saindo do teatro. Ele apresenta um melhor aspecto, demonstrando como o dinheiro pode melhorar a aparência das pessoas. Ela faz recomendações ao marido para proteger o pescoço, pois esfriou e ele andou tossindo. Acrescenta ainda que deseja apressar-se porque está preocupada com as crianças.

CASA DE PENSÃO

Em uma tentativa de fazer romance de personagem coletiva, Aluísio Azevedo, nesta obra, preocupa-se, mais do que com a personagem central, com o retrato do ambiente pegajoso das pensões do Rio de Janeiro e de sua sociedade boêmia.
Empregando o foco narrativo de terceira pessoa, a obra conta a história do jovem Amâncio Vasconcelos que vem do Maranhão para o Rio, em busca de um diploma superior, hospedando-se na pensão de João Coqueiro. Este, planeja o golpe do baú, orientando sua irmã para seduzir o moço provinciano e rico. Amâncio aceita a sedução, mas não admite a chantagem, evitando o casamento forçado e mudando-se para um hotel. João Coqueiro move um processo de sedução, do qual Amâncio sai vitorioso. Enraivecido e frustrado, João Coqueiro vai até o hotel e mata Amâncio, que estava dormindo. Acorda e vive apenas o suficiente para chamar pela mãe.
A mãe de Amâncio, ao deixar de receber notícias do filho, vem ao Rio procurar por ele, desmaiando ao ver numa vitrine, em um ataúde, o corpo morto e pálido do filho. É que ao virar notícia, Amâncio virara também moda: havia chapéu à Amâncio Vasconcelos, etc., e até um enterro à Amâncio. Temos portanto nesta obra também uma crítica ao jornalismo sensacionalista e ao comércio que se aproveitam da desgraça alheia para ganhar dinheiro.

O CORTIÇO

Neste romance, Aluísio Azevedo, conseguiu melhor efeito ao construir um personagem coletivo. Aqui não há propriamente um protagonista, a personagem central é o cortiço. No entanto, para resumir a história, podemos considerar como espinha dorsal da mesma a figura de João Romão, que, através de todo tipo de privação e de exploração, consegue construir o cortiço. Muito colaborou, sem vontade própria, a escrava fugida Bertoleza, que a ele entregou todas as suas economias, com as quais pretendia comprar um dia sua própria liberdade.

Um incêndio destrói o cortiço, mas João Romão sai lucrando, pois além de receber o seguro, aproveitou-se da confusão para invadir a casa do mendigo Libório e roubar todo o dinheiro que o maníaco tinha guardado em garrafas.

João Romão constrói, então, um grande cortiço a que denomina Estalagem São Romão. Além das casas, aluga também as tinas para lavagem de roupa, pois há água em abundância. Enriquecido, para conseguir "status" social, pede em casamento a filha do Miranda, do sobrado. O intermediário comunica que Miranda aceita, mas quer saber como fica a situação da negra que com ele vive, pois sabe muito bem que não se trata de empregada. João Romão promete livrar-se da negra. Bertoleza que tudo ouvia, entra esbravejando e diz que não vai ser tão fácil assim. João Romão consegue livrar-se dela, denunciando-a ao seu dono. Quando a polícia chega para prendê-la, ela se mata. Pouco depois, chega uma comitiva e entrega a João Romão o título em que ele é considerado abolicionista.

O romance apresenta uma grande quantidade de figuras interessantes, como: Pombinha, Piedade, Firmo, Jerônimo, Rita Baiana e muitas outras. Alguns episódios são muito bem realizados como o amanhecer no cortiço, o incêndio, a vinda da primeira menstruação de Pombinha (cena de grande lirismo, de forte poesia), a relação homossexual de Pombinha com a prostituta Leonie (cena de grande realismo, no sentido comum do termo).

PRÉ-MODERNISMO

CANAÃ

Romance de Graça Aranha (foco narrativo: terceira pessoa) que trata da imigração alemã no Espírito Santo. A história tem como palco Porto do Cachoeiro, onde se encontram dois imigrantes: Milkau e Lentz. Ambos acreditam que o Brasil será a terra do futuro, a sonhada Canaã, mas por caminhos diferentes. Milkau acredita na união, no amor, na confraternização entre as raças. Lentz, pelo contrário, duvida que o Brasil possa ser algo promissor se depender da raça mestiça e inferior que aqui vive. Só se predominar a força e a energia da raça pura, ariana, como a deles.

Notem que essa obra foi publicada em 1902, e que Hitler vai iniciar seu domínio por volta de 1933. Isso dá o que pensar.

Uma história paralela que cruza com a de Milkau é a da jovem Maria, que após ser seduzida e engravidada pelo filho dos patrões é expulsa de casa. Nem o padre, que sente pena, dá-lhe proteção. Maria acaba explorada pela dona de uma pensão, que, tão avarenta, chega a esconder carne sob o colchão para a moça não comer. Milkau, que conhecera Maria num baile, reconhece-a e a salva da tirânica mulher. Passam por uma fazenda e Milkau deixa-a por uns momentos. Maria desmaia e dá a luz. Enquanto a criança nasce, vem uma manada de porcos e devora o recém-nascido. Maria é acusada de ter dado a criança para os porcos comerem, com o intuito de livrar-se dela. Milkau, vendo que não há como livrá-la de uma condenação legalmente, tira-a da prisão e foge com ela à noite. O final é um tanto quanto simbolista, com os dois subindo por um monte e ele prometendo que vai levá-la para Canaã. Quando ele desanima, ela o ampara, dizendo que sabe que Canaã não é para o momento presente, mas será uma realidade para o futuro.

OS SERTÕES

Esta é uma das mais impressionantes e instigantes obras de nossa literatura. Mistura ficção e ciência, o que levou a crítica a classificar o estilo do autor como "barroquismo científico". Apesar de problemática classificação, podemos afirmar que ela aproxima-se mais do ensaio do que do romance.

Nesta obra, Euclides da Cunha, denuncia a destruição de Canudos pela República, demonstrando com seu trabalho que o problema merecia mais uma solução social do que militar. Para melhor desenvolver sua argumentação, dividiu a obra em três partes:

I - A TERRA - Como o título indica, aborda a geografia nordestina, principalmente do sertão baiano, estudando o clima, a flora, e examinando o problema da seca, suas origens e possíveis processos de correção. Demonstra elevados conhecimentos científicos e de História Geral.

II - O HOMEM - Estuda a formação racial do brasileiro, insistindo na gênese do sertanejo, a quem considera feio como Quasímodo, mas forte como Hércules. É de Euclides a famosa afirmação de que o sertanejo é antes de tudo um forte. Nessa parte, também, trata da figura central da revolta de Canudos, o líder Antônio Mendes Maciel, conhecido vulgarmente como Antônio Conselheiro, visto como fanático religioso.

III - A LUTA - Canudos atrai todo tipo de pessoas miseráveis, pois ali um dia correrá o mel e o leite, segundo Antônio Conselheiro, o beato, que também dizia que o sertão ia virar mar. Os grande proprietários pressionaram o governo a tomar providências. Um tumulto provocado por um negócio, uma compra de madeiras, feito pelos seguidores do Conselheiro, provocou a primeira atitude da polícia. A polícia do Estado intervém e é derrotada. O Governo Federal envia mais de mil homens, comandados pelo famoso coronel Moreira César, que morre baleado. Os jagunços, apesar de desnutridos e sem armas de qualidade, vencem, valendo-se da técnica de guerrilha. Finalmente, o Governo manda um verdadeiro exército, com canhões e rifles importados, dinamite e querosene, sitiando e subjugando os revoltosos. Segundo Euclides, Canudos não se rendeu. Afirma: "Exemplo único em toda a história, resistiu até o esgotamento completo. Expugnado palmo a palmo, na precisão integral do termo, caiu no dia 5, ao entardecer, quando caíram os seus últimos defensores, que todos morreram. Eram quatro apenas: um velho, dois homens feitos e uma criança, na frente dos quais rugiam raivosamente 5 mil soldados."

RECORDAÇÕES DE ISAÍAS CAMINHA

Romance de Lima Barreto, com foco narrativo de primeira pessoa, tendo como protagonista e narrador o mestiço Isaías Caminha.

Isaías Caminha, menino do interior, alimenta o sonho de ser um grande homem. Para isso e por isso estuda com afinco. Terminado os estudos normais parte para o Rio de Janeiro, decepcionando-se com a grande cidade e a vida que aí encontra. Não retorna ao interior, apesar das dificuldades. Luta contra a fome e a discriminação. Sofre muito, mas consegue ocupar o lugar de contínuo em um considerado jornal: O Globo. Da redação pode ver e criticar melhor, tanto o jornal, quanto o mundo que se agita fora dele, muitas vezes impulsionado pelas idéias que o periódico espalha, como o caso do motim popular, provocado pelos protestos jornalísticos contra o projeto de lei que obrigaria todos a usarem sapatos para poder circular pelas ruas do Rio.

A sua posição melhora, quando, após o suicídio de um funcionário do jornal, sai à procura do diretor Loberant e o encontra em um prostíbulo, participando de uma orgia. É elevado à condição de repórter, despertando inveja entre os colegas e bajulação entre os que precisam de seus préstimos. Enojado com tudo, sentindo-se alheio a essa vida de falsidades, retira-se da grande cidade, casa-se e leva uma

vida simples de escrivão interiorano. Um dia, revoltado com um artigo de uma revista que coloca os negros e mestiços em condição de inferioridade, resolve escrever esse livro que procura denunciar a discriminação e o preconceito racial.
Esta obra foi muito depreciada pelos críticos da época, por um estilo que consideraram descuidado e pelo que havia nela de autobiográfico.

TRISTE FIM DE POLICARPO QUARESMA

Romance também de Lima Barreto, que narra em terceira pessoa as desventuras do quixotesco major Quaresma. A obra pode ser dividida em três partes.
Na primeira delas, Policarpo Quaresma, dotado de um nacionalismo ufanista, lê e aprecia tudo que é genuinamente brasileiro, lutando pela salvação do nosso folclore, de nossas tradições. Com esse propósito estuda violão com Ricardo Coração dos Outros, pesquisa a cultura indígena e sugere o tupi como língua nacional em vez do português. Ridicularizado, perseguido, Quaresma acaba perdendo a razão e é internado em um hospício.
Na segunda parte, Quaresma, desiludido com tudo que aconteceu, abandona a cidade. Vende tudo que possui, reúne todo dinheiro que tem e compra um sítio a que denomina "Sítio do Sossego". Sossego é o que ele não encontra. Se fracassou na luta para salvar a cultura nacional, piores condições enfrentará agora. Praga de insetos, esterilidade do solo, perseguição de político, exploração de atravessadores. Mas nada disso fez Quaresma desistir. Como Dom Quixote preparava-se ele para mais uma batalha, quando algo o faz deixar de lado seus sonhos e seus interesses pessoais. É que a pátria precisa dele.
Na terceira parte, Quaresma deixa sua propriedade e vai para o Rio, lutar ao lado do presidente da República, Floriano Peixoto, contra a Revolta da Armada. Lima Barreto mostra o ridículo de combates para os quais não há preparo militar e critica aqueles que se valiam da situação para lutar apenas por seus interesses e para melhorar sua condição social. Quaresma vê os revoltosos serem vencidos e revolta-se quando o governo manda executar desnecessariamente homens que já se haviam rendido e estavam presos, indefesos. Critica Floriano. Por isso é considerado traidor e condenado à morte.

URUPÊS

Livro de contos, de Monteiro Lobato, que assim como Negrinha e Cidades Mortas, apresentam relatos curtos de episódios, ora trágicos, ora cômicos, que acontecem, em sua maioria, na região decadente do Vale do Paraíba.

MODERNISMO PRIMEIRO TEMPO

A CONFISSÃO DE LÚCIO

Trata-se de uma novela modernista de Mário de Sá-Carneiro que emprega foco narrativo de primeira pessoa. O escritor português Lúcio, narrador e protagonista, termina de cumprir sua pena, sai da prisão e vai para um lugar retirado, no interior, onde se põe a escrever a sua confissão que é datada de 1913. Diz que pretende esclarecer com ela o caso confuso em que esteve envolvido e que o levou à cadeia. Numa retrospectiva, remonta a 1895, quando sai de sua pátria e vai estudar Direito em Paris, onde encontra outro português, Gervásio, que o apresenta a uma exótica mulher, a americana, e ao poeta Ricardo. Esta mulher dá uma festa indescritível de sensualidade a que comparecem os três rapazes portugueses.

Um mês depois da festa, a amizade de Ricardo e Lúcio está mais do que consolidada. Gervásio some de cena. Após dez meses de longos papos, Ricardo retorna inexplicavelmente a Portugal. Durante um ano escrevem-se cartas: Lúcio três, e Ricardo duas. Lúcio também volta a Portugal e encontra o amigo casado com Marta, ou, pelo menos, vivendo com ela. Durante vários meses, freqüenta a casa do amigo e acaba se tornando amante de Marta. Um dia, descobre que ela tem outro amante, sente ciúmes: "aquele corpo esplêndido, triunfal, dava-se a três homens - três machos se estiraçavam sobre ele, a poluí-lo, a sugá-lo!... Três? Quem sabia se uma multidão? ... E ao mesmo tempo que esta idéia me despedaçava, vinha-me um desejo perverso de que assim fosse..." Enciumado, espiona a mulher e, com o marido (por acaso), vê quando ela entra na casa de outro amigo deles. Torturado pelas emoções conflituosas, deixa Portugal e retorna a Paris.

Em 1900, o empresário Santa-Cruz de Vilalva o encontra em Paris e pede para encenar sua peça. Lúcio deixa e, mais tarde, rescreve o final, levando-o a Portugal para mostrar ao empresário. Este não aceita o novo final, e Lúcio impede a montagem do espetáculo. Lúcio encontra Ricardo e o agride verbalmente. Ricardo confessa que mandava Marta possuir os amigos que ele amava. Confessa que ama Lúcio e que a mulher foi a forma que encontrou para realizar esse amor. Para dar provas do que diz, vai até sua casa e atira em Marta, que desaparece, caindo ele próprio atingido pelo tiro. Lúcio é acusado pelo crime e vai preso. O mistério, ao contrário do que propunha o narrador, permanece sem esclarecimento. Os leitores podem dar interpretações diferentes entre si, porque esta é uma obra aberta.

MACUNAÍMA

Linda obra de Mário de Andrade, que, seguindo as propostas de rebeldia, liberdade e experimentalismo da fase heróica do Modernismo, evita os moldes tradicionais da narrativa e até a denominação "romance", preferindo escolher para indicar como gênero de sua obra o termo "rapsódia". Com essa nova classificação já sugere que sua obra é uma colagem de lendas indígenas, contos populares, ditados, provérbios, etc., uma verdadeira colcha de retalhos ou colagem cubista.

A narrativa trata da história do "herói" Macunaíma, da tribo dos tapanhumas, que nasceu preto como a noite e cresceu com uma enorme preguiça, de tal forma que nunca falava e quando insistiam muito, só dizia: "Ai, que preguiça!" Depois de muitas de várias peripécias, cresce o nosso herói e se casa com Ci, a mãe do mato. Os dois gostam muito de brincar. Brincam tanto que às vezes o herói dorme do meio da brincadeira. Ci, deitada em cima dele, protesta porque ele dormiu no meio da brincadeira.

Ci morre, vai para o céu e vira uma estrela. Deixa para Macunaíma um talismã, o muiraquitã, que um dia desaparece. Macunaíma descobre que o talismã está em poder de Piaimã, gigante comedor de gente, que vive em São Paulo, disfarçado de comerciante peruano. Macunaíma convoca os irmãos Jiguê e Maanape e partem de barco do norte do país, rumo a São Paulo, para recuperar o talismã. Durante a viagem, tomam banho em uma água milagrosa e Macunaíma fica branco, tendo seu pretume lavado pela água. Maanape e Jiguê tentam também, mas como a água já estava suja, um deles ficou apenas moreno, chocolatado e o outro já nem água direito achou, por isso só conseguiu molhar a palma das mãos e a planta dos pés.

Em São Paulo, os irmãos envolvem-se em diversas situações engraçadas e Macunaíma, principalmente, complica-se várias vezes ao tentar enganar o gigante para tomar sua pedra. Finalmente, através de macumba, recupera a pedra e volta para sua terra, mas encontra sua tribo extinta.

SERAFIM PONTE GRANDE

Obra revolucionária e modernista de Oswald de Andrade que mescla diversos gêneros, como poesia, teatro, diário; valendo-se de uma linguagem telegráfica, caleidoscópica. Nela encontramos o relato da vida de Serafim Ponte Grande, desde a infância, passando pela iniciação sexual da adolescência, ao envolvimento e casamento forçado com Lalá. Sua vida de casado, suas fantasias homossexuais pelo amigo Pinto Calçudo e a atenção de seu colega de trabalho na repartição pública, o Manso, que leva Lalá e as crianças para se divertirem. Um dia, colocam as crianças no colégio interno, por sugestão do Manso. Em seguida, Manso foge com Lalá.

Serafim dá um tiro de canhão no traseiro do seu chefe Benedito Carlindoga e foge para a Europa com seu amigo Pinto Calçudo e com o dinheiro da revolução. Nessa viagem, acontece de tudo, desde seu envolvimento com Clara Claridad, companheira de Chez Cabaçuda, até uma consulta por carta ao pai da psicanálise, Freud, sobre o problema de ser bem dotado, o que estava provocando pesadelos sacrílegos em sua amada.

Serafim retorna ao Brasil e, com um pára-raios na cabeça, faz um discurso que nos faz pensar em um misto de dadaísmo e futurismo. É atingido por um raio, mas a história ainda continua sem a presença de seu protagonista.

MODERNISMO SEGUNDO TEMPO

VIDAS SECAS

Obra regionalista de Graciliano Ramos (foco narrativo: terceira pessoa) que une denúncia social e análise psicológica em um estilo denso, conciso. De difícil classificação quanto ao gênero, pois é a reunião de capítulos (ou contos?) interdependentes, constituindo um todo.

A narrativa trata da migração de uma família de nordestinos, constituída por Fabiano, Sinha Vitória, o menino mais velho, o menino mais novo e a cadela Baleia. Claro, há também um papagaio, mas no primeiro grande aperto a ave é comida, sobrando os ossos para a cadela. Na fuga, encontram um lugar para abrigo e acabam permanecendo ali, pois com a volta da chuva e o retorno do dono, o vaqueiro Fabiano oferece-se como empregado. É sempre explorado pelo patrão, por isso, quando chega nova seca, não tem muito que levar. Parte novamente, num movimento cíclico, indicando, assim, que o problema do sertão nordestino continua esperando por uma solução definitiva.

SÃO BERNARDO

Romance de Graciliano Ramos que tem como narrador e protagonista Paulo Honório (foco narrativo: primeira pessoa) que, assim como Bento Santiago, em Dom Casmurro, escreve um livro repassando pela memória os fatos importantes de sua vida.

Paulo Honório relata sua origem humilde de enjeitado, criado pela doceira Margarida, que foi trabalhar como enxadeiro na fazenda São Bernardo. Numa briga, por causa de ciúme, matou um sujeito e amargou três anos na prisão. Aí aprendeu a ler, escrever e fazer contas, com um outro prisioneiro.

Fora da prisão, dedicou-se ao comércio, revelando ambição, força de vontade e sagacidade. Consegue êxito e com o mesmo afinco e esperteza, toma a fazenda em que trabalhara do atual dono, Padilha, que depois é empregado como professor na escola da fazenda. Muitas vezes é humilhado por Paulo Honório, que se vinga de sua condição anterior de humilhado.

Com a mesma determinação e pouca honestidade, Paulo alarga os limites da fazenda, moderniza-a e se transforma em um dos poderosos do lugar, metido em política e grandes negócios. Já rico, resolve casar-se para ter uma mulher que lhe gere um filho, um herdeiro, pois não tem qualquer parente. Por isso, segundo ele, casa-se com Madalena, professora, sensível, de espírito humanitário e ideais socialistas. Paulo Honório, ao ver que não consegue domar sua mulher e transformá-la em "coisa" sua, como faz com tudo, passa a sentir um ciúme alucinado, que conduz a mulher ao suicídio. É interessante destacar que ela lhe deu um filho, mas isso, contraditoriamente, parece não ter mais importância para ele.

Vem a crise político-econômica e suas conseqüências atingem a fazenda, encontrando um dono envelhecido, desanimado, solitário. Ele diz que, se quisesse, poderia reerguer tudo outra vez, mas não valeria a pena, pois não teria Madalena. Conclui, no entanto, afirmando que se pudesse fazer tudo de novo, acabaria fazendo do mesmo jeito, porque é um casca grossa.

MENINO DE ENGENHO

Romance regionalista do paraibano José Lins do Rego que inicia o ciclo da cana-de-açúcar. Assim como os demais, Doidinho, Bangüê, etc., apresenta foco narrativo de primeira pessoa, com o narrador e protagonista, Carlos, recompondo, pela memória, o apogeu e decadência do engenho, que metonimicamente representa a sociedade patriarcal escravocrata.

Nesse primeiro livro, o leitor encontra a história do menino Carlos, que, com a morte da mãe e a fuga do pai, que a matara, é levado para a fazenda Santa Rosa, de seu avô José Paulino. Lá entra em contato com a miséria da senzala, em confronto com a segurança e conforto da casa grande. Esse romance é considerado de tensão mínima, pois o afeto do autor por Carlos (seu alter ego) e seu avô (a obra é de fundo autobiográfico) evitam que mergulhe mais fundo na análise crítica da situação.

Na fazenda, Carlos vive sua formação sexual e tem suas primeiras experiências, primeiro através da zoofilia e depois com Zefa Cajá, que lhe transmite doença venérea. Termina o relato com o avô afirmando que não lhe dará uma surra porque vai colocá-lo logo no colégio interno.

FOGO MORTO

É a obra-prima de José Lins do Rego, e também pertence ao ciclo da cana-de-açúcar, mas nele não aparece Carlos, e o foco narrativo é de terceira pessoa. Provavelmente esse distanciamento permitiu ao autor cuidar mais da análise, da denúncia e até do próprio estilo.

A obra é dividida em três partes, destacando-se em cada uma delas uma das três figuras principais: O mestre Amaro, o dono de engenho Luís de Holanda Chacon (Lula) e o quixotesco Capitão Vitorino Carneiro da Cunha, que apesar desse nome pomposo é um velho ridículo, fanfarrão, sonhador, que pretende mudar a situação poderosa dos senhores de engenho pela atuação política.

Lula, casa-se com a filha de Capitão Tomás, herdando assim o engenho Santa Fé, mas não revela competência para cuidar da propriedade que caminha para completa decadência, Mestre Amaro, seleiro, orgulhoso de sua independência, pois não é escravo nem empregado de ninguém, entra em desacordo com o senhor de engenho. Lula ordena que deixe suas terras. Esse e outros problemas, como o enlouquecimento da filha, levam Amaro ao suicídio. O único personagem que cresce durante a narrativa é o Capitão Vitorino, apelidado pela molecada de "papa rabo", por causa de sua mula que só tem o coto da cauda.

MODERNISMO TERCEIRO TEMPO

MEMORIAL DO CONVENTO

Romance experimentalista do escritor português José Saramago, que utiliza pontuação livre e original, faz denúncia social, revê criticamente a História de Portugal, fundindo-a com a ficção. Envereda freqüentemente pelo campo da poesia e pelo gênero fantástico. A obra conta o seguinte:

D. João V, rei de Portugal, casa-se com D. Maria da Áustria, que sente dificuldades em dar-lhe um filho. Um frade diz ao rei que se ele prometer construir um convento em Mafra, Deus lhe dará o desejado filho. Faz o rei a promessa e a rainha fica grávida, se é que já não estava e só contara ao seu confessor.

Num auto-de-fé, várias pessoas vão ser castigadas, entre elas, a narradora: Sebastiana Maria de Jesus, mãe de Blimunda, que é punida com o degredo. A filha, enquanto a mãe é castigada, trava conhecimento com um ex-soldado, maneta, de nome Baltasar Sete-Sóis, e o convida a ir para sua casa na companhia do padre cientista Bartolomeu Lourenço. Jantam. O padre sai. Ela convida Baltasar a ficar e deitar-se com ela. Embora nunca se casem, permanecem unidos por um grande e lindo amor até a última linha da narrativa.

O padre fez algumas experiências com balões e está engendrando uma máquina para voar. Para construí-la pede ajuda a Baltasar. Um dia, quando a máquina fica pronta, saem os três para um vôo experimental. Caem perto de Mafra, terra de Baltasar, onde estão construindo o famoso convento da promessa real. O padre desaparece na noite. Baltasar esconde a máquina e vai para casa de seus pais com Blimunda. Esta jamais o abandona.

Baltasar trabalha na construção do convento. Por volta de 1730, quando está próxima a sagração da igreja do convento, Baltasar acidentalmente faz a máquina voar e desaparece. Blimunda, procura-o por todo o país durante muitos anos, encontrando-o finalmente em Lisboa, em 1739, sendo executado num auto-de-fé do Santo Ofício.

GRANDE SERTÃO: VEREDAS

Único romance do genial escritor mineiro João Guimarães Rosa, autor também de várias outras obras importantes, como Sagarana, Tutaméia, Primeiras Estórias. A obra (foco narrativo: primeira pessoa) é o relato oral de um ex-jagunço, Riobaldo, que conta a um visitante sua trajetória pelos sertões de Minas Gerais e pelas lutas entre bandos de jagunços de que fez parte.

Por força das circunstâncias, Riobaldo entrou para o bando de Joca Ramiro, que foi morto pelo traiçoeiro e demoníaco Hermógenes. Empenha-se, a pedido de seu grande amigo, Reinaldo, na vingança de Joca Ramiro. Sua amizade por Reinaldo atinge elevado grau de estranhamento e complexidade. Reinaldo cuida de suas roupas, corta seus cabelos e pede que, quando estiverem a sós, Riobaldo o chame de Diadorim. Além disso, Reinaldo, ou Diadorim, nunca toma banho com os demais e pede a Riobaldo para não se relacionar com as mulheres. Riobaldo sente por Diadorim desejos inconfessáveis, que não consegue entender bem.

Finalmente, enfrentam o bando de Hermógenes que é morto por Diadorim. Este também morre dos ferimentos. Quanto vão lavar o corpo, descobrem que se tratava de uma mulher, Deodorina, filha de Joca Ramiro.

LAÇOS DE FAMÍLIA

Obra de Clarice Lispector, com vários contos, girando todos em torno das difíceis relações familiares, voltando-se mais para a introspecção do que para peripécias, mais para a banalidade cotidiana e o que nela há de poético ou iluminador, do que para aventuras ou denúncia social. Vejamos a síntese do enredo de alguns contos, que estarão numerados conforme sua seqüência na obra:

1. Devaneio e embriaguez duma rapariga: Aproveitando que os filhos e o marido estão for a, uma dona de casa tira o dia para não fazer nada, curtindo-se na cama e relembrando os bons momentos que passara num jantar com o marido e outro homem.

2. Amor: Uma mulher é atingida interiormente pela imagem de um cego mascando chiclete. Isso a desorienta tanto quando o solavanco do bonde que a desequilibra. Vai ao Jardim Botânico e toda a natureza transmite-lhe a idéia de mucosidade, sensualidade e amor. Refugia-se na rotina doméstica e na segurança do lar e do marido.

3. Uma galinha: A família comprou uma galinha para fazer no almoço. Naquele tempo, comprava-se a galinha viva e só a matavam no momento de cozinhar. A galinha surpreende a família botando um ovo. A menina e o pai avisam que não terão coragem de comê-la. A mãe deixa a ave em paz. A menina transforma-a em quase um brinquedo. Depois, com o tempo, todos se acostumam e, finalmente, a galinha cumpre seu destino: é morta e comida.

5. Feliz Aniversário: Uma família se reúne para comemorar os oitenta e nove anos da matriarca. A velha olha a todos com desdém. Em certo momento, cospe no chão para expressar seu desprezo. Depois de todos os gestos estereotipados do ritual vazio desse encontro em família, retiram-se, deixando a velha que, em sua solidão interior, espera pelo jantar, pressentindo vagamente que ele foi substituído pelo bolo.

7. O jantar: Um homem observa um velho jantando em um restaurante. Absorve-se de tal maneira na contemplação do outro e de seu modo brutal de alimentar-se, que não consegue comer.

8. Preciosidade: Uma jovem descobre-se como fruto de desejo ao ser bolinada por rapazes inexperientes em uma rua deserta. Sente-se mulher e chega em casa exigindo sapatos mais condizentes com sua nova mentalidade. E consegue os sapatos.

9. Os laços de família: Catarina leva sua mãe, Severina, ao trem. Durante a visita, genro e sogra trataram-se com vigilância ríspida, mas na hora da despedida procuraram ser gentis um com o outro. Durante o trajeto para a estação ocorre uma aproximação entre mãe e filha, que parece não se tornar total por ser muito o tempo em que se trataram de modo distante. Ao voltar para casa, Catarina leva o filho a passear, gerando uma espécie de ciúme no marido, que se predispõe a dar mais atenção à esposa.

13. O búfalo: Uma mulher, sentindo-se não amada, busca uma imagem ou algo que a auxilie a entrar em contato com o ódio que deseja vivenciar. Procura nos animais do zoológico, mas só vê amor por onde passa. Finalmente, olhando o búfalo, sente o que pretendia encontrar e desmaia com a forte sensação.

QUADROS SINÓPTICOS

TROVADORISMO: Era medieval I

(De 1189 a 1418), séculos XII, XIII, XIV, XV.

I - CONTEXTO HISTÓRICO

1. Independência de Portugal.
2. Lutas de reconquista (contra os mouros).
3. Domínio absoluto da Igreja Católica (teocentrismo).
4. Feudalismo (suserania e vassalagem).
5. Imobilidade social: nobreza, clero, plebe.

II - ORIGEM

* Local: cantiga de amigo
* Provençal: cantiga de amor

III - DATA INICIAL

* **Portugal**: 1189 ou 1198 *A Ribeirinha* (Cantiga de Guarvaia) de Paio Soares de Taveirós.
* **Brasil**: ...

IV - CARACTERÍSTICAS

A) GERAIS

1. Poesia associada à música (cantada).
2. Emprego do galego-português (português arcaico).

B) ESPECÍFICAS:

1. **Cantiga de amor**: Eu lírico masculino, mais requintada, amor "cortês" (vassalagem amorosa), homem dirige-se a mulher nobre, inatingível, lamentando sua "coita".
2. **Cantiga de amigo**: Eu lírico feminino, mais popular, amor erótico, mulher dirige-se a uma confidente (mãe, irmã, amiga(s), ser da natureza) queixando-se do atraso ou ausência amorosa. Apresenta normalmente refrão e paralelismo.
3. **Cantiga de escárnio**: Texto satírico, ironiza alguém, mas evita nomear o criticado. É ambígua, indireta.
4. **Cantiga de maldizer**: Texto satírico, criticando diretamente alguém, muitas vezes fornecendo o nome e empregando termos de baixo calão.

V - AUTORES

Entre os principais poetas estão: D. Dinis, D. Sancho, Joan Zorro, Paio Soares de Taveirós, J. Garcia de Guilhade, Pero da Ponte, Martim Codax.

HUMANISMO: Era medieval II

(De 1418 a 1527), século XV e parte do XVI.

I - CONTEXTO HISTÓRICO

1. Período de transição: Medievalismo X Renascimento.
2. Evolução da burguesia, início das navegações.
3. Primeiros descobrimentos: América, Brasil.

II - ORIGEM

Não se discute sua origem, mas as idéias gerais e fundamentais do movimento humanista tiveram sua origem na Itália.

III - DATA INICIAL

* **Portugal**: 1418 (Data da nomeação de Fernão Lopes para Guarda-mor da Torre do Tombo).
* **Brasil**: É descoberto neste período, não tendo, portanto, uma literatura.

IV - CARACTERÍSTICAS

1. A poesia divorcia-se da música.
2. A crônica apresenta procedimentos técnicos próprios da ficção.
3. A crônica registra a participação do povo no processo histórico.
4. O teatro é sacro, popular, poético, satírico.
5. O teatro humanista não respeita a regra clássica das 3 unidades.

V - AUTORES

1. Garcia de Resende, compilador do *Cancioneiro Geral* (1516).
2. Fernão Lopes, considerado o Pai da História em Portugal.
3. Gil Vicente foi o iniciador do teatro em Portugal com *Auto da Visitação*.

CLASSICISMO: Era Clássica I

(De 1527 a 1580), século XVI.

Pode ser chamado também de **Quinhentismo**.

I - CONTEXTO HISTÓRICO

1. Ascensão da burguesia.
2. Centralização do poder monárquico.
3. Evolução técnica e científica (astrolábio, imprensa, bússola etc).
4. Expansão marítima (grandes navegações, grandes descobrimentos).
5. Movimento reformista (Lutero, Calvino etc).

II - ORIGEM

* Mediata: Cultura greco-latina da Antigüidade.
* Imediata: Itália (berço do Renascimento)

III - DATA INICIAL

* **Portugal**: 1527 com a volta de Sá de Miranda da Itália, introduzindo a medida nova (doce estilo novo).
* **Brasil**: Não houve Classicismo. Na colônia foram produzidos textos que ficaram conhecidos como Literatura dos jesuítas (formativa ou catequética) e Literatura dos viajantes (informativa).

IV - CARACTERÍSTICAS

1. Antropocentrismo (hedonismo, valorização do corpo).
2. Clareza, concisão, busca da perfeição.
3. Equilíbrio e harmonia.
4. Paganismo estético (mitologia greco-latina).
5. Racionalismo e universalismo (platonismo).
6. Otimismo, euforia vital.
7. Adoção dos padrões da cultura clássica da antigüidade.
8. Imitação (mimese).

LITERATURA PRODUZIDA NO BRASIL

1. Literatura sobre o Brasil, pobre esteticamente.
2. Elevado valor como documento histórico.
3. Documentos que revelam a visão de mundo do colonizador.
4. Ufanistas, mostram um lugar paradisíaco.

Importância como material de pesquisa e sugestão para escritores e estilos de época posteriores como Romantismo e Modernismo ou José de Alencar e Oswald de Andrade.

V - AUTORES

* **Portugal**: Luís Vaz de Camões, Sá de Miranda, Antônio Ferreira e Bernardim Ribeiro.
* **Brasil**: Padre José de Anchieta, padre Manuel da Nóbrega.

BARROCO: Era Clássica II

Predominante no século XVII.

* **Portugal**: De 1580 a 1756.
* **Brasil**: De 1601 a 1768.

I - CONTEXTO HISTÓRICO

1. De 1580 a 1640, Portugal perde autonomia e fica sob domínio espanhol.
2. A partir de 1640, inicia-se a Restauração, com a retomada do trono por D. João IV.
3. Forte influência do movimento contra-reformista.
4. Economia brasileira baseada na cultura da cana-de-açúcar.
5. Centro cultural da colônia: Bahia.

II - ORIGEM: Itália.

III - DATA INICIAL

* **Portugal**: 1580 - Morte de Camões, domínio espanhol.
* **Brasil**: 1601 - Publicação de *Prosopopéia*, de Bento Teixeira.

IV - CARACTERÍSTICAS

1. Sentimento de brevidade ou efemeridade da vida.
2. Preferência pelas curvas, formas retorcidas (hipérbato).
3. Conflito: Teocentrismo medieval X Antropocentrismo renascentista (antítese).
4. Religiosidade: sentimento de pecado e busca do perdão.
5. Desequilíbrio, visão pessimista e desencantada da vida.
6. Gosto pela metáfora e pelas repetições sistematizadas como anáfora, anadiplose e epizeuxe.
7. Atração pela exuberância, pelo detalhismo, pelo ornamentalismo.
8. Abuso no emprego de figuras de linguagem, principalmente da metáfora.

V - AUTORES

* **Portugal**: Padre Antônio Vieira
* **Brasil**: Gregório de Matos Guerra e Manuel Botelho de Oliveira.

ARCADISMO: Era Clássica III

Predominante no século XVIII.

Pode ser também denominado Neoclassicismo ou Setecentismo.

I - CONTEXTO HISTÓRICO

1. Revolução industrial na Inglaterra com reflexos no restante da Europa.
2. Período de urbanização e de êxodo rural.
3. Iluminismo, que em oposição ao contra-reformismo, valoriza a razão, a ciência e o progresso.
4. Independência das colônias inglesas, Inconfidência Mineira, Revolução Francesa.
5. **Portugal** - Governado pelo déspota esclarecido Marquês de Pombal (reforma do ensino, expulsão dos jesuítas).
6. **Brasil** - Economia: ciclo do ouro, da mineração. Centro cultural: Vila Rica.

II - ORIGEM: Itália

III - DATA INICIAL

* **Portugal**: 1756 - Fundação da Arcádia Lusitana.
* **Brasil**: 1768, publicação de *Obras Poéticas*, de Cláudio Manuel da Costa.

IV - CARACTERÍSTICAS

1. Busca de simplicidade, racionalismo.
2. Equilíbrio (*aurea mediocritas*) e harmonia.
3. Paganismo, mitologia (Zéfiro, Apolo, Minerva etc.).
4. Pastoralismo, bucolismo (*fugere urbem*, *locus amoenus*).
5. Natureza convencional, arquetípica (cenário).
6. Adjetivos muito empregados, combinando com "local ameno": manso, suave, doce, terno, tenro, calmo etc.
7. *Carpe diem,* gozar o momento presente sem sentimento de pecado.
8. Sensualidade, erotismo.

V - AUTORES

* **Portugal**: Manoel Maria Barbosa du Bocage (Elmano Sadino), Antônio Dinis da Cruz e Silva (Elpino Nonacriense), Domingos Caldas Barbosa, Padre José Agostinho de Macedo.
* **Brasil**: Tomás Antônio Gonzaga, Cláudio Manoel da Costa, Basílio da Gama , Santa Rita Durão.

ROMANTISMO - Era Romântica I

Primeira metade do século XIX.

I - CONTEXTO HISTÓRICO

1. Revolução industrial (1750 a 1800)
2. Revolução Francesa (1789)
3. Surgimento de um público consumidor
4. Arte torna-se mercadoria (Folhetins)
5. Vinda da família real para o Brasil (1808), implantação da imprensa.
6. Independência do Brasil (1822)
7. Guerra do Paraguai

II - ORIGEM: Alemanha e Inglaterra, século XVIII.

III - DATAS INICIAIS

* Portugal: 1825 - Publicação de <u>Camões</u>, de Almeida Garrett.
* Brasil: 1836 - Publicação de *Suspiros Poéticos e Saudades*, de Gonçalves de Magalhães.

IV - CARACTERÍSTICAS

1. Sentimentalismo, subjetivismo, individualismo.
2. Nacionalismo, medievalismo, indianismo.
3. Recuperação e valorização do passado pátrio.
4. Idealização da natureza e da mulher.
5. Cristianismo.
6. Atração pelos lugares ermos, solitários.
7. Fuga ou escapismo.
8. Valorização do enredo, da ação externa, da aventura, do herói.
9. Folclores, popularização da arte.
10. Satanismo, gosto pelo macabro e pelo noturno.
11. Sentimentos de tristeza, melancolia, e depressão.

V - AUTORES

* PORTUGAL: Almeida Garrett, Alexandre Herculano, Camilo Castelo Branco, Júlio Dinis .
* BRASIL: (POESIA) Primeira Geração: Gonçalves Dias; Segunda Geração: Álvares de Azevedo;Terceira Geração: Castro Alves. (PROSA) Joaquim M. de Macedo, Manuel Antônio de Almeida, José de Alencar, Bernardo Guimarães, Visconde de Taunay, Franklin Távora.

REALISMO - NATURALISMO - Era Romântica II

Segunda metade do século XIX.

I. CONTEXTO HISTÓRICO

1. Segunda Revolução Industrial.
2. Produção mecânica acelerada (Ressalta a exploração do proletariado).
3. Grande desenvolvimento técnico e científico.
4. Cristalização da burguesia no poder.
5. Positivismo - Augusto Comte.
6. Socialismo - Karl Marx.
7. Evolucionismo - Charles Darwin.
8. Determinismo - H. Taine.

II. ORIGEM: França

III - DATAS INICIAIS

* **Portugal**: 1865 - Questão Coimbrã (Antero X Castilho)
* **Brasil**: 1881 - *O Mulato,* de Aluísio Azevedo
  Mem. Póstumas de Brás Cubas, de M. de Assis

IV - CARACTERÍSTICAS DO REALISMO

1. Temática contemporânea, valorizando o "aqui e agora", numa clara oposição ao medievalismo próprio dos românticos.
2. Racionalismo e objetivismo.
3. Valoriza a ciência, a técnica.
4. Preocupação formal.
5. Personagens vulgares, apresentando defeitos, covardias.
6. Presença da infidelidade conjugal, do adultério.
7. Preocupação com a análise psicológica, com a ação interior.
8. Enredo moroso.

V - AUTORES

* **Portugal**: Antero de Quental, Guerra Junqueiro, Cesário Verde, Eça de Queirós.
* **Brasil**: Machado de Assis, Aluísio Azevedo, Raul Pompéia.

PARNASIANISMO - Era Romântica II

I - CONTEXTO HISTÓRICO: o mesmo do Realismo.

II - ORIGEM: França - Revista *Parnasse Contemporain*.

III - DATA INICIAL

Não é hábito dos examinadores pedirem tal data, e os livros não insistem nela. Alguns apontam o ano de 1880, com a publicação do livro *Sonetos e Rimas*, de Luís Guimarães Júnior.

IV - CARACTERÍSTICAS

1. Racionalismo e objetividade.
2. Descritivismo (aproximação com a pintura e escultura).
3. Busca da perfeição formal.
4. Poesia é resultado de trabalho, rigor técnico e não de inspiração.
5. Impassibilidade (numa clara oposição ao Romantismo).
6. Atração pelo soneto, pelos versos decassílabos e alexandrinos (12 sílabas).
7. Gosto pelo emprego do "enjambement" ou encadeamento sintático.
8. Vocabulário erudito, requintado e vernacular.
9. O poema deve interessar pela sua beleza própria e não por mensagem ideológica: "arte pela arte".

V - AUTORES

Olavo Brás Martins dos Guimarães Bilac, Alberto de Oliveira, Raimundo Correia, Vicente de Carvalho, Francisca Júlia.

SIMBOLISMO - Era Romântica III

I - CONTEXTO HISTÓRICO

1. Final do século XIX.
2. Crise econômica.
3. Crise do racionalismo e do positivismo.
4. Retomada de valores espirituais: música, religião.

II - ORIGEM: França.

III - DATA INICIAL

* Portugal: 1890, publicação de *Oaristos*, de Eugênio de Castro.
* Brasil: 1893, publicação de *Missal* e *Broquéis*, ambos de Cruz e Sousa.

IV - CARACTERÍSTICAS

1. Fuga do mundo exterior e mergulho no íntimo, no subconsciente.
2. Contra o definido e objetivo e favorável à busca do indefinido e subjetivo (sugestão), por isso o abuso no emprego de reticências e de termos como névoa, neblina, bruma etc.
3. Musicalidade, emprego constante de aliteração, assonância e coliteração.
4. Revalorização da palavra pelo emprego de maiúsculas em substantivos comuns e pelo uso de neologismos: lactescência, brumosa, musselinosa.
5. Ilogismo, atração pelo mistério, pelo sonho.
6. Nos autores brasileiros encontramos misticismo e manutenção da preocupação formal, herdada do Parnasianismo.
7. Correspondência entre tudo, entre sujeito e objeto, entre som e imagem, daí a coerente atração pela sinestesia.
8. Repetições programadas, emprego de palavras sinonímicas.

V - AUTORES

* **Portugal**: Eugênio de Castro, Antônio Nobre, Camilo Pessanha.
* **Brasil**: Cruz e Sousa, Alphonsus de Guimaraens.

PRÉ-MODERNISMO - Era Romântica IV
(1902 - 1922)

I - CONTEXTO HISTÓRICO

1. Revolta da Armada, no Rio de Janeiro, contra o governo de Floriano Peixoto, 1893.
2. Revolta de Canudos, no sertão da Bahia, liderada por Antônio Conselheiro, 1896/7.
3. Revolta da Chibata, 1910.
4. Início da Primeira Grande Guerra, 1914.

II - ORIGEM DO TERMO

Foi Alceu de Amoroso Lima, o Tristão de Ataíde (pseudônimo), quem cunhou a denominação Pré-Modernismo.

III - DATAS LIMITES

1902 - *Canaã* de Graça Aranha e *Os Sertões* de Euclides da Cunha.
1922 - Semana de Arte Moderna.

IV - CARACTERÍSTICAS

1. Nacionalismo consciente.
2. Visão crítica, problematizadora, denúncia social.
3. Uma linguagem mais descontraída, que fugia dos padrões gramaticais acadêmicos.

V - AUTORES

Euclides da Cunha, Lima Barreto, Monteiro Lobato, Graça Aranha, Augusto dos Anjos.

MODERNISMO - Era Romântica V
Primeira fase

(Denominada, em Portugal, Orfismo, e no Brasil, Geração de 22 ou Fase Heróica)

I - CONTEXTO HISTÓRICO

1. O rei de Portugal é assassinado.
2. Portugal torna-se república em 1910.
3. Primeira Guerra Mundial (1914/9).
4. Revolução Russa (1917).
5. Início do processo de industrialização no Brasil.
6. Crises e greves operárias agitam o Brasil, atingindo o clímax em 1917, com uma greve geral.
7. Governo de Epitácio Pessoa (1919).
8. Revolta do Forte de Copacabana (1922).

II - ORIGEM: Vanguardas européias (Cubismo, Futurismo, Dadaísmo, Surrealismo).

III - DATAS INICIAIS

* **Portugal**: 1915, fundação da revista *Orpheu*.
* **Brasil**: 1922, realização da Semana de Arte Moderna, no Teatro Municipal de São Paulo.

IV - CARACTERÍSTICAS

1. Rebeldia, liberdade de criação e de expressão.
2. Verso livre e linguagem coloquial.
3. Ruptura dos limites entre prosa e poesia.
4. Ruptura dos limites entre os gêneros literários.
5. Nacionalismo, busca da cultura popular.
6. Valorização do humor, carnavalização.
7. Temática baseada no cotidiano e na vida moderna .
8. Ataques às academias, às normas, à tradição elitista.
9. Experimentalismo, direito à pesquisa estética.

V - AUTORES

* **Portugal**: Fernando Pessoa (e seus heterônimos: **Alberto Caeiro, Álvaro de Campos, Ricardo Reis**), Mário de Sá-Carneiro, Florbela Espanca.
* **Brasil**: Mário de Andrade, Oswald de Andrade, Manuel Bandeira, Alcântara Machado.

MODERNISMO - Segunda fase

I - DATAS LIMITES E DENOMINACÕES

* **Portugal**: De 1927 a 1940, denominado *Presencismo*, porque a data inicial ficou marcada pela publicação da revista *Presença*, fundada por José Régio e Branquinho da Fonseca.
* **Brasil**: De 1930 a 1945, Neo-Realismo ou Geração de 30. O marco inicial pode ser tomado também como o ano de 1928, pois neste ano foi publicada a obra *A Bagaceira*, de José Américo de Almeida, que já apresenta os traços estéticos que caracterizam a segunda fase de nosso Modernismo. O ano de 1930 tornou-se importante tanto pela revolução que colocou Getúlio no poder, quanto pelo lançamento de *O Quinze*, de Rachel de Queiroz, e do primeiro livro de poesia dessa geração: *Alguma Poesia*, de Carlos Drummond de Andrade.

II - CONTEXTO HISTÓRICO

1. Queda da Bolsa de Valores de Nova Iorque (1929).
2. Revolução de 30 (Fim da República Velha).
3. Revolução Constitucionalista (1932).
4. Governo de Vargas (1930 a 1945).
5. Estado Novo (1937).
6. Segunda Guerra Mundial (1939/45).

III - CARACTERÍSTICAS

Portugal

1. Continuidade da primeira fase: Pessoa, Sá-Carneiro e Almada-Negreiros são vistos como modelos a serem seguidos.
2. Busca de originalidade e crítica à falta de sinceridade.
3. Afirmação da superioridade da "literatura viva" sobre a "literatura livresca".
4. Valorização do que é espontâneo e individual sobre o social.

Brasil

1. Seriedade.
2. Engajamento político-social.
3. Denúncia das injustiças sociais.
4. Retrato dos sofrimentos dos oprimidos.
5. Predomínio da prosa regionalista.
6. Destaque para os romances nordestinos
7. Análise psicológica e concisão.

IV - AUTORES

Portugal: José Régio, Miguel Torga, Branquinho da Fonseca, Adolfo Casais Monteiro.

Brasil: (PROSA) José Américo de Almeida, Raquel de Queiroz, José Lins do Rego, Jorge Amado, Graciliano Ramos, Érico Veríssimo, Dyonélio Machado. (POESIA) Carlos Drummond de Andrade, Murilo Mendes, Jorge de Lima, Cecília Meireles, Vinícius de Moraes .

MODERNISMO - Terceira fase

I - DATAS INICIAIS

* Portugal: Inicia-se em 1940, com a publicação do romance *Gaibéus*, de Alves Redol, e estende-se até os dias atuais. É conhecida como Neo-Realismo, porque muitos escritores, como Alves Redol, seguem os parâmetros dos escritores brasileiros da Geração de 30.
* Brasil: Inicia-se em 1945, ano marcado pelo fim da Segunda Grande Guerra, queda de Getúlio e publicação de *O Engenheiro*, de João Cabral de Melo Neto. Estende-se até os dias atuais. Denominação: Geração de 45 ou Tendências Contemporâneas.

II - CONTEXTO HISTÓRICO

1. Fim do conflito mundial (1945) e início da guerra fria.
2. Queda de Getúlio Vargas (1945).
3. Início da redemocratização do país.
4. Revolução Chinesa (1949).
5. Suicídio de Getúlio (1954).
6. Revolução Cubana (1959).
7. Ditadura Militar (1964).
8. Nova redemocratização do país.

II - CARACTERÍSTICAS

Portugal

1. Adoção de traços estéticos da ficção norte-americana, principalmente de John Steinbeck, Sinclair Lewis, H. G. Carlisle e Ernest Hemingway.
2. Igual atitude com relação à narrativa brasileira da década de 30, notadamente de escritores como Jorge Amado, Graciliano Ramos, Lins do Rego, Rachel de Queiroz e José Américo de Almeida.
3. Denúncia da problemática sócio-econômica e da luta de classes.
4. Postura objetiva e realista.
5. Simpatia para com os humildes, injustiçados e marginalizados, retratando seus sofrimentos e suas lutas inglórias.
6. Influência da estruturação cinematográfica na organização dos romances.
7. Contra a metafísica e a psicologização na obra de arte e a favor de sua humanização pelo neo-realismo.

Brasil

1. Investigação profunda do "eu", introspecção.
2. Hermetismo, despreocupação com o enredo, com a trama.
3. Diminuição da importância do espaço externo.
4. Valorização do espaço interior, das angústias e anseios existenciais.
5. Retomada do regionalismo, mas sem sua conotação política.
6. Universalização do regional e particular.
7. Ampliação do número de autores e obras assim como das características.

III - AUTORES

Portugal: Ferreira de Castro, Alves Redol, Fernando Namora, Vergílio Ferreira, Mário Cesariny de Vasconcelos, Agustina Bessa-Luís, Carlos de Oliveira.

Brasil: João Guimarães Rosa, Clarice Lispector, João Cabral de Melo Neto.

EXERCÍCIOS

TROVADORISMO

1. Em que data começou o Trovadorismo em Portugal?
2. Quais as principais características da Cantiga de Amigo?
3. Indique duas características da Cantiga de Amor.
4. Quais as características da Cantiga de Maldizer?
5. Qual a cantiga satírica que faz uma crítica indireta e ambígua?

Leia o texto com atenção

"Aquestas noytes tan longas
que Deos fez em grave dia
por mi, por que as non dormio,
e por que as non fazia
no tempo que meu amigo
soía falar comigo?"

6. Assinale a alternativa correta sobre o texto acima.

a) Trata-se de uma cantiga de escárnio, pois apresenta uma crítica velada com ironia.
b) É um belo exemplo de cantiga de amor, porque fala de uma mulher inatingível, de um amor platônico.
c) Pode ser classificada como cantiga de mestria, pois não apresenta refrão ou estribilho.
d) Nessa cantiga de amigo ("eu" lírico feminino) não encontramos a estrutura denominada paralelismo, mas o refrão se faz presente.
e) Não há qualquer influência do pensamento religioso católico sobre esse texto.

7. Leia a seguinte estrofe e assinale a única alternativa correta em referência a ela:

"Amigos, non poss'eu negar
a gran coita que d'amor hei,
e con sandece o direi:
os olhos verdes que eu vi
me fazem ora andar assi."

a) Trata-se de um poema do gênero satírico.
b) O poeta valeu-se do decassílabo.
c) A subjetividade e a temática amorosa indicam que se trata de um texto romântico.
d) Trata-se de uma cantiga de amigo, pois emprega o "eu" lírico feminino.
e) É uma cantiga de amor, elaborada em português arcaico ou galego-português.

8. Assinale a alternativa que apresenta a seqüência cronológica correta dos movimentos literários.

a) Trovadorismo, Barroco, Arcadismo, Classicismo.
b) Barroco, Classicismo, Trovadorismo, Arcadismo.
c) Classicismo, Barroco, Trovadorismo, Arcadismo.
d) Trovadorismo, Classicismo, Barroco, Arcadismo.
e) Arcadismo, Barroco, Classicismo, Trovadorismo.

HUMANISMO

9. Quais são os dados do contexto histórico da segunda fase da Era Medieval (Humanismo)?

10. Quem introduziu o teatro em Portugal, em que ano?

11. Quem organizou toda a poesia da época em um livro e qual o título do livro?

12. Indique uma característica fundamental da poesia humanista e que não existia na poesia trovadoresca.

13. Quem foi Fernão Lopes, qual o gênero por ele praticado e o que caracteriza fundamentalmente sua obra?

14. Sobre Gil Vicente só está correta a alternativa:

a) Foi contemporâneo do poeta e rei D. Dinis, com quem conviveu na corte.
b) Influenciou o teatro de Fernão Lopes.
c) Escreveu suas peças somente em português arcaico.
d) Não respeitou as regras clássicas das 3 unidades.
e) Evitou criticar os padres e as pessoas importantes.

Leia com atenção o fragmento seguinte, extraído da *Farsa de Inês Pereira*.

Escudeiro - Que farei, que o sapateiro
não tem solas, nem tem pele?
Moço - Sapatos me daria ele,
se me vós désseis dinheiro...

Escudeiro - Hei de dar-te, e será já.

Moço - Homem que não tem vintém
casa muito em hora-má.

15. Assinale a única afirmativa correta.

a) O texto não pertence ao gênero dramático, pois é uma comédia.
b) A obra foi produzida na primeira metade do século XV.
c) As características e a cronologia mandam situá-la no Barroco.
d) Foi composta por Sá de Miranda.
e) Apresenta humor e crítica social.

16. Sobre Fernão Lopes está correto dizer que:

a) é o pai do teatro em Portugal;
b) dedicou-se ao gênero dramático;
c) na sua historiografia, foi bajulador dos reis e alterou fatos históricos;
d) evitou usar técnicas próprias da prosa de ficção;
e) pode ser considerado moderno por ter incluído o povo como parte do processo histórico.

17. Sobre Gil Vicente somente está certa uma das afirmações abaixo. Assinale-a.

a) Produziu várias peças entre 1418 e 1502.
b) Sempre respeitou a regra clássica das três unidades.
c) Seu teatro pode ser considerado sacro e satírico.
d) Procurou evitar a crítica aos nobres e ao clero.
e) Foi sempre perseguido pelos reis da corte portuguesa de seu tempo.

Leia o fragmento seguinte.

"A maneira de sua morte, sendo dita pelo miúdo, seria mui estranha e crua de contar, ca mandou tirar o coração pelos peitos a Pero Coelho, e a Álvaro Gonçalves pelas espáduas; e quais palavras ouve, e aquele que lho tirava, que tal ofício havia pouco em costume, seria bem dorida cousa de ouvir; enfim mandou-os queimar, e tudo feito ante os paços onde ele pousava, de guisa que comendo olhava quanto mandava fazer."

18. Assinale a única afirmação correta sobre o texto acima.

a) É um trecho de famosa crônica de Fernão Lopes, autor contemporâneo de Gil Vicente.
b) Essa obra pode ser considerada como um perfeito exemplo do gênero dramático.
c) Essa história revelou-se tão chocante que nenhum autor voltou a utilizá-la na literatura lusitana.
d) O rei de que fala o texto é o mesmo D. Pedro que lutou contra a tirania de D. Miguel, no séc.XIX.
e) O rei mandou assar os corações para comê-los ali mesmo, calmamente.

CLASSICISMO

Leia o texto seguinte

AO DESCONCERTO DO MUNDO

"Os bons vi sempre passar
No mundo graves tormentos;
E para mais me espantar,
Os maus vi sempre nadar
Em mar de contentamentos.

Cuidando alcançar assim
O bem tão mal ordenado,
Fui mau, mas fui castigado.
Assim que, só para mim
Anda o mundo concertado."

19. Assinale a única alternativa sobre ele.

a) Trata-se de um soneto sobre a falta de lógica do mundo.
b) Poema satírico sobre os problemas da vida na terra.
c) Poema em medida velha de Luís Vaz de Camões.
d) Cantiga de escárnio do Humanismo.
e) Poema lírico de Camões, em medida nova.

Leia o fragmento com atenção.

"Um mover de olhos, brando e piedoso,
Sem ver de quê; um riso brando e honesto,
Quase forçado; um doce e humilde gesto,
De qualquer alegria duvidoso;"

20. Essa mulher serena, apolínea, hierática, imperturbável, transfigurada, eterizada, descarnalizada, como se perdesse as características que a fazem presa ao solo terreno, é a síntese de todas as mulheres e não uma delas em particular. Com todos esses dados é fácil identificar a alternativa que contenha o nome do autor:

a) Gil Vicente
b) Luís Vaz de Camões
c) Francisco Manuel de Melo
d) Dom Dinis
e) Garcia de Resende

21. Só há uma afirmativa correta sobre Camões e o Classicismo. Assinale-a.

a) Interesse pela complexidade, pelo rebuscamento, valorizando a sinuosidade, o tortuoso.
b) Imitação dos antigos clássicos greco-latinos e de sua concepção artística, o que não significou plagiar, mas acomodar aquela experiência à realidade do mundo moderno renascentista.
c) Visão pessimista da vida, procurando fundir as idéias antropocêntricas com os ideais contra-reformistas.
d) Camões é o mais perfeito autor clássico, pois não revela qualquer influência da literatura anterior, nem antecipa traços do Barroco.
e) A obra épica de Camões tem a independência do homem renascentista, não se submetendo a regras ou formas precedentes, portanto é um erro dizer que teve como modelo a epopéia *Eneida*, de Virgílio.

Leia o texto com atenção:

"Quem pode ser no mundo tão quieto,
Ou quem terá tão livre o pensamento,
Quem tão exprimentado e tão discreto,
Tão fora, enfim, de humano entendimento
Que, ou com público efeito, ou com secreto,
Lhe não resolva e espante o sentimento,
Deixando-lhe o juízo quase incerto,
Ver e notar do mundo o desconcerto?

Quem há que veja aquele que vivia
De latrocínios, mortes e adultérios,
Que ao juízo das gentes merecia
Perpétua pena, imensos vitupérios.
Se a Fortuna em contrário o leva e guia,
Mostrando, enfim, que tudo são mistérios,
Em alteza de estados triunfante,
Que, por livre que seja, não se espante?"

22. Com relação ao texto lido, assinale a única afirmação verdadeira sobre ele.

a) O texto revela diversas características do Seiscentismo: sintaxe sinuosa, rebuscamento, complexidade e uso de antíteses.
b) Quanto à estrutura, pode-se dizer que é um bom exemplo de soneto com versos decassílabos.
c) Há um predomínio significativo de versos brancos, demonstrando sua filiação ao movimento árcade.
d) O texto poderia ser enquadrado no gênero dramático pela tensão emocional e pela violenta crítica.
e) Camões, nessas oitavas com esquema de rima ABABABCC, retoma um de seus temas preferidos: o desacerto do mundo.

Leia o texto:

"Eu cantarei de amor tão docemente,
Por uns termos em si tão concertados,
Que dois mil acidentes namorados
Faça sentir ao peito que não sente.

Farei que amor a todos avivente,
Pintando mil segredos delicados,
Brandas iras, suspiros magoados,
Temerosa ousadia e pena ausente.

Também, Senhora, do desprezo honesto
De vossa vista branda e rigorosa,
Contentar-me-ei dizendo a menor parte.

Porém, para cantar de vosso gesto
A composição alta e milagrosa,
Aqui falta saber, engenho e arte.

23.. Assinale a alternativa que melhor se ajuste ao poema:

a) Numa serena e equilibrada sensibilidade clássica, Camões sempre trata do amor e apresenta mulheres "sintetizadas num ideal (e numa idéia) de Beleza superior ao desgaste do tempo e da usufruição dos sentidos.
b) Toda a adjetivação se refere a uma mulher agitada, dionisíaca, dotada de forte sensualidade carnal que prenuncia as mulheres de romances naturalistas, como a Rita Baiana de *O Cortiço*.
c) "Munido de poderosa imaginação, aliada a uma inteligência obsessivamente indagadora e conceptual, era fatal extravasasse dos módulos formais oferecidos pela voga" renascentista e antecipasse a complexidade formal e temática do Barroco.
d) Camões, por causa de sua vida amorosa cheia de aventuras, em que freqüentemente se envolvia com mulheres do povo, desenvolver uma poesia simples, em redondilhas, tratando da mulher campesina.
e) Por ser filho da pequena nobreza, Camões preferiu a medida velha, fixando na sua poesia, como no texto acima, um quadro vívido da vida e da beleza popular.

Leia o texto

"Cessem do sábio Grego e do Troiano,
As navegações grandes que fizeram:
Cale-se de Alexandre, e de Trajano,
A fama das vitórias que tiveram,
Que eu canto o peito ilustre lusitano,
A quem Netuno e Marte obedeceram;
Cesse tudo o que a musa antiga canta,
Que outro valor mais alto se levanta."

24. Qual o nome do autor e o título da obra de onde foram extraídos esses versos?

a) D. Dinis - *Cancioneiro da Biblioteca Nacional*
b) Garcia de Resende - *Cancioneiro Geral*
c) Gil Vicente - *Auto da Índia*
d) Luís Vaz de Camões - *Os Lusíadas*
e) Pe. Antônio Vieira - "*Sermão pelo Bonsucesso das Armas de Portugal contra as de Holanda*"

25. Com relação à estrofe podemos dizer que:

I. O poeta utilizou versos decassílabos, também chamados "medida nova".
II. A estrofe utilizada é denominada "oitava-rima", valendo-se do esquema de rima ABABABCC.
III. A mitologia grego-latina aí presente é um dos traços que permitem classificar o texto como clássico.
IV. A valorização do homem português "peito ilustre lusitano" é coerente com o antropocentrismo renascentista.
V. Trata-se de um poema lírico da estética barroca.

Assinale a única alternativa correta sobre as afirmações acima:

a) Todas estão corretas.
b) Todas estão incorretas.
c) Só não é válida a afirmação V.
d) Somente estão corretas I, III e IV.
e) Estão certas apenas II e IV.

26. (CESCEM) A Literatura Brasileira do período colonial, em seus primeiros tempos, teve como preocupação acentuada a catequização do selvagem. É o que se vê revelado:

a) nos *Diálogos das Grandezas do Brasil*
b) Na *Prosopopéia*
c) No teatro de Anchieta
d) No *Tratado da Terra do Brasil*
e) No poemeto épico *Uraguai*

27. (OSEC) A "Literatura Jesuítica" nos primórdios de nossa história:

a) tem grande valor informativo;
b) marca nossa maturação clássica;
c) visava à catequese do índio, `instrução ao colono e sua assistência religiosa e moral;
d) estava a serviço do poder real;
e) tem fortes doses nacionalistas.

BARROCO

28. (Fuvest/81-adaptado) Assinale a **incorreta** e, na linha abaixo, reescreva a frase da alternativa eliminando o erro.
A respeito do Padre Antônio Vieira, pode-se afirmar:

a) Viveu no Brasil muito tempo, ocupando-se nos seus sermões de problemas locais como a invasão holandesa.
b) Procurava adequar os textos bíblicos às realidades de que tratava.
c) Tinha uma forte espiritualidade, demonstrava desinteresse por assuntos mundanos.
d) No Maranhão, criticou a escravização dos índios.
e) Não se mostrou tímido diante dos interesses dos poderosos.

29. Assinale a única alternativa correta.
a) A prosa era muito importante na literatura do Trovadorismo, suplantando a poesia. Prova disso são as novelas de cavalaria.
b) No século XV encontramos o Humanismo que introduziu o teatro em Portugal com Fernão Lopes.
c) O Classicismo apresenta poesia lírica e épica, sendo importante a epopéia *Os Lusíadas,* de Camões.
d) A oratória de Gregório de Matos foi o gênero mais importante do século XVII.
e) O Barroco no século XVI coincidiu, no Brasil colonial, com o ciclo econômico da cana-de-açúcar.

30. (FUVEST/85)
Leia o texto :"Nasce o sol e não dura mais que um dia,
Depois da luz, se segue a noite escura,
Em tristes sombras morre a formosura,
Em contínuas tristezas, a alegria."

Assinale a alternativa que indica o nome do autor dos versos acima e uma figura literária característica do movimento a que pertence.

a) Cláudio Manuel da Costa / aliteração.
b) Frei José de Santa Rita Durão / elipse.
c) Tomás Antônio Gonzaga / hipérbato
d) Gregório de Matos / antítese
e) Antônio Gonçalves Dias / onomatopéia

31. Assinale a única afirmativa correta sobre Gregório de Matos.

a) Em sua poesia lírica de fundo religioso, um dos temas mais freqüentes é o do arrependimento.
b) Não se percebe em sua poesia satírica quaisquer protestos dotados de consciência crítica nativista.
c) Em suas sátiras procurou ridicularizar os portugueses, mas poupou os brasileiros, ou seja, os colonos.
d) Sua poesia lírica existencial capta o cotidiano da vida colonial na Bahia, impressionado pela exuberância tropical. Isso se revela numa linguagem chula e mestiça.
e) De uma forma geral, sua poesia evita os lugares comuns do barroco, sendo praticamente impossível encontrar em seus sonetos temas como a brevidade da vida e a fragilidade da beleza.

32. (PUCCAMP/88)

"Que falta nesta cidade? - Verdade.
Que mais por sua desonra? - Honra.
Falta mais que se lhe ponha? - Vergonha.

O demos a viver se exponha,
Por mais que a fama a exalta,
Numa cidade onde falta
Verdade, honra, vergonha."

Pode-se reconhecer nos versos acima, de Gregório de Matos,

a) o caráter de jogo verbal próprio do estilo barroco, a serviço de uma crítica, em tom de sátira, do perfil moral da cidade da Bahia.
b) o caráter de jogo verbal próprio da poesia religiosa do século XVI, sustentando piedosa lamentação pela falta de fé do **gentio** (índio).
c) o estilo pedagógico da poesia neoclássica, por meio da qual o poeta se investe das funções de um autêntico moralizador.
d) o caráter de jogo verbal próprio do estilo barroco, a serviço da expressão lírica do arrependimento do poeta pecador.
e) o estilo pedagógico da poesia neoclássica, sustentando em tom lírico as reflexões do poeta sobre o perfil moral da cidade da Bahia.

Leia:

O todo sem a parte não é todo;
A parte sem o todo não é parte;
Mas se a parte o faz todo, sendo parte,
Não se diga que é parte, sendo todo.

Em todo o Sacramento está Deus todo,
E todo assiste inteiro em qualquer parte,
E feito em partes todo em toda a parte,
Em qualquer parte sempre fica todo.

O braço de Jesus não seja parte,
Pois que feito Jesus em partes todo,
Assiste cada parte em sua parte.

Não se sabendo parte deste todo,
Um braço que lhe acharam, sendo parte,
Nos diz as partes todas deste todo.

33. Assinale a afirmação correta sobre o soneto acima.

a) É um poema trovadoresco, pois apresenta emoção, cristianismo e fuga da realidade.

b) Pode ser caracterizado como neoclássico tanto pela simplicidade léxica quanto pela preferência pela ordem direta.

c) A temática religiosa, o gosto pelo jogo (ludicidade), a tentativa de fusão do aspecto racional (lógica) com o emocional (fé), indicam que se trata de obra da estética barroca.

d) Não há exploração sistemática das possibilidades fonéticas do idioma, como, por exemplo, a aliteração.

e) Pode ser considerado como um perfeito exemplo de soneto clássico pela recuperação da religiosidade medieval.

Leia atentamente:

(A huma negra chamada Maria Viegas)

"Dize-me, Maria Viegas
qual é a causa, que te move,
a quereres, que te prove
todo o home, a quem te entregas?
Jamais a ninguém te negas,
tendo um vaso vaganau,
e sobretudo tão mau,
que afirma a toda pessoa,
que fornicou já, que enjoa,
por feder a bacalhau."

Esse poema, do gênero ____________, foi produzido no século _______, pelo intrigante _______________, o mais representativo poeta da estética _____________, embora nada tenha publicado em vida.

34. Assinale a única alternativa que contenha todos os elementos capazes de preencher corretamente as lacunas acima.

a) lírico - XVIII - Bocage - Pré-Romantismo
b) satírico - XVII - Elmano Sadino - Neoclassicismo
c) satírico - XVII - Gregório de Matos - Barroco
d) gracioso - XIX - Gregório de Matos - Seiscentismo
e) Barroco - XVII - Eusébio de Matos - Quinhentismo

Leia o texto:

"É a vaidade, Fábio, nesta vida,
Rosa, que da manhã lisonjeada,
Púrpuras mil, com ambição dourada,
Airosa rompe, arrasta presumida."

35. Cada alternativa apresenta uma figura de linguagem. Assinale a única que está ausente da estrofe citada.

a) metáfora b) hipérbato c) hipérbole d) prosopopéia e) antítese

36. (FUVEST/93) A poesia lírica de Gregório de Matos subdivide-se em amorosa e religiosa.

a) Quais sãos os dois modos contrastantes de ver a mulher, em sua lírica amorosa?

b) Como aparece em sua lírica religiosa a idéia de Deus e do pecado?

Leia com atenção.

"Meu Deus, que estais pendente de um madeiro,
Em cuja lei protesto de viver,
Em cuja santa lei hei de morrer
Animoso, constante, firme e inteiro:
....
Mui grande é vosso amor e o meu delito;
Porém pode ter fim todo o pecar,
E não o vosso amor, que é infinito.

Esta razão me obriga a confiar,
Que, por mais que pequei, neste conflito
Espero em vosso amor de me salvar."

37. Com base no texto e em seus conhecimentos responda ao que se pede.

a) Identifique, pelas características, o movimento literário a que pertence o texto acima.

b) Acrescentando a informação de que o poeta viveu na Bahia, indique o seu nome e os gêneros a que se dedicou.

ARCADISMO

38. (U.C.MG) Todos os trechos abaixo pertencem ao mesmo estilo de época, exceto:

a) "Gozai, gozai da flor da formosura / Antes que o frio da madura idade / Tronco deixe despido, o que é verdura."
b) "(Por não receber o agravo / De ser nessa boca escravo) / Pois é, quando o cravo a toca, / O cravo, cravo da boca / A boca, boca do cravo."
c) "Mas ser planta, ser rosa, nau vistosa / De que importa, se aguarda sem defesa / Penha a nau, ferro a planta, tarde a rosa? "
d) "Eu vi o meu semblante numa fonte, / Dos anos inda não está cortado: / Os pastores que habitam este monte, / Respeitam o poder do meu cajado: / Com tal destreza toco a sanfoninha, / Que inveja até me tem o próprio Alceste: / Ao som dela concerto a voz celeste, / Nem canto letra que não seja minha."
e) ... Mas diz o Apóstolo: Há de pregar com fama e com infâmia. Pregar o pregador para ser afamado, isso é mundo; mas infamado, e pregar o que convém, ainda que seja com descrédito de sua fama, isso é ser pregador de Jesus Cristo."

39."Não há bárbara fera / Que o valor e a prudência não domine / Quando a razão impera. / Que leão pode haver que não se ensine? / E o forte jugo, por si mesmo grave. / A doce mão que o põe, o faz suave. // Que fez a natureza / Em pôr neste país o seu tesouro / Das pedras na riqueza / Nas grossas minas, abundante de ouro / Se o povo miserável... Mas que digo! / Povo feliz, pois tem o vosso abrigo."

O fragmento acima pertence ao:

a) Neoclassicismo
b) Barroco
c) Classicismo
d) Trovadorismo
e) Humanismo

40. (ABC) "................ , um dos termos usuais para caracterizar o estilo da época, se prende, por um lado, à tendência a imitar os clássicos franceses, comum na Europa de setecentos, e, no que se refere à Literatura Portuguesa e Brasileira, identificaria a preocupação de combater o cultismo, imitar gregos e romanos, como Virgílio, Horácio , Teócrito e Anacreonte, tomar como modelo as atitudes literárias do século XVI. " A lacuna seria corretamente preenchida por:

a) Barroco
b) Parnasianismo
c) Neoclassicismo
d) Romantismo
e) Simbolismo

Leia atenciosamente os textos seguintes

XXXVIII

"Aura benigna, e pura, se eu pudera
Co'a mágoa, em que deliro,
Mover o coração da ingrata, e fera...
Mas quem há de levar deste retiro
O meu terno suspiro à bela Glaura?
Aura! respondes, Ninfa, que me ouviste
Do seio triste dessa brenha escura.
Aura benigna, e pura,
Ah! leva o meu suspiro lagrimoso,
E chegue a ser por ti mais venturoso."

XXXIX

"Fugi, tristes cuidados,
Não é vossa de Amor a bela palma:
Deixai-me respirar dos verdes prados
A suave alegria em doce calma.
Não turbeis a minha alma;
Fugi, tristes cuidados:
Para fazer meus dias desgraçados
Basta a cruel Fortuna,
Cruel, iníqua, bárbara, importuna. (Silva Alvarenga)

41. Assinale a única alternativa correta com relação aos textos lidos.

a) São dois sonetos renascentistas típicos de Camões.
b) São dois poemas modernistas, pois não apresentam preocupação com a métrica.
c) Tematizam o amor e a natureza, revelando sua ligação com a estética romântica.
d) Revelam traços da cultura clássica da antigüidade, combinados com uma natureza convencional e estereotipada ou arquetípica, muito comum na estética neoclássica ou setecentista.
e) São poemas barrocos que se caracterizam pelo uso abusivo de antíteses e metáforas.

Leia com atenção o texto seguinte.

XL

Não tardes, bela Glaura,
Vem colher neste prado as lindas flores:
Os risos e os Amores co'a leve aura
Do **Favônio** suave já te esperam
As **Dríades**[134] desceram
Deste bosque sombrio, e cuidadosas
Te preparam jasmins, lírios, e rosas.
Meu triste alento, e meus fiéis ardores
C'os teus olhos restaura.
Não tardes, bela Glaura,
Vem colher neste prado as lindas flores:

[134] Vento agradável, entidade mitológica / Divindades pagãs protetoras das árvores

42. Esse texto apresenta determinados traços estéticos que permitem identificar o estilo de época a que pertence. Apenas uma das alternativas apresenta século, estilo de época e autores que podem ser coerentemente relacionados com o texto.
Assinale-a.

a) XVIII - Arcadismo - Gonzaga, Silva Alvarenga.
b) XVII - Barroco - Botelho de Oliveira, Gregório de Matos.
c) XVI - Quinhentismo - Sá de Miranda, Luís Vaz de Camões.
d) XV - Quinhentismo - Pe. Anchieta, Ambrósio Fernandes Brandão.
e) XVII - Setecentismo - Almeida Garrett e Júlio Dinis.

Leia com atenção, antes de assinalar a alternativa que se pede.

"Olha, Marília, as flautas dos pastores
Que bem que soam, como estão cadentes!
Olha o Tejo a sorrir-se! Olha, não sentes
Os zéfiros brincar por entre as flores?

43. Com relação aos versos acima só está correto dizer que:

a) pertencem ao Romantismo porque idealizam a natureza;
b) apresentam redondilhas maiores;
c) são do poeta Gonzaga, porque falam de Marília, sua amada de Vila Rica;
d) são do Arcadismo, pois apresentam bucolismo, pastoralismo e paganismo greco-latino;
e) foram escritos por Álvares de Azevedo e fazem parte de *Lira dos Vinte Anos*.

Leia com atenção o texto que precede o teste antes de procurar a alternativa solicitada.

"Ânsias terríveis, íntimos tormentos,
Negras imagens, hórridas lembranças,
Amargosas, mortais desconfianças,
Deixai-me sossegar alguns momentos." (Bocage)

44. Com base nesses versos podemos afirmar que:

a) são perfeitamente coerentes com os pressupostos básicos da estética neoclássica.
b) retomam os traços estéticos mais característicos da poesia renascentista petrarqueana.
c) mostram que embora árcade, o poeta já apresentava sinais do pré-romantismo.
d) demonstram que Bocage é um perfeito protótipo da poesia pós-romântica.
e) revelam o lado realista de Elmano Sadino, mostrando como realmente se sente.

Leia os dois fragmentos:

TEXTO I	TEXTO II
"É a vaidade, Fábio, nesta vida, Rosa, que da manhã lisonjeada, Púrpuras mil, com ambição dourada, Airosa rompe, arrasta presumida."	"Parece, que estes prados, e estas fontes Já sabem, que é o assunto da porfia Nise, a melhor pastora destes montes."

45. Com base em seus estudos de Literatura e na leitura dos dois textos você nota que a natureza para os poetas .... (texto I) era fonte de símbolos (rosa, cristal, água), que transcendiam do material para o espiritual, enquanto para os poetas .... (texto II), ela era sobretudo o cenário arquetípico ou convencional, onde o pastor podia ser feliz com sua pastora. Preenche corretamente as lacunas a alternativa:

a) românticos e parnasianos
b) parnasianos e simbolistas
c) árcades e românticos
d) simbolistas e barrocos
e) barrocos e árcades.

46. Todos os autores abaixo relacionados pertencem à escola mineira do Arcadismo, menos:

a) Gregório de Matos
b) Tomás Antônio Gonzaga
c) Cláudio M. da Costa
d) Basílio da Gama
e) Frei José de Santa Rita Durão

47. (Cescem adaptado) Movimento estético preocupado com a articulação da harmonia do mundo e que faz do racionalismo e do combate a excessos sentimentais pólos de seu ideário. Trata-se do:

a) Barroco
b) Arcadismo
c) Romantismo
d) Classicismo
e) Humanismo

Leia atentamente o texto para resolver as questões seguintes:

"Eu, Marília, não sou algum vaqueiro,
que viva de guardar alheio gado;
de tosco trato, de expressões grosseiro,
dos frios gelos e dos sóis queimado.
Tenho próprio casal e nele assisto;
dá-me vinho, legume, fruta, azeite;
das brancas ovelhinhas tiro o leite,
e mais as finas lãs, de que me visto.
Graças, Marília bela,
graças à minha estrela."

48. Indique pelo menos uma característica temática do Arcadismo presente na estrofe. Justifique sua resposta com elementos tirados do texto.

____

____

____

49. Em oposição aos jogos verbais cultistas, os poetas árcades buscavam a simplicidade de linguagem. Pode-se dizer que essa característica está presente no texto? Por quê?

____

____

____

Leia com atenção:

"Quem deixa o trato pastoril amado
Pela ingrata, civil correspondência,
Ou desconhece o rosto da violência,
Ou do retiro a paz não tem provado.

Que bem é ver nos campos transladado
No gênio do pastor, o da inocência!
E que mal é no trato, e na aparência
Ver sempre o cortesão dissimulado!"

50. Com base no texto acima e em seus conhecimentos de Literatura, responda:

a) Que características do Arcadismo ou Neoclassicismo podem ser encontradas no fragmento acima? Indique pelo menos duas.

____

____

b) Indique dois traços estéticos do movimento precedente que sejam opostos aos pressupostos estéticos do Neoclassicismo.

____

____

ROMANTISMO

51. Assinale a alternativa incorreta.

a) O Romantismo teve sua origem na Alemanha e Inglaterra.
b) Na literatura luso-brasileira só se ficou conhecendo o Romantismo na primeira metade do século XIX.
c) Almeida Garrett além de ser o introdutor do Romantismo em Portugal, foi um dos grandes prosadores da primeira geração do Romantismo lusitano.
d) Camilo Castelo Branco dedicou-se às novelas passionais, ficando famoso com *Amor de Perdição*, uma das mais importantes narrativas do ultra-romantismo lusitano.
e) Alexandre Herculano dedicou-se à poesia em detrimento da historiografia, marcando com sua presença a terceira e última fase do Romantismo em Portugal.

52. (U.F.PA - adaptado) Na época da Independência do Brasil, quando nosso país precisava se auto-afirmar como nação, entrou em vigência entre nós um estilo de época que, pelos ideais de liberdade que defendia através de sua ideologia, prestava-se admiravelmente a expressar esses anseios nacionalistas. Tal estilo foi:

a) o Romantismo
b) o Barroco
c) o Realismo-Naturalismo
d) o Neoclassicismo
e) o Arcadismo

53. (U.F.PA) Castro Alves, uma das figuras que melhor interpretou e expressou o lirismo do povo brasileiro, defendeu, através de suas poesias, principalmente:

a) as excelências da vida campestre em contraposição com a vida urbana;
b) a necessidade econômica do trabalho escravo;
c) o direito de liberdade para o negro;
d) a independência do Brasil;
e) a necessidade de domar a inspiração.

54. (FMU/FIAM-SP) O romancista romântico, em vez da mulata, cantava a f igura indígena. Personagem de grande densidade lírica, inspirada no índio, encontra-se na obra:

a) *Inocência*, de Alfredo Taunay
b) *O cortiço*, de Aluísio Azevedo
c) *Vidas secas*, de Graciliano Ramos
d) *A escrava Isaura,* de Bernardo Guimarães
e) *Iracema*, de José de Alencar

55.

"Minh'alma tenebrosa se entristece.
É muda como sala mortuária...
Deito-me só e triste, sem ter fome
Vendo na mesa a ceia solitária."

Esses versos apresentam características que revelam ter seu autor pertencido:

a) à estética rebuscada e conflituosa do século XVII.
b) ao estilo de época romântico da primeira metade do século XIX.
c) à escola que valorizava o indefinido e vago no final do século XIX.
d) ao grupo parnasiano preocupado com a "arte pela arte".
e) ao estilo de época neoclássico do século XVIII.

56. Assinale a afirmação incorreta sobre Alencar.

a) A postura abolicionista não aparece em seus romances.
b) Sua temática indianista tanto substitui a Idade Média, que não tivemos, quanto reforça o sentimento nacionalista.
c) Tanto o regionalismo quanto o indianismo de Alencar são baseados em pesquisa e observação direta da realidade.
d) Alencar compôs romances históricos como *Guerra dos Mascates*.
e) *Senhora* e *Lucíola* são classificados como romances urbanos.

57. (FUVEST) "O primeiro cearense, ainda no berço, emigrava da terra da pátria. Havia aí a predestinação de uma raça?"
Eis aí uma reflexão sob a forma de pergunta que o autor, ... , faz a si mesmo - com toda propriedade, e por motivos que podemos interpretar como pessoais - , ao finalizar o romance ....

Assinale a alternativa que completa corretamente os espaços.

a) José Lins do Rego - *Menino de Engenho*
b) José de Alencar - *Iracema*
c) Graciliano Ramos - *São Bernardo*
d) Aluísio Azevedo - *Mulato*
e) Graciliano Ramos - *Vidas Secas*

58. (FUVEST/79) Leia com atenção as afirmativas seguintes:

I. O casamento por interesse é o tema central do romance ***Iracema***, de José de Alencar.
II. ***Memórias de Um Sargento de Milícias***, de Manuel Antônio de Almeida, narra vários episódios da Guerra do Paraguai.
III. ***A Moreninha***, de Joaquim Manuel de Macedo, foi o nosso primeiro romance de orientação naturalista.

a) Apenas I e II são corretas.
b) Apenas II e III são corretas.
c) Todas as afirmativas são corretas.
d) Nenhuma das afirmativas é correta.
e) Apenas I e III são corretas.

Leia com atenção.

OS OUTROS ROMÂNTICOS (Caetano Veloso)

Eram os outros românticos, no escuro
Cultuavam outra Idade Média situada no futuro
Não no passado
Sendo incapazes de acompanhar
A baba Babel de economias
As mil teorias da economia
Recitadas na televisão
Tais irredutíveis ateus
Simularam uma religião."

59. Ao fazer referência ao Romantismo do século XIX, o compositor aborda uma das características importantes dessa estética que é...

a) a rebeldia contra a religião cristã.
b) a recuperação da Idade Média.
c) o engajamento, denunciando a exploração dos operários.
d) a crítica contra o atraso medieval.
e) a valorização de tudo que é novo, moderno.

Leia com atenção.

SÊ MEIGA E TERNA

Por ti suspiro; na minha alma ecoam
Arpejos[135] doces, vibrações celestes;
Invoco a morte, e pensativo escuto
Leve sussurro de cheirosas vestes.

Os teus olhares é que só puderam
Matar a sede que de luz eu tinha;
E o teu sorriso debuxar auroras
No céu escuro da existência minha.

Ah! nem tu sabes como em ti recendem
A graça, o mimo, a timidez singela!
Como em teus lábios a palavra é doce,
Como em teus olhos a tristeza é bela!

60. Assinale a única afirmativa verdadeira sobre o poema acima.

a) Poema do período denominado setecentista, que valoriza o local ameno e a fuga da cidade.
b) Poema romântico que valoriza o sentimento, a emoção, o subjetivismo e uma linguagem bem ao gosto popular.
c) A erudição léxica e o requinte sintático indicam ser esse poema do período renascentista, o que pode ser confirmado pelo emprego do decassílabo.
d) Poema barroco por valorizar a metáfora ("Auroras", "céu escuro") e a antítese (luz/escuro, tristeza/bela).
e) Poema realista, pois retrata com fidelidade os sentimentos que afetam o coração que se apaixona.

Leia o texto.

"Quando em meu peito rebentar-se a fibra,
Que o espírito enlaça à dor vivente,
Não derramem por mim nem uma lágrima
em pálpebra demente.
Nem desfolhem na matéria impura
A flor do vale que adormece ao vento;
Não quero que uma nota de alegria
Se cale por meu triste passamento."

[135] Execução rápida e sucessiva das notas de um acorde.

61. Assinale a única afirmação verdadeira sobre o texto acima.

a) Apresenta a visão panteísta da natureza, lembrando a poética de Gonçalves Dias.
b) A sensualidade faz com que nos lembremos da poesia de Castro Alves.
c) “Passamento” pode ser entendido no contexto do poema como semanticamente uma antítese aos dois primeiros versos.
d) Não encontramos nesses versos qualquer sinal de fuga ou escapismo.
e) O pessimismo, a desilusão, a temática da morte, o subjetivismo e o sentimentalismo, sugerem a poética ultra-romântica de Álvares de Azevedo.

Reescreva as frases corrigindo os erros que houver.

62. Gonçalves Dias é o maior poeta da primeira geração e produziu trabalhos dos gêneros épico, lírico, satírico e dramático.

____

____

63. Álvares de Azevedo, poeta ultra-romântico somente escreveu poesia lírica e satírica, evitando o conto e o gênero dramático.

____

____

64. Leia as seguintes estrofes com atenção e responda ao que se pede.

"Eu sonhei tanto amor, tantas venturas,
Tantas noites de febre e de esperança...
Mas hoje o coração parado e frio,
do meu peito no túmulo descansa.

Pálida sombra dos amores santos!
Passa quando eu morrer no meu jazigo,
Ajoelha ao luar e entoa um canto...
Que lá na morte eu sonharei contigo."

a) A que geração da poesia romântica brasileira pertence o texto acima? Qual a sua denominação ?
b) Dê o nome de seu poeta mais representativo e de um livro de sua autoria.

65. Leia a estrofe com atenção.

"Hoje em meu sangue a América se nutre;
- Condor, que transformara-se em abutre,
Ave da escravidão.
Ela juntou-se às mais... irmã traidora!
Qual de José os vis irmãos outrora,
Venderam seu irmão!"

a) Que traços fundamentais da poesia condoreira podem ser vistos nesses versos?
b) Quem é o autor desses versos?

66. O Romantismo em Portugal foi dividido em gerações. Com base nessa divisão queremos saber:

Almeida Garrett está em qual dessas gerações? Quais os gêneros por ele praticados?

___

Na primeira geração havia um escritor preocupado com historiografia. Qual o seu nome?

___

Dê o título de um de seus romances históricos que trate da Idade Média.

___

REALISMO e NATURALISMO

67. (FEI-SP - adaptado) "Desnudam-se as mazelas da vida pública e os contrastes da vida íntima; e buscam-se, para ambas, causas naturais (raça, clima, temperamento) ou culturais (meio e educação) que lhes reduzem de muito a área de liberdade. O escritor tomará a sério as suas personagens e se sentirá no dever de descobrir-lhes a verdade, no sentido positivista de dissecar os móveis do seu comportamento. " (A. Bosi) O texto refere-se ao estilo de época:

a) Romantismo
b) Realismo-Naturalismo
c) Simbolismo
d) Parnasianismo
e) Barroco

68. Assinale a única alternativa em que aparecem romancistas participantes do estilo de época predominante na segunda metade do século XIX:

a) Machado de Assis e José de Alencar
b) Eça de Queirós e Júlio Dinis
c) Antero de Quental e Guerra Junqueiro
d) Eça de Queirós e Machado de Assis
e) Olavo Bilac e Alberto de Oliveira.

Leia o fragmento seguinte com atenção.

"Jacinto caminhou lentamente para o poial[136] de uma janela, onde caiu esbarrondado[137] pelo desastre sem resistência ante aquele brusco[138] desaparecimento de toda a civilização! Eu palpava a enxerga,[139] dura e regelada como um granito de inverno. E pensando nos luxuosos colchões de penas e molas, tão prodigamente encaixotados no 202..."

[136] Lugar onde se apóia o braço. Mesmo que peitoril ou parapeito.
[137] Abatido, quebrado, arruinado.
[138] O mesmo que arrebatado, repentino, inesperado.
[139] Colchão rústico.

69. Sobre o texto acima só está correto dizer que seu autor é:

a) o poeta realista Guerra Junqueiro;
b) o parnasiano Olavo Bilac;
c) o contista Machado de Assis;
d) o mesmo autor de O Ateneu;
e) o prosador Eça de Queirós.

Leia a estrofe seguinte.

"Num cuteleiro, de avental, ao forno,
Um forjador maneja um malho, rubramente;
E de uma padaria exala-se, inda quente,
Um cheiro salutar e honesto a pão no forno."

70. O autor desses versos pode ser considerado um precursor do Modernismo, tanto pela ironia que várias vezes aparece em seus poemas quanto pelo seu retrato do mundo urbano, com sua pobreza e poluição. Seus poemas podem ser encontrados no livro intitulado:

a) *Odes Modernas*
b) *A Morte de D. João*
c) *O Livro de Cesário Verde*
d) *Sonetos completos*
e) *Raios de Extinta Luz*

71. (U.C.PR) *Suspiros poéticos e saudades, Memórias póstumas de Brás Cubas, O Mulato* são, respectivamente, obras que marcam, no Brasil, a introdução dos seguintes movimentos literários:

a) Romantismo, Simbolismo, Modernismo
b) Romantismo, Realismo, Naturalismo
c) Realismo, Simbolismo, Naturalismo
d) Realismo, Modernismo, Parnasianismo
e) Modernismo, Parnasianismo, Simbolismo

72. (U.C.PR) Capitu é uma das mais bem construídas personagens da Literatura Brasileira. Quem a criou e em que obra?

a) Machado de Assis, *Dom Casmurro.*
b) José de Alencar, *O Guarani.*
c) Machado de Assis, *O Alienista.*
d) José de Alencar, *Til.*
e) José de Alencar, *Senhora.*

73. Corrija o erro das frases seguintes, se houver.

I. Na segunda metade do século XIX surgiu a estética realista, criticando a burguesia, mas justificando a Igreja.

____

____

II. Em Portugal, Eça de Queirós, seguindo as pegadas do francês Flaubert, escreveu o romance *O Primo Basílio*, louvando a burguesia lisboeta.

____

____

74. Um poeta português escreveu no prólogo de seu livro o seguinte:

"Deve evitar-se este poema, como se evitam as ruas imundas de meretrizes. Há nele passagens indecorosas onde a brutalidade da expressão ultrapassa todos os limites do descaramento. Não é uma obra de arte: é um cano de esgoto.
O autor é inimigo de Deus, da família, da sociedade. Canta com entusiasmo coisas que um médico tem nojo de examinar com o escalpelo. Mostra predileção por tudo que é feio, por tudo que é sórdido. Às vezes, dentro duma estrofe há mais lepras que dentro duma enfermaria dum hospital."

a) A que corrente estética ou estilo de época está ligado esse poeta?

____

b) Que postura ou característica lhe permitiu a identificação do estilo de época?

____

Leia o texto:

"Algum tempo hesitei se devia abrir estas memórias pelo princípio ou pelo fim, isto é, se poria em primeiro lugar o meu nascimento ou a minha morte. Suposto o uso vulgar seja começar pelo nascimento, adotei diferente método: a primeira é que eu não sou propriamente um autor defunto, mas um defunto autor, para quem a campa foi outro berço; a segunda é que o escrito ficaria assim mais galante e mais novo."

75. Com relação ao texto:

a) quem é o autor?

____

b) de que romance foi extraído?

____

Leia o texto:

(FUVEST/94) "Luísa espreguiçou-se. Que seca ter de se ir vestir! desejaria estar numa banheira de mármore cor-de-rosa, em água tépida, perfumada e adormecer! Ou numa rede de seda, com as janelinhas cerradas, embalar-se, ouvindo música! (...)
Tornou a espreguiçar-se. E saltando na ponta do pé descalço, foi buscar ao aparador por detrás de uma compota um livro um pouco enxovalhado, veio estender-se na "**voltaire**", quase deitada, e, com o gesto acariciador e amoroso dos dedos sobre a orelha, começou a ler, toda interessada.
era a *Dama das Camélias*. Lia muitos romances; tinha uma assinatura, na Baixa, ao mês."

Neste excerto, o narrador de *O primo Basílio* apresenta duas características da educação da personagem Luísa que serão objeto de crítica ao longo do romance.

76. Quais são essas características? ______________________________
____
____

77. Raça, meio e momento histórico foram enfatizados como fatores determinantes do comportamento das personagens. Esse é um traço característico da prosa:

a) realista - b) romântica - c) parnasiana - d) naturalista - e) byroniana

Leia o seguinte texto:

"A Praça da Alegria apresentava um ar fúnebre. De um casebre miserável, de porta e janela, ouviam-se gemer os armadores enferrujados de uma rede e uma voz tísica e aflautada, de mulher, cantar em falsete a "gentil Carolina era bela"; doutro lado da praça, uma preta velha, vergada por imenso tabuleiro de madeira, sujo e seboso, cheio de sangue e coberto por uma nuvem de moscas, apregoava em tom muito arrastado e melancólico" "Fígado, rins e coração!" Era uma vendeira de fatos de boi. As crianças nuas, com as perninhas tortas pelo costume de cavalgar as ilhargas maternas, as cabeças avermelhadas pelo sol, a pele crestada, os ventrezinhos amarelentos e crescidos, corriam e guinchavam, empinando papagaios de papel."

Leia as seguintes afirmações sobre o texto e coloque F ou V, conforme sejam falsas ou verdadeiras:

78. (__) A descrição acima caracteriza o ambiente, focalizando ao mesmo tempo a paisagem física e a paisagem humana, acentuando entre ambas grande identidade.

79. (___) Ao descrever, o autor retrata a realidade sem adornos, buscando a exatidão, embora carregue nas tintas para enfatizar aspectos mais sórdidos.

80. Leia o texto com atenção: **Uma** literatura se ocupa com os aspectos psicológicos da obra e faz um romance de tese documental, e **outra** se preocupa com os aspectos patológicos da obra e faz um romance de tese experimental. Aponte, respectivamente, o nome dessas estéticas (escolas literárias).

____
____

PARNASIANISMO

81. Sobre o Parnasianismo só está correta a alternativa:

a) valorizou a crônica e a crítica;
b) eliminou o sentimentalismo, buscando a impassibilidade;
c) procurou recuperar o passado pátrio;
d) utilizou personagens planos na construção de suas narrativas;
e) só se desenvolveu depois de terminar o Naturalismo, que lhe precedeu.

82. (U.F.PA) Olavo Bilac em sua poesia *Via Láctea* (VI) diz:

"Quem ama inventa as penas em que vive:
E, em lugar de acalmar as penas, antes
Busca novo pesar com que as avive."

Neste trecho do poema depreende-se que o autor:

a) defende o mesmo tipo de amor que os românticos cantavam.
b) constata que os "males de amor", tão caros aos românticos, são frutos da imaginação e da fantasia.
c) mostra a inutilidade do amar e sofrer.
d) descreve a ânsia e o trabalho que o amante tem de buscar lenitivo para seus sofrimentos amorosos.
e) refere-se ao seu sofrimento amoroso, situando-o no plano da realidade.

83. (UNIV. FED. DE UBERLÂNDIA)

"Longe do estéril turbilhão da rua,
Beneditino, escreve: no aconchego
Do claustro, na paciência e no sossego,
Trabalha, e teima, e lima, e sofre, e sua! "

Mas que na forma se disfarce o emprego
Do esforço; e a trama viva se construa
De tal modo, que a imagem fique nua,
Rica mas sóbria, como um templo grego."

A partir da leitura dos versos acima, assinale a alternativa CORRETA:

a) os versos, em redondilha maior, indicam a preponderância dos ritmos populares, tão importantes para o período literário a que pertencem.
b) a menção ao "templo grego" indica tratar-se de poema da estética romântica que valoriza o retorno aos ideais greco-latinos.
c) o trabalho do poeta é aqui apresentado como resultado imediato da experiência vivida, embora disfarçada.
d) é possível ver aqui uma proposta de "arte pela arte", típica do parnasianismo, nos planos temático e estilístico.
e) em função dos elementos formais (sobretudo métrica e rimas), é possível afirmar que o poema pertence a uma estética que visa à libertação dos preceitos da poesia tradicional.

84. Leia com atenção

"É um velho paredão, todo gretado,
Roto e negro, a que o tempo uma oferenda
Deixou num cacto em flor ensangüentado
E num pouco de musgo em cada fenda."

Que traço característico da estética parnasiana está aqui presente?

a) Sentimentalismo e valorização da Idade Média.
b) Descritivismo e objetividade.
c) Nacionalismo e subjetivismo.
d) Atração pelo indefinido e pela musicalidade.
e) Versilibrismo e coloquialidade.

85. Leia com atenção

"Quero que a estrofe cristalina
dobrada ao jeito
do ourives, saia da oficina
sem um defeito."

Assinale a única alternativa correta sobre os versos acima.

a) Esses versos são de Álvares de Azevedo.
b) Esse é um famoso soneto intitulado "Vaso Chinês".
c) Trata-se de um poema metalingüístico, pois tem como tema o próprio fazer poético.
d) O poeta supervaloriza o conteúdo em detrimento da forma.
e) Os versos são brancos e isométricos.

SIMBOLISMO

86. Seus poemas sugerem um clima de mistério, através de uma linguagem rica em adjetivos semanticamente vagos e imprecisos. Trata-se de..... que escreveu.... e, como poeta, está vinculado ao ....

a) Gregório de Matos, *Rimas*, Barroco
b) Gonzaga, *Marília de Dirceu,* Arcadismo
c) Cruz e Sousa, *Broquéis*, Simbolismo
d) Álvares de Azevedo, *Macário*, Romantismo
e) Castro Alves, *Os Escravos*, Condoreirismo

87. (UNESP-adaptado) Leia os versos seguintes:

"Há plantas ideais de um cântico divino,
Irmãs do oboé, gêmeas do violino,
Há gemidos no azul, gritos no carmesim..."

Que mecanismo poético do Simbolismo é mais evidente no texto?

a) Descritivismo, aproximando a poesia da pintura.
b) Sinestesia, estabelecendo correspondências entre sentidos diferentes.
c) Metáfora, que consiste na aproximação de idéias opostas.
d) Zeugma, omissão de termos já expressos.
e) Contorcimento, pelo emprego de frases arrevesadas, plenas de hipérbatos.

88. Sua poesia ficou marcada pela dor e, depois de muito padecer, pelo desejo de sublimação e de espiritualidade. É o que podemos perceber na sua terceira fase com a obra *Últimos Sonetos*. Falamos de:

a) Cruz e Sousa
b) Olavo Bilac
c) Augusto dos Anjos
d) Alphonsus de Guimaraens
e) Camilo Pessanha

"Só, incessante, um som de flauta chora,
Viúva, grácil, na escuridão tranqüila,
- Perdida voz que de entre as mais se exila,
- Festões de som dissimulando a hora."

Esses versos estão marcados pela presença da .... e também de imagens auditivas, indicando com isso que podem ser considerados como da estética ....

89. Assinale a alternativa que preencha corretamente as lacunas.

a) onomatopéia - modernista
b) aliteração - simbolista
c) antítese - barroca
d) comparação - romântica
e) coloquialidade - parnasiana

Leia com atenção

"Derrama luz e cânticos e poemas
no verso, e torna-o musical e doce
como se o coração nessas supremas
estrofes, puro e diluído fosse."

90. Aponte duas características do Simbolismo nessa estrofe.

____

____

91.(ESPM/90) Qual a escola poética norteada pelo subjetivismo, espiritualismo e até misticismo, que expressa a realidade de modo intuitivo e fantasioso, com forte pendor para a sugestão e a elaboração formal?

92. Quem foi o introdutor do Simbolismo em Portugal?

____

93. Qual é o mais importante poeta simbolista português?

____

94. Quais as obras que marcaram o início do Simbolismo no Brasil?

____

95. Quais são os temas mais freqüentes na poesia de Alphonsus de Guimaraens?

____

PRE-MODERNISMO

96. Verifiquei que o passageiro ao meu lado lia um livro. Pude ler algumas linhas. Vi que tratava dos subúrbios cariocas, da classe média, discutindo problemas sociais de nosso país. Não pude ver a capa, mas provavelmente deveria ser o livro apresentado na alternativa:

a) *Urupês*, de Monteiro Lobato.
b) *Os Sertões,* de Euclides da Cunha
c) *Clara dos Anjos,* de Lima Barreto
d) *Eu,* de Augusto dos Anjos
e) *O Rei Negro,* de Olavo Bilac

97. (FMU/FIAM-SP) Dentre os pré-modernistas, Lima Barreto sofreu na carne discriminações raciais e sociais, que se refletem nas suas obras:

a) *A hora e a vez de Augusto Matraga* e *Corpo Fechado.*
b) *Memórias do cárcere* e *Angústia*
c) *Triste fim de Policarpo Quaresma* e *Clara dos Anjos*
d) *Vozes d'África* e *O navio negreiro*
e) *O gaúcho* e *O sertanejo*.

98. "De resto, a situação geral que o cercava, aquela miséria da população campestre que nunca suspeitara, aquele abandono de terras à improdutividade, encaminhavam sua alma de patriota meditativo a preocupações angustiosas." (Triste Fim de Policarpo Quaresma)

Assinale a alternativa correta sobre a obra acima.

a) Lima Barreto empregou o foco narrativo de primeira pessoa.
b) Toda a narrativa desenrola-se única e exclusivamente nos subúrbios cariocas.
c) A narrativa vale-se do tempo cronológico com a ação acontecendo no final do século XIX (1893).
d) No final, Quaresma é executado pelo pelotão de fuzilamento, apesar dos protestos de sua afilhada.
e) Floriano Peixoto é descrito como um presidente sério e preocupado com os problemas do Brasil, notadamente com a situação dos homens do campo.

99. (FEI-SP) "Nascido em Taubaté em 1882, liderou a campanha do ferro e do petróleo. Parte de sua obra é dedicada à Literatura Infantil." O texto refere-se a:

a) Machado de Assis
b) Tobias Barreto
c) Monteiro Lobato
d) Vinícius de Moraes
e) João Cabral de Melo Neto.

100. (ESPM/90) Além de escrever para crianças, de se dedicar ao conto, à crônica e ao romance, Monteiro Lobato criou um tipo que simboliza o caboclo brasileiro. Foi no seu livro *Urupês*. Qual o nome desse personagem?

MODERNISMO PRIMEIRA FASE

101. (U.F.PR - adaptado) Assinale com V ou F quando as frases forem, respectivamente, verdadeiras ou falsas sobre a poesia do Modernismo brasileiro.

a) ( ) A ruptura com o passado, em alguns casos, foi total, como prova a obra de Oswald de Andrade
b) ( ) Elevou o nível coloquial da fala brasileira à categoria literária.
c) ( ) A pesquisa estética foi intensificada.
d) ( ) A ruptura com o passado foi apenas parcial, permanecendo a mesma essência cultural, enriquecida e dinamizada.
e) ( ) o poeta recusa as forças subconscientes na criação poética.

102. Uma das alternativas apresenta vários erros. Assinale-a.

a) Participaram da revista *Orpheu*, Fernando Pessoa; Mário de Sá-Carneiro, Almada Negreiros e o brasileiro Ronald de Carvalho.
b) Villa Lobos, Brecherett, Di Cavalcanti, Graça Aranha, Mário de Andrade são algumas das pessoas que estiveram no Teatro Municipal de São Paulo, em 1922, participando ativamente da Semana de Arte Moderna.
c) O poema *Os Sapos,* de Oswald de Andrade, foi declamado por Monteiro Lobato e recebeu uma grande ovação do público que acorreu ao Municipal.
d) Manuel Bandeira, pelo seu caráter de precursor, foi apelidado de "São João Batista do Modernismo".
e) Guilherme de Almeida participou da Semana, escreveu poemas dentro da estética moderna, mas voltou à poesia lírica e tradicional, que sempre foi o seu forte.

103. Leia as duas odes seguintes com atenção.

***

O rastro breve que das ervas moles
Ergue o pé findo, o eco que oco coa
    A sombra que se adumbra,
    O branco que a nau larga -
Nem maior nem melhor deixa a alma às almas,
O ido aos indos. A lembrança esquece.
    Mortos, inda morremos.
    Lídia, somos só nossos.

***

Já sobre a fronte vã se me acinzenta
O cabelo do jovem que perdi.
    Meus olhos brilham menos.
Já não tem jus a beijos minha boca.
Se me ainda amas, por amor não ames:
    Traíras-me comigo.

Os traços neoclássicos dos versos acima retomados por poeta do século XX na figura de um fictício autor (heterônimo) permitem-nos concluir que se trata de:

a) Ricardo Reis, um dos heterônimos de Fernando Pessoa.
b) Obra dum dos heterônimos pessoanos, que pode ser identificado pela temática bucólica e isometria como o mestre Alberto Caeiro.
c) Texto do ortônimo Fernando Pessoa em seu poema épico e lírico *Mensagem*.
d) Álvaro de Campos, o heterônimo que apresenta uma evolução em sua poesia.
e) Bernardo Soares, heterônimo inédito e ainda pouco conhecido de Fernando Pessoa.

104. Ainda com base nas duas odes da questão 100, responda:

Como o "eu" lírico vê a velhice?

____

Sabendo que o autor é poeta do século XX e que se metamorfoseou em diversos outros poetas fictícios, diga-nos quem é o escritor e qual o seu heterônimo para esses versos?

____

Que são versos brancos? Foram usados nesses textos?

____

____

____

Leia o fragmento com atenção, para responder à questão seguinte.

"Cantoras bem pernudas.
O olhar piscapisca dos homens aplaudindo.
Como se canta bem nas ruas de São Paulo!
O passadista se enganou
Não era desafinação
Era pluritonalidade moderníssima.
Em seguida o imitador,
Tenores bolshevistas,
Tarantelas do Fascio...
Ibsen! Ibsen!
Peer Gynt vai pro escritório
Com o rubin falso na unha legítima.
Empregados públicos virginais
Deslumbrados com o jazz dos automóveis."

105. O autor desses versos foi professor de música, apaixonado pela cidade de São Paulo, folclorista e poeta. Trata-se do poeta, contista, ensaísta e romancista:

a) Mário de Andrade
b) Oswald de Andrade
c) Carlos Drummond de Andrade
d) Manuel Bandeira
e) Alcântara Machado

106. (FEP-PA) Os escritores .... e ..... participaram ativamente do primeiro momento da ficção modernista. é da autoria do segundo o romance ....

a) Mário de Andrade, Oswald de Andrade; *Macunaíma*
b) Manuel Bandeira, Jorge Amado; *Dona Flor e seus dois maridos.*
c) Oswald de Andrade, Mário de Andrade; *Amar, verbo intransitivo.*
d) Graciliano Ramos, José Lins do Rego; *Menino de Engenho.*
e) Mário de Andrade, Manuel Bandeira; *Itinerário de Pasárgada*.

107. Leia:

O IMPOSSÍVEL CARINHO

Escuta, eu não quero contar-te o meu desejo
Quero apenas contar-te a minha ternura
Ah se em troca de tanta felicidade que me dás
Eu te pudesse repor
- Eu soubesse repor -
No coração despedaçado
As mais puras alegrias de tua infância!

Assinale a única alternativa correta sobre o texto lido.

a) A sentimentalidade romântica indica versos de Castro Alves.
b) A ironia e os versos brancos indicam tratar-se de Oswald de Andrade.
c) O subjetivismo impressionista lembram a poesia lírica de Fernando Pessoa, ortônimo.
d) Esse poema apresenta algumas das mais conhecidas características de Manuel Bandeira: infância, simplicidade, temática amorosa, pontuação livre.
e) Vê-se que é poema da primeira fase de Mário de Andrade, pelo uso do verso branco.

108. Leia atenciosamente

HIMENEU

Para teu corpo
Construirei o dossel
Abrirei a porta submissa
Ligarei o rádio
Amassarei o pão

A concisão (poema minuto), a simplicidade em vez da eloqüência, são características do autor desse texto. Diga quem é ele, indique outra característica sua que não tenha sido mencionada e forneça o título e o respectivo gênero de uma de suas obras. As respostas corretas aparecem na alternativa:

a) Mário de Andrade - influência futurista - *Macunaíma* (rapsódia).
b) Oswald de Andrade - ironia mordaz - *O Rei da Vela* (dramático).
c) Carlos Drummond de Andrade - antilirismo - *A Rosa do Povo* (épico).
d) Jorge Andrade - regionalismo paulista - *A Moratória* (lírico).
e) Fernando Pessoa - criação de heterônimos - *Mensagem* (lírico)

109. Leia.

NATAL

Nasce um deus. Outros morrem. A Verdade
Nem veio nem se foi: o Erro mudou.
Temos agora uma outra Eternidade,
E era sempre melhor o que passou.

Cega, a Ciência a inútil gleba lavra.
Louca, a Fé vive o sonho do seu culto.
Um novo deus é só uma palavra.
Não procures nem creias: tudo é oculto.

Com relação aos versos acima, produzidos pelo mais importante poeta português do século XX, assinale a única alternativa correta.

a) O verso livre faz lembrar a poesia futurista de Álvaro de Campos.
b) A forma e o conteúdo, ligado ao esoterismo, são características de Ricardo Reis.
c) A temática mística, a concisão, o emprego de rima e de quadras, tudo aponta Fernando Pessoa, ortônimo, como autor desse poema.
d) A recusa pagã de se aceitar Jesus como Deus permite concluir que são versos de Alberto Caeiro.
e) O tom solene e épico desses versos indicam serem parte do livro *Mensagem*, de Raphael Baldaia.

110.(FUVEST) O movimento estético que inaugura o Modernismo em Portugal, e cujos poetas buscaram viver a "aventura do espírito", foi o:

a) Saudosismo
b) Surrealismo
c) Presencismo
d) Orfismo
e) Neo-realismo

111. “Às dezesseis horas do dia seguinte saiu um enterro da Rua do Oriente e Gaetaninho não ia na boléia de nenhum dos carros do acompanhamento. Ia no da frente dentro de um caixão fechado com flores por cima.” Contos que revelam o mundo urbano paulista do século XX e a problemática da adaptação do imigrante italiano podem ser encontrados na obra de:

a) Alcântara Machado
b) Mário de Andrade
c) Guilherme de Almeida
d) Manuel Bandeira
e) Oswald de Andrade

112. (FUVEST)

a) Situe Fernando Pessoa no tempo e no espaço.

____

____

b) O que, fundamentalmente, lhe caracteriza o processo criativo?

____

____

____

113. Leia:

"Não acredito em Deus porque nunca o vi.
....
Mas se Deus é as flores e as árvores
E os montes e sol e o luar,
Então acredito nele,
Então acredito nele a toda a hora,
E a minha vida é toda uma oração e uma missa,
E uma comunhão com os olhos e pelos ouvidos."

a) De que heterônimo de Fernando Pessoa seriam esses versos?

____

b) Cite duas características que lhe permitiram a identificação.

____

____

____

114. Complete as lacunas:

Libertinagem e ***Estrela da Manhã*** pertencem à ____ fase da obra de Bandeira e se caracterizam por empregar uma linguagem ______________________.

115. Leia o texto e responda ao que se pede:

"A vida não me chegava pelos jornais nem pelos livros
Vinha da boca do povo na língua errada do povo /
Língua certa do povo
Porque ele é que fala gostoso o português do Brasil"

Qual o famoso poema de Bandeira que contém esses versos?

____

Qual a principal característica formal modernista que está presente nos versos transcritos?

____

116. Qual o pressuposto estético do Modernismo que está na parte conteudística (semântica) dos versos da questão anterior?

____

RESPONDA AO QUE SE PEDE:

117. Indique dois elementos do contexto histórico do Modernismo.

____

118. Quais foram os principais movimentos vanguardísticos europeus que influenciaram o nosso Modernismo?

____

____

119. Em que ano inicia-se o Modernismo em Portugal e que fato o marcou?

____

120. Fale sobre a Semana de Arte Moderna. Onde, quando, em que consistiu e como foi a sua aceitação?

____

____

____

121. Indique duas características estilísticas do Modernismo, na sua primeira fase.

____

____

____

____

122.Qual a característica fundamental da criação poética de Fernando Pessoa?

____

____

123.Quem foi Alberto Caeiro e como é o estilo de sua poesia?

____

____

124.Situe Mário de Sá-Carneiro no tempo e no espaço.

____

____

125.Caracterize o teatro de Oswald de Andrade.

____

____

MODERNISMO SEGUNDA FASE

126. (FEP-PA) Foi com .... de .... que se inicia o .... da ficção modernista, abrindo assim uma nova fase da nossa história literária. Assinale a alternativa que preenche adequadamente as lacunas.

a) *Fogo Morto*; José Lins do Rego, segundo momento
b) *A Bagaceira*; José Américo de Almeida, segundo momento
c) *O Rei da Vela*; Oswald de Andrade, primeiro momento
d) *Corpo de Baile*; Guimarães Rosa, terceiro momento
e) *Gabriela, Cravo e Canela*; Jorge Amado; terceiro momento

127. (FMU/FIAM-SP) Música popular e poesia brasileira andam associadas. Assinale a alternativa que contenha um poeta modernista que teve inúmeros poemas musicados:

a) Castro Alves
b) Raul Bopp
c) Alphonsus de Guimaraens
d) Vinícius de Moraes
e) Olavo Bilac

128. (FMU/FIAM-SP- adaptado) A sensual figura da mulata brasileira é figura importante em romances da nossa literatura. Exemplifica isso a obra:

a) *A Moreninha*, de Joaquim Manuel de Macedo
b) *Gabriela, cravo e canela*, de Jorge Amado.
c) *Clarissa*, de Érico Veríssimo.
d) *Dom Casmurro*, de Machado de Assis
e) *São Bernardo*, de Graciliano Ramos.

129. Sobre José Lins do Rego só está correta uma das afirmações seguintes. Assinale-a.

a) Valeu-se do amplo levantamento que fez do folclore brasileiro.
b) Preocupou-se em analisar a vida cotidiana urbana, notadamente os costumes dos imigrantes.
c) Foi o iniciador da prosa neo-realista no Brasil, também denominada Geração de 30.
d) Concentrou-se principalmente no período de transição do engenho para a usina, mostrando a decadência de uma sociedade patriarcal e escravocrata.
e) Retomou a cultura indígena como material para sua criação artística.

130. Leia:

"Fabiano tomou a cuia, desceu a ladeira, encaminhou-se ao rio seco, achou no bebedouro dos animais um pouco de lama. Cavou a areia com as unhas, esperou que a água marejasse e, debruçando-se no chão, bebeu muito. Saciado, caiu de papo para cima, olhando as estrelas, que vinham nascendo. Uma, duas três, quatro, havia muitas estrelas, havia mais de cinco estrelas no céu. O poente cobria-se de cirros - e uma alegria doida enchia o coração de Fabiano."

Sobre o texto acima só está correta uma das afirmações abaixo. Assinale-a:

a) Trata-se de uma obra escrita por Graciliano Ramos, intitulada *Vidas Secas,* do gênero épico e narrada em primeira pessoa.
b) Está certo o crítico Álvaro Lins quando afirma que "o mais brasileiro dos livros do Sr. Graciliano Ramos é sem dúvida a novela *Vidas Secas*, publicada em 1838", porque essa obra procura preservar nossa alegria através do registro das festas populares do Norte.
c) O fragmento acima é de uma epopéia que além de ser o mais humano e comovente dos livros de ficção de Graciliano, *Vidas Secas* é o que contém maior sentimento da terra baiana".
d) Trata-se de um fragmento de *Vidas Secas*, obra composta de capítulos interdependentes, verdadeiro manifesto crítico contra a miséria a que é submetido o sertanejo nordestino.
e) Esta obra provoca grande impacto entre os leitores pela inversão da estrutura dos capítulos e pela linguagem cinematográfica e caleidoscópica.

131. Assinale a correta.

a) Drummond na sua segunda fase evitou a temática político-social, como bem prova sua obra *A Rosa do Povo.*
b) Jorge de Lima, no início de sua carreira, apresentou fortes traços do Simbolismo, como demonstram os poemas da obra *XIV Alexandrinos.*
c) Murilo Mendes, assim como Jorge de Lima, aderiu ao misticismo católico, tendo escrito com o segundo a obra *Tempo e Eternidade.*
d) Cecília Meireles é quem demonstra a mais forte influência do Parnasianismo e da lírica tradicional lusitana, valendo-se de uma sintaxe barroca e arrevesada.
e) Embora no seu começo tivesse recebido influência da linha cristã, Vinícius de Moraes libertou-se para produzir belos poemas lírico-amorosos, impregnados de erotismo, mas evitou abordar problemas sociais.

132. Drummond desenvolve em seus poemas uma forte preocupação em compreender o "estar no mundo" e também uma indagação metalingüística sobre o fazer poético. Houve um momento, porém, em que seus poemas discutiram o mundo social, político, adotando uma posição de esquerda. Dê o título de uma obra (livro) dessa fase.

a) *Alguma poesia* b) *Brejo das almas* c) *A Rosa do povo* d) *Claro Enigma* e) *Boca de luar.*

133. (U.C.MG) Todas as afirmações a respeito dos estilos de época na Literatura Brasileira são corretas, exceto:

a) Não houve entre nós nenhuma Arcádia, e as Academias existentes ligavam-se ao cultivo de uma literatura preciosa e decorativa; a literatura brasileira não sofreu, portanto, influência daquela corrente neoclássica de origem italiana.
b) A forma reputada mais legítima da literatura nacional foi o Indianismo, que encontrou em Gonçalves Dias e José de Alencar representantes do mais alto quilate.
c) O Regionalismo, iniciado com vigor pelos românticos, tem continuação na segunda metade do século XIX, sob roupa nova, formando um segmento importante de nossa ficção, no conto e no romance.
d) O Simbolismo opõe-se tanto ao Realismo quanto ao Parnasianismo, situando-se muito próximo das orientações românticas, de que é em parte uma revivescência.
e) A denominação "geração de 45" foi criada por um grupo de poetas para se designarem a si mesmos, e exprime mais propriamente as suas tendências e atitudes.

134. Assinale a única alternativa **INCORRETA**.

a) Utilizando o sertão mineiro como cenário, Guimarães Rosa revela em suas narrativas uma realidade recriada pela fantasia em uma linguagem inovadora e personalíssima, perfeita alquimia verbal.
b) Além de narrativas urbanas, com tratamento psicológico, Érico Veríssimo produziu romances em que o regionalismo e o histórico se fundem, como na trilogia "*O Tempo e o Vento*" e no romance *Incidente em Antares*.
c) A prosa neo-realista da Geração de 30 recupera uma preocupação de engajamento do século anterior, enfocando em linguagem crítica as diferenças de classes e a submissão do trabalhador ao dono do latifúndio e à natureza.
d) Praticam a prosa neo-realista escritores como Rachel de Queiroz, Graciliano Ramos, Jorge Amado e José Lins do Rego.
e) Na poesia da segunda fase modernista, João Cabral de Melo Neto pratica uma poesia regionalista, evitando o esteticismo. Não se preocupa com a condição social do homem nordestino, transformando a paisagem natural em seu único tema.

135. "Ai, palavras, ai, palavras,
que estranha potência a vossa!
Éreis um sopro na aragem...
- sois um homem que se enforca!"

Esses versos:

a) são decassílabos de uma perfeição parnasiana;
b) evitam a emoção, demonstrando impassibilidade;
c) foram escritos por Cecília Meireles e retomam o século XVIII da nossa História, abordando a Inconfidência Mineira e a morte de Tiradentes;
d) foram produzidos pelo romântico Álvares de Azevedo, demonstrando a sua filiação ao movimento byroniano;
e) são de Bocage, enquadrando-se na sua produção pré-romântica.

136. (PUC/91) Leia o texto.

"Encostei-me a ti, sabendo bem que eras somente onda.
Sabendo bem que eras nuvem, depus a minha vida em ti.
Como sabia bem tudo isso, e dei-me ao teu destino frágil,
fiquei sem poder chorar, quando caí."

(Cecília Meireles)

A realidade exterior, presente na poesia de Cecília Meireles, toma forma a partir de elementos instáveis, móveis e etéreos. A recriação poética dessa realidade revela a visão de mundo da autora. - Assim sendo,

a) identifique o tema que está presente no poema acima;

____

____

____

____

b) transcreva os termos que, no poema, caracterizam o tema.

____

____

____

____

____

137. (ESPM/90) O romance do Nordeste, ou romance de 30, a par dos seus maiores expoentes (Graciliano Ramos, José Lins do Rego, Jorge Amado) tem ainda uma grande escritora. Ela inaugurou a temática da seca e das migrações rurais, cursou a modalidade intimista, chegou ao romance urbano e social. Quem é?

____

138. O Modernismo brasileiro tem sido tradicionalmente divido em três momentos. Sobre o segundo momento ou Geração de 30 queremos saber:

a) Em que período da nossa História ele acontece? Indique alguns fatos políticos.

____

____

b) Quais são suas principais características estilísticas, notadamente na prosa?

____

____

139. Leia os fragmentos e responda ao que se pede.

I
"Preso à minha classe e a algumas roupas,
vou de branco pela rua cinzenta.
Melancolias, mercadorias espreitam-me.
Devo seguir até o enjôo?"

II
"O medo, com sua física,
tanto produz: carcereiros,
edifícios, escritores,
este poema; outras vidas."

III
"Este é tempo de partido
tempo de homens partidos."

IV
"É tempo de meio silêncio,
de boca gelada e murmúrio,
palavra indireta, aviso
na esquina. Tempo de cinco sentidos
num só. O espião janta conosco."

a) Após a leitura e comparação dos fragmentos, comente-os quanto à postura e temática, demonstrando se se aproximam ou se distanciam.

____

____

____

____

____

____

____

b) Estes textos, além de serem de um mesmo poeta, foram produzidos num mesmo momento histórico. Qual é esse momento? Ele aparece refletido nos versos?

____

____

____

____

Leia os textos seguintes para atender ao que se pede.

TEXTO I

Poema de Sete Faces

"Quando nasci, um anjo torto
desses que vivem na sombra
disse: Vai, Carlos! ser gauche na vida.

As casas espiam os homens
que correm atrás das mulheres.
A tarde talvez fosse azul
se não houvesse tantos desejos.

O bonde passa cheio de pernas:
pernas brancas, pretas, amarelas.
Para que tanta perna, meu Deus,
/ pergunta meu coração.
Porém meus olhos
não perguntam nada.
......................................"

Carlos Drummond de, *Poesia até agora*, José Olympio, RJ, 1948, p.9.

TEXTO II

Let's play that

Quando eu nasci
Um anjo morto
Louco solto louco
Torto pouco morto
Veio ler a minha mão
Não era um anjo barroco:
Era um anjo muito louco,
Louco, louco, louco, louco
com asas de avião;
Entre um sorriso de dentes:
Vai bicho:
desafinar o coro dos
contentes.[140]

(NETO, Torquato. Folha de S. Paulo, 8/11/92. p.6-4)

TEXTO III

Chico Buarque compôs uma canção que diz mais ou menos assim:

"Quando eu nasci / veio um anjo safado / um chato dum Querubim..."

[140] Torquato Neto fez muitas letras para canções e publicou em 1982, SP, por Max Limonad, *Os Últimos Dias de Paupéria*.

140. Com base na leitura desses textos, escolha uma das frases abaixo e faça, em folha à parte, uma breve redação justificando sua escolha.

a) Torquato e Chico perdem valor porque em vez de serem originais procuraram copiar Drummond.
b) Torquato e Chico mostram-se modernos e complexos ao fazerem uso da intertextualidade.

MODERNISMO TERCEIRA FASE

141. Assinale a INCORRETA.

a) Em 1946, Guimarães Rosa estréia na ficção nacional com seu livro de contos, *Sagarana*, do qual faz parte "A Hora e a vez de Augusto Matraga". Já neste livro, se anunciam qualidades que mais tarde seriam amadurecidas em obras posteriores, tais como: originalidade, profundidade e força criadora.
b) As qualidades de escritor, apresentadas por Guimarães Rosa, fazem a ligação definitiva entre o regional e o universal na ficção brasileira.
c) Guimarães Rosa, por sua linguagem poética muito própria, é considerado como pertencente ao grupo esteticista da ficção nacional.
d) O romance regionalista de 1930, conforme se pode observar em *São Bernardo* e *Vidas Secas*, é resultado do amadurecimento de toda uma experiência de ficção regional que remonta a Franklin Távora no século XIX.
e) Em *Vidas Secas* e *São Bernardo* ocorre uma tensão mínima, pois o leitor tem a impressão de que o autor é um verdadeiro turista extasiado com fatos de sua terra, explorando demasiadamente o pitoresco.

142. (MACKENZIE-adaptado) Assinale a alternativa correta.

a) A lírica de Carlos Drummond de Andrade iniciou-se na década de 20 com a publicação do livro *Alguma Poesia*.
b) Na poesia de Manuel Bandeira predomina a contenção do "eu" lírico integrada a uma visão existencialista do cotidiano.
c) No caráter modernista da poesia de Cecília Meireles permanecem **a** coloquialidade e desrespeito à gramática, elementos simbolistas que marcaram o início de sua produção poética.
d) João Cabral de Melo Neto iniciou sua produção na primeira geração modernista com a obra *Morte e Vida Severina.*
e) A recriação da linguagem realizada por Guimarães Rosa faz com que certos trechos de sua obra se transformem em prosa poética.

143. Leia o texto:

"Mas isso ainda diz pouco:
se ao menos mais cinco havia
com nome de Severino
filhos de tantas Marias
mulheres de outros tantos,
já finados, Zacarias,
vivendo na mesma serra
magra e ossuda em que eu vivia."

Assinale a alternativa correta sobre o fragmento acima.

a) Poema da obra inédita de Guimarães Rosa, *Magma*, premiada pela ABL em 1936.
b) Texto marcado pelo versilibrismo da primeira fase modernista.
c) O prosaísmo e o antilirismo desses versos indicam tratar-se de obra de Carlos Drummond de Andrade.
d) Há sinais evidentes de que são versos de João Cabral de Melo Neto: temática nordestina, preocupação social e o nome de personagem que se tornou muito conhecimento com a encenação do texto por diversos grupos de teatro.
e) Esses versos estão impregnados de ironia e carnavalização, características de Oswald de Andrade.

144. PUC/91 - ADAPTADO) Leia o texto para resolver as questões que se seguem.

"As nuvens são cabelos
crescendo como rios;
são os gestos brancos
da cantora muda;

São estátuas em vôo
à beira de um mar;
a flora e a fauna leves
de países de vento;

São o olho pintado
escorrendo imóvel;
a mulher que se debruça
nas varandas do sono. (...)"

(João Cabral de Melo Neto)

Há uma afirmação INCORRETA sobre o texto. Assinale-a:

a) No primeiro verso temos um exemplo de metáfora: "As nuvens são cabelos".
b) Ainda na primeira estrofe, podemos encontrar um exemplo de comparação: "crescendo como rios".
c) No poema predomina o aspecto descritivo, por isso é rico de imagens.
d) O poeta descreve as nuvens em sua fluidez, num momento fugaz, atribuindo significado às formas efêmeras.
e) Preocupado com a isometria, João Cabral empregou apenas redondilhas maiores, isto é, versos de sete sílabas poéticas.

145. (FUVEST/94) Leia os dois textos com atenção.

Texto I

"(Fabiano) ouvira falar em juros e prazos. Isto lhe dera uma impressão bastante penosa: sempre que os homens sabidos lhe diziam palavras difíceis, ele saía logrado. Sobressaltava-se escutando-as. Evidentemente só serviam para encobrir ladroeiras. Mas eram bonitas. Às vezes decorava algumas e empregava-as fora de propósito. Depois esquecia-as. Para que um pobre da laia dele usar conversa de gente rica? "

Texto II

"Havia coisas que (Macabéa) não sabia o que significavam. Uma era "efeméride". E não é que seu Raimundo só mandava copiar com sua letra linda a palavra efemérides ou efeméricas? Achava o termo efemírides absolutamente misterioso. Quando o copiava prestava atenção a cada letra. (...) Enquanto isso a mocinha se apaixonara pela palavra efemérides."

O tema comum aos dois textos é a relação das personagens com a linguagem culta. Desse ponto de vista, explique:

Em que Fabiano e Macabéa se assemelham?

____

____

____

146. Em que se distinguem um do outro?

____

____

____

COLOQUE **F** OU **V**, CONFORME AS AFIRMAÇÕES SEGUINTES FOREM FALSAS OU VERDADEIRAS.

147.( ) No romance *Memorial do Convento*, José Saramago dá mais importância à realidade histórica do que à ficção fantástica.

148.( ) Na novela *Campo Geral*, Guimarães Rosa faz questão de empregar o foco narrativo na primeira pessoa, para retratar o mundo interior de Miguilim.

149.( ) No conto *As Meninas*, Lygia Fagundes Telles deixa patente sua posição contra as drogas ao fazer o retrato do traficante M.N., amante de Ana Clara.

150.( ) Na obra *Memórias de um Sargento de Milícias*, apesar de incluir no título o termo memórias, o narrador emprega o foco de terceira pessoa, justificando o título o fato do autor ter ouvido as lembranças do próprio sargento.

151.( ) A obra *Romanceiro da Inconfidência*, como o próprio título indica, trata-se de um romance, mas escrito em prosa poética.

ASSINALE F OU V, CONFORME AS AFIRMAÇÕES SEGUINTES FOREM FALSAS OU VERDADEIRAS.

152.( ) A terceira fase do Modernismo brasileiro surgiu em 1945, quando o país iniciava um processo de redemocratização, coincidindo com uma mudança na literatura que, abandonando as preocupações políticas, se volta para indagações metafísicas, para o regionalismo universalista ou para a introspecção.

153.( ) O livro <u>*Tutaméia*</u> (Arcaísmo que significa "ninharia" ou coisa de pouco valor) de Guimarães Rosa apresenta contos longos.

154.( ) A obra de estréia de Guimarães Rosa foi <u>Sagarana</u>, 1946, apresentando já sua preocupação com a recriação da linguagem, como bem demonstra metalingüisticamente no conto "São Marcos".

155.( ) Em seu único romance, Guimarães Rosa evitou os neologismos e regionalismos linguísticos que empregou em seus contos.

156.( ) O livro de poesia <u>*Magma*</u> foi premiado pela Academia Brasileira de Letras em 1936 e foi publicado, por Guimarães Rosa, logo depois.

APÓS A LEITURA DO TEXTO, RESPONDA AO QUE SE PEDE

"Antes bonita, olhos de viva mosca, morena mel e pão. Aliás, casada. Sorriram-se, viram-se. Era infinitamente maio e Jó Joaquim pegou o amor. Enfim, entenderam-se. Voando o mais em ímpeto de nau tangida a vela e vento. Mas muito tendo tudo de ser secreto, claro, coberto de sete capas." (*Desenredo*)

157. Quem é o autor desse texto?

158. Que característica estilística sua pode ser aqui percebida?

159. Em outro ponto da mesma estória o narrador diz que "Jó Joaquim, genial, **<u>operava</u>** o passado, plástico e contraditório rascunho." O que ele quer dizer com isso?

160. Ainda na mesma estória encontramos termos como :**<u>amatemático, ufanático, abusufrutos</u>**. Como se denomina essa técnica? Explique ao menos uma das palavras destacadas.

161. Escolha entre as duas frases seguintes a única que apresenta metalinguagem. Justitifique.

a) "E digo mais: vai mudar a partir do momento em que você sair da minha casa! Você vai se sentir outra. Fique sabendo, minha florzinha, que até o seu namorado vai voltar e propor casamento, ele está arrependido!" (Clarice Lispector)
b) "Escrevo neste instante com algum prévio pudor por vos estar invadindo com tal narrativa tão exterior e explícita." (Clarice Lispector)

---

162. (FAC. PADRE ANCHIETA) De Guimarães Rosa pode-se dizer que:

a) foi autor regionalista seguindo a linha dos grandes regionalistas do passado.
b) foi inovador quanto à parte temática, explorando personagens inéditos na literatura brasileira.
c) inovou bastante o aspecto lingüístico, dando à sua obra características originalíssimas.
d) foi autor de *Vidas Secas*.
e) preocupou-se com os problemas políticos do interior do Brasil, principalmente em Minas Gerais.

RESPOSTAS DOS EXERCÍCIOS

1. Em 1189 ou 1198, data do primeiro texto escrito em Língua Portuguesa por Paio Soares de Taveirós.
2. Trata-se de poesia lírica, dotada de um "eu" lírico feminino, isto é, quem fala é uma mulher, que geralmente fala de seu amado ou amigo a uma confidente.
3. O "eu" lírico é masculino, a forma é mais requintada do que a da cantiga de amigo, apresenta o "amor cortês", quer dizer, sem erotismo, pois a mulher amada apresenta-se como inatingível.
4. É um texto irônico, satírico, que faz críticas diretas a pessoa que pode ser apresentada nominalmente.
5. É a cantiga de escárnio.
6. D. (Embora o poema esteja na íntegra só na lição do Trovadorismo, pode-se perceber que todas as demais alternativas são absurdas.)
7. E - 8. D
9. Início das grandes navegações, surgimento e crescimento da burguesia.
10. Gil Vicente, em 1502.
11. O compilador foi Garcia de Resende e a obra recebeu o título de *Cancioneiro Geral*.
12. A poesia encontra-se divorciada da música.
13. Fernão Lopes é o "Pai da História" portuguesa, praticou o gênero crônica (História), e registrou a história dos reis de Portugal. Entre suas características principais, costuma-se destacar a utilização de recursos técnicos da narrativa ficcional, a pesquisa e a preocupação com a verdade histórica, sendo o primeiro a apresentar o povo como parte do processo histórico.
14. D - 15. E - 16. E - 17. C - 18. A - 19. C - 20. B - 21. B - 22. E - 23. A - 24. D - 25. C - 26. C - 27. C
28. C (Podia até ter uma forte espiritualidade, mas demonstrava sempre interesse e preocupação por assuntos políticos, econômicos e sociais.)
29. C - 30. D - 31. A - 32. A - 33. C - 34. C - 35. E
36. a) Ela pode ser vista de maneira pura, angelical, ou então sensual e tendadora.
    b) O pecado aparece como um mal que pode levar o homem ao inferno e cortar seus laços com Deus, que se revela sempre como pai piedoso, com poder de perdoar e livrar o homem do fogo do inferno.
37. a) O jogo antitético e a temática do pecado e do arrependimento indicam o estilo de época barroco.
b) Gregório de Matos que se dedicou ao lírico e ao satírico, principalmente, mas também fez poemas graciosos e bajulatórios ou encomiásticos.
38. D (Só esta alternativa apresenta texto árcade, todas as demais apresentam textos barrocos.)
39. A - 40. C - 41. D - 42. A - 43. D - 44. C - 45. E - 46. A - 47. B
48. A mais patente é a vida no campo, o bucolismo, que podemos detectar aqui pelos termos "ovelhinha", "fruta, legume, vinho, azeite".
49. Sim, pois além de valer-se de um vocabulário bastante simples, prefere a ordem direta.
50. a) A fuga da cidade (*fugere urbem*) e a procura de um lugar ameno (*locus amoenus*), expostos em uma linguagem simples e direta, quase didática.
b) O movimento precedente foi o Barroco, que, contrariamente ao Arcadismo, valorizava a complexidade, o rebuscamento, a ordem indireta, e a temática contra-reformista do arrependimento dos pecados e necessidade do perdão divino.

51. E - 52. A - 53. C - 54. E - 55. B - 56. C - 57. B - 58. D - 59. B - 60. B - 61. E

62. Gonçalves Dias é o maior poeta da primeira geração e produziu trabalhos dos gêneros épico, lírico e dramático, não apresentando o gênero satírico.

63. Álvares de Azevedo, poeta ultra-romântico escreveu poesia lírica e alguns poemas satíricos, tendo destacado-se também com seus contos de *Noite na Taverna* e com a obra dramática *Macário*.

64. a) Pertence à Segunda Geração, normalmente denominada Geração Byroniana ou Ultra-romântica.

b) Álvares de Azevedo, *Lira dos Vinte Anos* ou *Noite na Taverna*.

65. a) A temática abolicionista e o tom grandiloqüente, entusiasmado, próprio do discurso, da oratória.

b) Castro Alves.

66. Almeida Garrett fez parte da primeira geração e praticou, além do narrativo (romance), o lírico e o dramático.

Alexandre Herculano.

Eurico, o Presbítero.

67. B - 68. D (Antero não romancista.) - 69. E - 70. C - 71. B - 72. A -

73. Na segunda metade do século XIX surgiu a estética realista, criticando a burguesia e a Igreja.

Em Portugal, Eça de Queirós, seguindo as pegadas do francês Flaubert, escreveu o romance *O Primo Basílio*, criticando a burguesia lisboeta.

74. a) Realismo. b) A recusa à idealização da realidade objetiva circundante, a preocupação com a crítica, a denúncia social.

75. a) Machado de Assis. b) *Memórias Póstumas de Brás Cubas*.

76. A leitura de obras românticas e a ociosidade da mulher, que só serve para alimentar a preguiça e o desejo de conforto e sensualidade: "...estar numa banheira de mármore cor-de-rosa, em água tépida, perfumada e adormecer! Ou numa rede de seda, com as janelinhas cerradas...".

77. D - 78. V - 79. V

80. As duas estéticas solicitadas são o Realismo e o Naturalismo.

81. B - 82. B - 83. D - 84. B - 85. C - 86. C - 87. B - 88. A - 89. B

90. A preocupação com a música e com a musicalidade, o emprego da sinestesia, o sentimentalismo e o subjetivismo, procurando atingir camadas mais profundas do **eu**.

91. Os dados mencionados apontam para o Simbolismo e, principalmente, para o Simbolismo brasileiro, que conservou muito da preocupação formal dos parnasianos.

92. Eugênio de Castro foi o introdutor do Simbolismo em Portugal, em 1890, com *Oaristos*.

93. O mais importante poeta simbolista de Portugal foi Camilo Pessanha, que nos deixou apenas o livro *Clepsidra*.

94. Duas obras de Cruz e Sousa marcaram o início do Simbolismo brasileiro, em 1893, *Missal* (livro de poemas em prosa) e *Broquéis* (livro de poemas em versos).

95. A morte, o amor pela falecida prima e noiva Constança, e a veneração à Virgem Maria.

96. C - 97. C - 98. C - 99. C

100. A personagem a que a questão se refere é o Jeca Tatu.

101. a) V - b) V - c) V - d) F - e) F

102. C (O poema citado é de Manuel Bandeira e foi declamado por Ronald de Carvalho, que foi muito vaiado.) Monteiro Lobato não se afinou com as propostas

modernistas, tendo criticado a pintura revolucionária de Anita Malfatti e mantido muitas discussões com Oswald de Andrade, demonstrando muitas vezes seu conservadorismo em contraste com as idéias revolucionárias de Oswald.)

103. A

104. A velhice apresenta-se com uma imagem negativa, pois já não tem brilho ou entusiasmo e nem direito ao prazer amoroso.

Trata-se do poeta português Fernando Pessoa, e como ficou visto na questão 95, o heterônimo é o médico Ricardo Reis, que teve uma educação clássica, voltando-se para a cultura da Antigüidade.

Versos brancos são aqueles que possuem métrica, mas não apresentam rimas. Sim, Ricardo Reis sempre escreve em versos brancos.

105. A - 106. C - 107. D - 108. B - 109. C - 110. D - 111. A

112. a) Fernando Pessoa é o mais importante poeta da primeira fase modernista em Portugal, tendo publicado em 1934, *Mensagem*, poema épico-lírico em que o nacionalismo se funde ao misticismo.

b) O que particulariza e distingue de todos os demais poetas de todos os tempos e nações é a capacidade incrível de criar outros poetas (heterônimos) com vida e obra próprias.

113.a) São de Alberto Caeiro, o heterônimo de Pessoa, que escreveu *O Guardador de Rebanhos*.

b) O emprego de versos livres e a afirmação de que a única realidade é aquela que podemos perceber pelos nossos cinco sentidos. Não admite nada metafísico.

114. Segunda fase. Coloquial.

115. Trata-se de "Evocação de Recife".

A característica formal que mais se destaca é o verso livre ou versilibrismo.

116. É a elevação da oralidade, coloquialidade, ou língua falada, à condição de língua literária, artística.

117. A Primeira Grande Guerra, a agitação social, a Revolução russa, o assassinato do rei D. Carlos de Portugal, a Revolta do Forte de Copacabana.

118. Os que mais nos influenciaram na primeira fase foram: Cubismo, Futurismo e Dadaísmo.

119. O Modernismo em Portugal teve seu início em 1915, com a publicação da revista *Orpheu*, que reuniu trabalhos dos diversos escritores que já tinham assimilado as tendências modernas.

120. A Semana de Arte Moderna foi realizada no Teatro Municipal de São Paulo, consistindo na apresentação de música, dança, leitura de textos e exposição de pinturas e esculturas modernas, provocando agitação e escândalo.

121. A utlização do verso livre e o emprego de uma linguagem coloquial. Ou pode-se colocar ainda o direito à pesquisa estética (experimentalismo), a liberdade e rebeldia.

122. Além da criação heteronímica, em que o poeta se divide em outros eus com poemas e vidas próprios, Fernando Pessoa, ele mesmo ou ortônimo, caracterizou-se fundamentalmente pela prestidigitação e pela despistação, jogando com a sensiblidade e inteligência, brincando com as palavras e com os significados. Além disso, podemos lembrar ainda que seus versos apresentam uma certa identidade com a poesia de herança simbolista-decadentista, marcada por acentuada musicalidade.

123. Alberto Caeiro é o heterônimo de Pessoa que não teve educação superior, mas apenas uma formação básica, elementar, sendo talvez por isso que seus versos se apresentam livres, sem metrificação ou rima, n uma linguagem coloquial e até repetitiva, onde reaparecem constantemente termos como "pedras, flores, aves, montes"etc.

124. Mário de Sá-Carneiro é o autor de *A Confissão de Lúcio* e faz parte da primeira fase do Modernismo em Portugal.

125. O teatro de Oswald de Andrade é profundamente revolucionário na forma e no conteúdo, revelando uma profunda crítica social aos valores da sociedade burguesa e cristã, sempre apresentada de maneira irônica, irreverente, debochada. Pode-se comprovar isso com a leitura das cenas iniciais de *O Homem e o Cavalo*, em que descobrimos no céu, além das fofoqueiras, um fascista e um *gay*.

126. B - 127. D - 128. B - 129. D - 130. D - 131. C - 132. C - 133. A - 134. E - 135. C

136. a) A fragilidade da relação amorosa.
b) "eras somente onda", "eras nuvem", "destino frágil", "fiquei sem poder chorar, quando caí."

137. Todos os dados apontam para Rachel de Queiroz, autora de *O Quinze* e a primeira escritora a ingressar na Academia Brasileira de Letras.

138. a) A Geração de 30, ou Neo-realismo, acontece no período de 1930 a 1945, marcado pelo governo de Getúlio Vargas. Nessa época, aconteceu a Revolução Constitucionalista e a Segunda Guerra Mundial.
b) Além da preocupação constante com a crítica, a denúncia social, notamos também o forte regionalismo, com adoção não apenas do cenário de sua região, mas principalmente de sua problemática.

139. a) Os diversos fragmentos aproximam-se por revelarem uma visão existencialista da vida moderna, sem nenhuma ilusão ou esperança de melhoria, seja com base numa postura mística ou política. O homem está só frente ao mundo e seus problemas, sem contar com mais ninguém a não ser consigo mesmo.
b) Os versos são de Carlos Drummond de Andrade, produzidos na década de 40, revelando o peso de uma ditadura e de uma guerra atroz. Pode-se perceber em diversas referências como: medo, carcereiro, espião, etc.

140. Resposta pessoal, mas desde que " b" seja a escolhida.

141. E - 142. E - 143. D - 144. E

145. Fabiano e Macabéa assemelham-se por sua ignorância da língua culta e pela admiração que sentem pelas palavras que não conhecem.

146. Fabiano acha a palavra desconhecida atraente, bonita, mas percebe nela um instrumento de poder da uma classe que lhe é superior e que emprega essa linguagem para enganá-lo. Por isso, mesmo notando nelas certa beleza, Fabiano julga-as perigosas e acaba por afastá-las de sua vida, esquecendo-as. Macabéa, inversamente, não pretende afastar palavras como "efemérides" e acaba apaixonando-se por ela, sem perceber qualquer perigo nela, sem ver nela um instrumento de poder ou de enganação.

147. F - 148. F - 149. F - 150. V - 151. F - 152. V - 153. F - 154. V - 155. F - 156. F

157. Guimarães Rosa.

158. Linguagem poética, carregada de magia e de musicalidade, reforçada pelo uso de aliterações como "mosca, morena mel" ou "vela e vento" ou ainda "tendo tudo de ser secreto".

159. Metaforicamente quer dizer que ele consertava, refazia o passado. O passado era um rascunho, transformado por ele ao recontar, corrigindo, como se estivesse fazendo uma cirurgia plástica para que o passado ficasse mais bonito.

160. Chama-se neologismo, ou seja, invenção de novo termo. Amatemático, por exemplo, é formado de a = não e matemático = lógico ou racional, então, sugere atitude ilógica ou comportamento ilógico.

161. b. -Justificativa: Porque o narrador deixa de contar a história para referir-se à própria atividade de escrever "escrevo", dirigindo-se ao leitor incluso "**vos** estar invadindo".

162. C